程红兵 ——————————— 著

大夏书系 | 教育新思考

直面教育现场

书生校长的教育反思

第二版

华东师范大学出版社

·上海·

目 录
c o n t e n t s

第三辑　教师发展批评

中国的教育是有希望的

> 置身教育现场，看到太多的问题，产生太多的忧虑，甚至也会有一时的悲观情绪，但是仍忍不住去批评，说到底其实就是还抱着希望，还是满怀信心。

双休日、节假日常常在外奔波，来往于各地的各种校长培训或者是教师培训，这么执着地传播着所谓的教育思想，传递着自己关于教育的声音。这样做到底是为了什么？有人以为是为了多挣一些外快，有人以为是为了图一时的名声，一言以蔽之，皆为名利。但我总不甘于这么自我否定，心里隐隐地认为这不是我的根本目的，内心深处总认为这么做是对改善教育有益的，潜意识中总是相信：教育是有希望的。

在东奔西走的过程中，机场就是我的驿站，候机过程中打发时间边角料的最好方式就是在机场书店里蹭书看。机场书店里充斥的是励志心灵鸡汤、企业管理、言情小说、名人传记、官场厚黑学之类的书籍，其中有时也能看到颇为另类的好书。梁漱溟先生的《这个世界会好吗？》就曾躺在书架上，翻看这本书，仿佛看到一位睿智的老人在向我们讲述人生的哲理，在耐心地给我们解答这个世界的重大问题。看着梁先生的书，我会很自然地想到教育，不自觉地要问问自己：中国的教育会好吗？

走到今天，我们看到中国的教育成就显著，无限辉煌；我们同样看到中国教育的问题堆积如山，困难重重，举步维艰。

1977年恢复高考，把千万学子引向学习，尊重知识，尊重人才，蔚然成风。但很可惜，随着时间的推移，这种风潮就演变成唯分数论，唯升学率，而且愈演愈烈，训练学生解题能力几乎成了不少教师课堂教学的唯一追求，题海泛滥使学生成为做题机器。

为了减轻学生过重的学业负担，抑制愈演愈烈的应试教育，有关省市政府出台政策：禁止学校以分数排名，禁止学校双休日、节假日补课，但有条件的家长几乎无一例外地选择校外补课。无条件的家长创造条件也要让孩子补课，家长的经济负担越来越大，不少家庭不堪重负，学生的课业负担愈减愈重，多数学生不堪重负。

为了让十分有限的教育经费用在刀刃上，我们创建了重点中学、重点小学，让一部分资优学生获得优秀教师的优质教育，于是就引发了大众抢占优质教育资源，用金钱，用权力，甚至于不择手段。为了解决择校问题，义务教育阶段实行学生就近入学，于是就产生了价格离谱的学区房。

为了培养资优学生，数、理、化、生及信息科技奥林匹克竞赛（下文简称"奥赛"）被引入基础教育，但一旦和升学挂钩，就导致了不论智商高低，不论学力如何，大家争相参加"奥赛"，"奥赛"不再是智力游戏，而成了名校的敲门砖。为了培养学生的责任感和社会实践能力，学校开设了社会实践课程。走向社会是好事，但在一些望子成龙的家长看来，无疑是浪费时间，学生假期的社会实践活动成了家长寻找熟人盖上橡皮图章的过程。走向农村是好事，但今天已经很难找到让学生真真切切、实实在在从事农业劳动的场所了，学农劳动更像是春游、秋游。

为了实现教育均衡发展，政府努力争取实现了教育经费达到 GDP 的 4%，但是钱多了不会用钱，产生大量的浪费现象。改善学校办学条件，校舍改建产生了积极作用，但也有不少地方盲目贪大求全，动辄 500 亩土地，把中学办成大学；动辄超豪华，把学校办成宾馆；动辄超现代，添置先进的现代设备、现代实验室，却闲置一边，成为几无所用的摆设。

为了实现教育的现代化，兴起了热热闹闹的课程改革，开展了全方位的教师培训，使教师听到了许多教育新口号，知晓了许多教育新理论，也尝试了许多课改新做法，但大范围的教育背景没有多少实质性变化，决定了教师的教学行为不会有根本性的变革。经济学家吴敬琏在《转型，为何仍然困扰着中国》（《文汇读书周报》2013 年 11 月 8 日第 5 版）一文中说道："在中国的理论和政策讨论中常常发生一种'引喻失义，数典忘祖'的现象。一种观点或政策经过辩论好不容易被学界和政府官员普遍接受，写进了党的文件，成为政府的工作指南，可是不要多久，在人们头脑中保留的，往往只是一句空洞的口号，至于它的内容，则在实际执行中发生漂移畸变，甚至完全走样。"经济界如此，教育界同样如此。比如倡导研究性学习，最后结果更多的是纸上谈兵，甚至于家长代劳、网上抄袭。比如提倡导学案，于是教师们就把导学案编成新的练习册、习题集。比如倡导学生学习的主体积极性，结果就演化成学生的课堂展示，而展示的是一些教辅读物上的现成答案，缺乏深入的思考，就无法保证学习的质量。比如提倡教师从事教育教学研究，评职称，评优秀，要论文，要课题，结果导致教师编制的大量的伪课题、伪科研、伪论文出现，不是为问题而研究，而是为职称而写论文，

"伪教研"就成了不可避免的。久而久之,我们的教师在这样的生态环境下自然而然形成双重人格:说的是虚的,做的是实的;说的是冠冕堂皇的大话,做的是不登大雅之堂的俗事;不论你提倡什么,他都可以找到一种方式对付你;不论你出台什么规定,他都锱铢必较地寻找空子去钻。其实不只是教育人,今天的国人有许多都是以能够钻到空子为自己谋利或解忧感到自豪的。

为什么我们的出发点都是好的,而结果常常背离了我们的初衷?为什么明明知道是正确的事情,但许多人就是不去身体力行?为什么明明知道是错误的,却总有人为了蝇头小利而从众随俗?为什么明明知道是在做假,但许多人却乐此不疲,骗人骗己骗下一代?为什么明明感受到这样做的结果是谁都不幸福,但众人依然愿意陷于囚徒困境而不自拔?这样下去,教育还会好吗?

这一切,究其原因,我想与我们所处的时代是有关联的。这是一个伟大的时代,在这个时代,我们教育工作者可以亲身感受到:教育从来没有像今天这么活跃,但也从来没有像今天这么混乱;从来没有像今天这么多元,但也从来没有像今天这么充满分歧;从来没有像今天这么繁荣,但也从来没有像今天这么芜杂。生活在这样的时代,需要我们教师必须始终保持清醒的头脑,保持我们对教育朴素的情怀,保持我们的定力,保持我们的反思批判精神。

作为教师,我们身处在当下的教育现场,纷至沓来的理论、学说、指示、观点、经验、做法充斥着整个教育现场,是听之信之、趋之若鹜,是随波逐流、顺其自然,是充耳不闻、置之不理,还是审视明辨、批判选择,我们都会有一个态度。即使是批评批判,也会有多种情况。我既反对那种媚评俗评,即不加分辨一味夸赞、一味讨好,也反对那种酷评、恶评,即那种不分青红皂白,一棍子打死的批评。我所主张的批评是直面现场的批评，是实事求是的批评，是始于论事，终于说理的批评，不去恶意地攻击他人的人身尊严以炒作自己，不去夸大事实无中生有以哗众取宠，而是建设性的求真、求善、求美的批评。当然，我的批评远没有达到这样的境界，但是心中树立一个目标，努力去实践追求，我以为是责无旁贷的，因为我仍然相信否极泰来，中国明天的教育不可能一下子有颠覆性的彻底变化，但终究人心是向善的，希望在民间，在每一个教师身上。每一个教师所站立的地方，就是中国教育之所在；每一个教师如何，中国教育便如何；每一个教师是什么素质，中国的教育便是什么质量；每一个教师心向光明，中国的教育便不会黑暗。

这本书里汇集了我的一些反思批判性文章以及实践性的思考，是一个在教育现场之人的所见所闻、所思所做，不揣浅陋，拿出来就教于方家。

程红兵

第一辑
学科教育批评

关注价值思想

　　我们正在进行课程改革，不少地方的学校和教育行政部门已经开始进行课程改革的经验介绍。在课程改革的大潮中，我们耳熟能详的一句话就是：以学生发展为本。我们做到了吗？在我们的教育行为、我们的教育话语、我们的课程改革，以及我们的一切细枝末节中，我们真正做到了吗？我们应该时时自问！我们学会了呼喊时尚也漂亮的口号，但口号只有化为教育工作者的言行，才能成为他们的价值取向，成为一种文化行为，才有意义。有一个这样的故事：

　　一个年轻漂亮的小学女教师参加新课程教学比赛，课前经过群策群力，做了充分准备。比赛那天，她穿了一条漂亮的裙子，裙子上贴了许多的五角星，她信心十足地走上讲台，一切都在预料之中，学生被充分调动起来了。每当学生回答得好，老师就从裙子上摘下一颗五角星贴在孩子的脑门儿上，孩子开心极了，课上得很顺利。这时老师裙子上的一颗五角星掉了下来，恰好掉在到现在还没有得到一颗五角星的一位同学旁边，他捡起来了，犹豫了好半天，他很想把这颗五角星贴在自己的脑门儿上，矛盾了一会儿，他还是把五角星交给了老师。老师接过五角星，没有任何表示，继续上她的课，很多听课的老师为这位教师感到遗憾：经验不足，她应该顺势就把那颗五角星贴在那个孩子的脑门儿上。课继续往下上，在这堂课快要结束的时候，又一颗五角星掉在了到现在为止还没有得到五角星的一位同学旁边，很快就下课了，这位同学也很想将这颗五角星据为己有，思想斗争了一下，还是决定还给老师。他匆匆跑到老师办公室将五角星递给老师，这位女教师说了这样一句话：课上完了，五角星没用了，你把它扔了吧。孩子听了这话，一下子愣了，他无法理解老师的话语，更无法理解老师。

这位老师的这堂课完全是功利性的价值取向，根本没有以学生发展为本的价值思想。这个事例给我们的课程改革重重地敲了一下警钟：如果只注重形式的变革，而没有真正从价值思想上发生变革，我们的课改很可能是低效的甚或是无效的。作为校长，我们应该关注价值思想。

北京大学在任最长的校长蒋梦麟说："教育如果不能启发一个人的理想、希望和意志，单单强调学生的兴趣，那是舍本逐末的办法。"教育的真谛是培植真心、培育爱心、培养美感、牵引灵魂。

一、什么是价值思想

价值思想是一杯浓茶，是一杯咖啡，是一个教学行为，是一本教科书，是黑板上的板书，是一次暑假作业。但一杯浓茶不是价值思想，一杯咖啡不是价值思想，一个教学行为不是价值思想，一本教科书不是价值思想，黑板上的板书不是价值思想，一次暑假作业也不是价值思想。

价值思想是什么？价值思想是形而上的，价值思想当然关乎价值，价值思想是附着于外物、附着于行为、附着于语言的内在的关乎价值的东西。价值思想从终极上思考：外物为谁而存在？行为为谁而做？为什么存在？为什么要表现？

二、为什么需要价值思想

从理论上讲，教育也好，课程改革也罢，都要有价值思想。教育就是文化的传承，课程改革就是要更好地实现文化的传承，文化的核心就是价值思想，抽去了价值思想，我们还有文化吗？文化赋予一切活动以生命与意义，文化的缺失就意味着生命的贬值与枯萎。真正意义上的教育实际上就是一个文化过程，教育一旦失去文化，所剩的只是知识的位移、技能的训练和应试的准备。

从现实来看，我们的课程改革有价值思想吗？我们似乎有价值思想，教育以学生发展为本，是思想，但又不是思想。当这句话蕴涵在一个个具体的教育事物当中，蕴涵在一个个具体的教育行为中，它就是教育思想；当这句话成为一种标语口号、一种标签，随处随时、张贴呼喊，那它就不是思想。

一位纳粹集中营的幸存者，后来当上了美国一所中学的校长。每当一位新老师来到学校，他就会交给那位老师一封信。信中说："亲爱的老师，我亲眼看到人类不应当见到的情景：毒气室由学有专长的工程师建造；儿童被学识渊博的医生毒死；幼儿被训练有素的护士杀害。看到这一切，我怀疑：教育究竟是为了什么？我的请求是：请你帮助学生成长为具有人性的人。只有在使我们的孩子具有人性的情况下，读写算的能力才有价值。"这位校长身上有着非常自觉的价值思想意识，并将之传导给他的老师。

当前课改亟需价值思想。任何一项教育教学活动，不仅要从事实层面（教什么）和技术层面（如何教）做出思考，更要从价值层面（为什么教）做出追问。爱因斯坦说得好："仅凭知识与技术并不能给人类的生活以幸福和尊严，人类完全有理由把高尚的道德标准和价值观的倡导者和力行者置于客观真理的发现者之上。"

当前我们不断地进行教育改革，不断地进行技术操作层面的变革，比如课型：过去的改革我们说必修课、选修课、活动课，现在的课改我们说基础型、拓展型、研究型，我们是否思考过，我们为谁而改，我们为什么改？必修课、选修课、活动课是否失去了存在的理由，而基础型、拓展型、研究型是不是要取而代之？如果是，其理由何在？课型及其改革的生存条件是什么？又比如教科书，以语文为例，就组元方式来看，原来的语文教材是以体裁组元的，也有以能力为线索组元的，现在大多改为以题材、话题组元；就课文来看，有的课文依然保留，有的课文又被调换，高一有许多新课文，而到高三又出现了许多老课文。这是为什么？课文有的有价值思想，有的未必有价值思想。茨威格的《世间最美的坟墓》有价值思想，何为最美？朴素最美。为什么朴素最美？朴素的背后是托尔斯泰的伟大人格。这里蕴涵了作者的价值判断。我不反对改革，但是对此我们同样要问：为谁而改？是为教师而改，还是为学生而改？是为知识而改，还是为改而改？为什么而改？改的意义何在？价值何在？

任何课程改革的背后都有理性在支配，有的是工具理性，有的是价值理性。

夏丏尊曾说："学校教育如果单从外形的制度与方法上走马灯似的变更迎合，好像掘池，有人说四方形好，有人又说圆形好，朝三暮四地改个不休，而于池之所以为池的要素的水，反无人注意。"由此我要说我们作为校长更应该关注价值思想。

所有的教育行为都应该有价值思想。

湖北有个语文特级教师杨先武在网上批评我，后来又在《中国教育报》（2004 年 9 月 21 日）上发表《读不懂的程红兵》（读不懂是正常的，因为他并不完全了解我）一文批评我，批评我在《中国教育报》一篇访谈文章中提到对《教师之友》刊发"那一代"三篇文章的看法。我觉得那三篇文章有点"损"，而且是组织进行的"集束"炸弹，有炒作的特征。杨老师对此颇有不同意见，其立意主要是批评有作用，组织的批评有作用，程红兵失去了批评的锐气，很让他失望等。这基本上是站在工具的层面上谈问题，谈批评的作用。对此我不想与之争辩，因为一不小心，就会与之在同一个层面绕圈子，毫无意义。

批评也是要讲究价值的，批评还必然要进入价值理性的层面思考。我所说的"损"，就是基于价值理性的思考，批评应该尊重人，尊重被批评者的人格，批评不能有损于他人的人格。"那一代"系列中批评魏书生的那篇文章，我的理解是它涉及被批评者的修养，明显过了。这样的文章非常典型地超越了学术批评的范畴，置被批评者的人格于不顾，从这个意义上说，我不赞成，我主张批评应严格限制在学术的范畴内。

关于组织进行的炒作式批评，我也不赞同。我主张自然的、常态的批评，这也是一种价值观的体现，自然为真（出乎真心的）、常态为实（就事说事的）；组织的有可能失真（在某种要求下进行的），炒作的有可能失实（夹杂了别样的目的）。

三、价值思想缺席的后果

价值思想的缺席是最可怕的缺席，价值思想的缺席是灵魂的缺席。我们过多地沉浸在热潮中，一种热潮来了，往往就是思想的缺席，因为只有一个声音、一种话语、一种热情。从众固然不孤独，但是没有了自己，也没有了思想。我们都在大家的、时尚的思潮中淹没了自我的个性。我们不能自说自话，这是我们话语能力丧失的一个显现。我们习惯于跟风走，我们喜欢讲模式、讲网络技术、讲教学方法、讲研究性学习、讲课程；我们习惯于把话语权拱手让给代表西方发达国家教育思想的学术权威们、大学教授们，因为他们有宽广的视野，有厚重的专著，于是把我们给镇住了；我们更多的是关注技术、关注操作，因此思想的缺席、话语权的丧失是自然而然的了。话语权的丧失，根本上反映了我们校长思想力的弱化，思想力的弱化是价值思想深度缺席的表征。

他们有他们的优势，我们有我们的优势，我们的优势在于我们有丰富的实践体验，个人化的、不可替代的理论思想，既可以是演绎迁移的，也可以是归纳提炼的；他们有他们的话语权，我们有我们的话语权，我们为什么要把属于我们的话语权拱手相让？

我有一个直觉，我们的中学教育曾经是阶级论、政治观的附庸，后来是社会学、经济学的附庸；以前的话语系统是阶级论、政治论的话语系统，后来是社会学、经济学的话语系统，社会学、经济学的目标指向十分明显。中学教育始终没有独立性，也不知何时能够独立。

思想的缺席，使我们发育不良。缺乏醍醐灌顶的思想启蒙，使我们的群体发育不良。

质疑公开课

课听得多了，觉得有必要反思一下观摩课、示范课、公开课。

我以为此类课应该分级，根据上课教师的不同，起码分为两大类：一类是参加工作不久的青年教师，完全可以沿用现在流行的方式，反复备课、反复试教、个人备课、集体备课，不断接受来自各方面的修改意见，最后上台表演。这一系列反复的过程是青年教师掌握规范的过程，是青年教师明确如何上好课的过程，是激发青年教师精益求精的过程，使青年教师学会上课。另一类是已经工作好几年的教师，绝对不能采用上述形式，因为在掌握规范多年之后，再来表演规范，则明显让人感到做作，是在演戏，而不是实施教学实验。在掌握规范之后，应该是超越规范。

听课与看戏不同，教师听课是明显地带着学习目的而来的，一般观众看戏则以观赏为主要目的。观赏就是看你的表演，你就应该表演得非常漂亮、圆满，具有可观赏性。听课是为了学习，就应该具有可学性，因此它必须在常态下进行，这是教育实验的一个基本要求。观摩课虽不拒绝漂亮，但绝对应该拒绝为表演而表演，拒绝为刻意追求漂亮完美而失常。失去常态，就失去真实，也就失去其实验的价值和意义，失去了可学性。虽然我们并不拒绝漂亮，但在目前观摩课更多地追求表演性的时候，为了力纠时弊，我倒觉得现在有必要提倡否定表演、杜绝表演。说到这里，我想到一个问题：为什么我们上了这么多的公开课、观摩课、示范课（在众多学科中，开设公开课之多的没有超过语文的），而语文课依然问题很多（是不是最多不敢说，但受到抨击、批判最厉害是不争的事实），而且从总体上看，学生对语文课兴趣不大，甚至一些学生讨厌语文（有调查表明语文课受喜爱度仅好于政治课）？原因多种多样，其中之一就是这种观摩课没有可学性，仅有表演性；没有学习意义，仅有欣赏价值；没有学习价值，甚至执教者本人平常教学也不这么上，可见其假到什么程度，虚到什么程度，脱离实际到什么程度。

观摩课到底观摩什么，示范课到底示范什么，听课到底听什么，这是值得我们思考的问题。我以为公开课的目的在于实验，听课的目的在于学习交流。因此，我们就应该考虑实验的目的、学习的目的。语文课堂教学实验无非是要探索一种新的教育思想在课堂教学中的实践，探索一种新的教学手段的运用，一种新的教学模式、教学方法、教学课型、反馈系统、评价方式在教学常态下的呈现（这里用"呈现"而不用"展示"，是因为"展示"很容易走向表演）。

正因为是新的探索，才能给人以新的启发、新的思索。

正因为是常态下的呈现，才能给人以学习借鉴的意义。

正因为是探索，才无需圆满，也不求十全十美，一扫表演的痕迹，即使是不成功的地方，也能从反面给人以启迪和教训。

如果这个观点能够得到认可，进而成为大家的一种共识，那么结果和意义是显然的。

第一，我们的语文公开课就会呈现一种百花齐放、百家争鸣的喜人局面，而不像今天的各种观摩课给人以千人一面、千课一味的感觉。

第二，语文教学的实验探索就会逐步推向深入，语文教学及其研究就会逐步走向科学化，而不是像今天的公开课这样徘徊在原有层面上，始终走不出分析的路子，形式或许有些变化，但始终是在分析。分析在很大程度上肢解了一篇篇美文，使许多学生对语文丧失了兴趣，甚至于讨厌语文。语文课为什么一定要分析呢？不分析难道就不行吗？我并不绝对反对分析，而是反对以分析一统天下。正是因为缺乏逐步深入的科学探索，所以我们的语文教学总是止步不前。20 世纪和 21 世纪的语文课可以说基本上没有什么区别，没有多大的发展，而且旧有的问题没有得到解决，甚至越来越多，愈演愈烈。我们期待真正科学的探索能一点点地解决问题，一步步地向前发展。

第三，常态下的实验如果可以学习、借鉴，那么就会逐步影响一些人，慢慢扩大，最终渐成气候，而不像现在的观摩课，听完以后，许多人觉得的确很漂亮，但根本无法学习，于是依然故我，还是老一套。必须指出的是，我们这里说的学习是真正意义上的学习，而不是简单的模仿照搬，我们绝不是忽略教师的个性风格，恰恰相反是尊重教师的个性。

我们总在说素质教育是以培养创新精神和实践能力为核心的，要培养学生的创新精神，我们教师自己是不是应该具备创新精神？语文课堂正是语文教师创新的一块田地。我们语文教师如果具有创新精神、创新能力，那么将在人格上给学生以极大的正面影响。

课堂为什么一定要封闭

全国语文报刊协会课堂教学艺术分会在学校开年会，主题是"文本解读"，形式是"专家报告＋研讨课＋评课"。上海语文特级教师张广录执教鲁迅的《拿来主义》一课很有新意，他一反常态，不再是对鲁迅文章思想内容做鉴赏性的分析评价，不再是干巴巴的贴标签式的教学，而是带着学生在做真实的研究。他以鲁迅的《拿来主义》作为切入口，研究鲁迅语言表述的特征，具体做法就是把鲁迅的《拿来主义》一文拆散成一个个的句群，让学生重新组织这些句群，引导学生去发现鲁迅文章句群与句群之间的关系，但评课的专家和听课的老师大都不太看好，特别是上台评课的专家基本上都采取回避态度，对张广录老师的课不予置评。

张广录老师是这样上课的：带着学生发现鲁迅作文的秘密，在实际教学中，指导学生研讨，学生了解到鲁迅文章句群之间的关系是——否定，再对否定加以否定，即否定之否定，然后再对此进行否定。概括地说，鲁迅文章的句群连缀方式就是：A，－A，A，－A……这么一直下去，曲曲折折，构成了鲁迅作品的语言特色。因此鲁迅作品的意思总是比较难懂，他总是在文章中不断地自我否定，导致读者不知道他到底想主张什么、反对什么，这也是鲁迅文章的独特魅力所在。应该说这样的研究是很有意思的，当然这样的研究学生刚开始也是不太适应的，因为从来没有老师这么教他们。但是随着张老师不断地让学生尝试去做研究，学生慢慢进入一种研究者的角色，自己去研究鲁迅的句子，渐渐产生了一些颇有意思的研究心得，渐渐体会到这样研究的好玩、有趣，体会到这种语文课的意义和魅力。值得肯定的是张广录老师始终让孩子置身在自然的研究状态中，而不是一种介乎表演状态与上课状态之间的样貌，用简单的话来表述，就是张广录老师是在自然地上课，而不是作秀，不是表演，是真切而朴实地上研究课。

但是我们的专家、教师为什么不认可张老师这样教学呢？这是什么原因造成的呢？我想所谓的专家都是这个行业从业良久的资深人士，每个专家都在自己的长期职业生涯中形成了教学习惯、审美图式，都有自己的评课框架或者叫评课图式，都有自己关于课的基本价值判断标准，都有自己的评课习惯。比如，有的人就是习惯于上课必须有头有尾，假如有的课没有结尾，他就感到不舒服。评课图式是长期形成的，一般不容易改变，如果课的基本特征、基本呈现方式符合他的评课标准，符合他关于课的习惯认知，也就是在他的评课图式中，他就会有一种愉悦感、舒适感；当有一种课不在他的评课图式中，他就会有不适感，于是就会产生出一种本能的不快、排斥、拒绝、否定。又如有的语文教学专家习惯于语文课应该有语文的味道、语文的学科特征，他的语文评课图式就是要着眼于字词分析、文章鉴赏，如果有的课没有，他就感到不舒服；如果语文课走的是研究的路子而不是他习惯和喜欢的鉴赏的路子，他就不爽。他不想也不愿意去分析这种课，不想去深入理解这种课的存在意义，不想去探究这种课的创新价值，只是感觉不舒服，但一时半会儿也说不出非常确切的理由来理直气壮地否定这样的课，采取最简单的方法就是回避，不予置评。于是，这种充满创新意味的课的意义就被轻易地忽略了。

课程创新难，课堂创新难，难就难在大凡课堂创新都或多或少会与许多人的审美习惯、教学习惯、评课图式不一致，而人的审美习惯、教学习惯、评课图式一旦形成，就很难改变，所以创新就不容易被认可、被承认。但是社会生活是在发展的，而发展就是要靠创新驱动的，课堂教学毫无异议也要发展。语文教师可以也应该对文本做鉴赏性的评价，语文教师可以也应该指导学生对文本做鉴赏性的分析，但语文教师也可以带领学生去实实在在地研究文本的语言，研究句群，这也是语文教师的本职工作。现在我们的理科教学时兴一种 STEAM 课程，就是一种集科学、技术、工程、艺术、数学于一体的跨学科的综合课程，就是一种面向具体问题的研究型课程，其本质特征就是主张让学生像工程师一样地面向问题、思考问题、解决问题。同理，为什么语文教学不能让学生在教师的指导下像语文专业研究者一样去思考语言现象？去研究语言现象？为什么带着学生去研究鲁迅文章句子连缀的特征就不能出现在语文教学中？为什么我们要把语文课做封闭式的界定？为什么语文课堂教学只能是一种模式？为什么语文课堂教学一定要有一个统一的固定的标准？为什么语文教学不能有别样的探索？

　　语文教学不能自我封闭，基础教育不能自我封闭，固步自封一定会阻碍教育的发展，一定会导致教育的落后。

语文教学"科学化"刍议

——与魏书生同志商榷

教育不能离开人，教学的科学性不能离开人，人不仅是教育的对象，而且是教育的出发点和归宿。任何教育、教学活动形式，如果忽视了人，看不到教育对象的人格特质，就根本没有教育的科学性可言。

一、有序无序的对立统一

语文教育界很多人热衷于追求教育的科学化，热衷于寻找语文教学的"序"，以为找到了"序"，语文教学就走向了科学。

事实上，教学教育活动是十分复杂的，它既是明确的，又是模糊的；既是有意识的，又是无意识的；既是自觉的，又是不自觉的。或者说有时是明确的，有时是模糊的；有时是有意识的，有时是无意识的。以一种"序"来涵盖贯穿语文教学的整个过程，既是不可能的，也是不科学的。之所以如此复杂，有时可以理喻，有时又不可以言传，就因为我们的教学教育对象是人，而不是物，不是机器。和其他学科的教学教育一样，语文教学也是有序与无序的统一，这看似矛盾的地方，其实正是这项活动本身科学性的体现，忽视有序与无序的对立统一，撇开一方，以一方替代另一方，去盲目追求机械的"序"，走向极端，那一定背离了教育的科学性。说到底，这是一种急功近利的浮躁心理在作祟。

现以魏书生老师所论为例。（本文例举的做法均见于 1990 年第 1 期、第 2 期的《语文学习》上刊登的魏老师的文章《论语文教学的科学管理》。）魏老师在他的文章中介绍，他给学生安排了一个非常详尽的计划，从小事到大事，从事到人，各个系统、各个方面都兼顾，每人每天必须做的六件事，每天按学号轮流做的三件事，每周做一次的三件事，每学期做一次的九件事，不定期的六件事，渗透于语文教学之中的七件事，每件事都有非常严密的安排。按魏书生老师的原话说就是，要做到"人人有事干，事事有人干，时时有事干，事事有时干"。而且他还有一套严密的监督检查系统，除自检之外，有互检、班干部检查、班集体检查、语文老师抽查，同时还有相应的处理措施，简直是滴水不漏！在这样一张密而无缝的大网里，学生只能一切按计划行动。魏书生老师这样安排，不是把他的教育对象作为十二三岁、十五六岁的学生来看待，而是作为机器来对待。魏老师所追求的教学管理之"序"，不是教育科学的"序"，而是不考虑工作对象刻板的、机械的"序"，学生成了魏书生手中操作的自动、半自动的机器。或者说魏书生老师把企业管理之"序"，搬到了语文教学中，用来管理孩子们。

十分的严谨、十分的有序、十分的细致、十分的规范，用于生产标准规范的器件是可以的，用于育人则并不妥当。千篇一律、标准规范的器件是好器件，千篇一律、标准化的文章绝不是好文章。用一个模子塑造出统一的、标准化的人，那只是对人性的扼杀，绝不是教育。

二、正极负极的双向思维

一种做法、一个事物往往有两极走向，其正极是你的期望走向，其负极不是你的期望走向，甚或是你的期望反向。有些事情、有些做法一旦出现就是朝着你希望的方向发展，没有多少负作用，有些事情虽然是朝着你希望的方向发展，但同时也有很大的负作用，要耗费很大的代价；有些则完全走向你希望的反面。美国著名社会学家默顿（Merton）明确提出了关于功能的两对重要概念，一对是正向功能与负向功能，另一对是显性功能与隐性功能。正向功能即指"贡献性功能"，负向功能则是那些"损害性功能"。显性功能是指有目的、有计划地实现了的功能，或曰客观结果与主观愿望相一致的功能；隐性功能则指那些未经事先筹划而出现的功能，或曰主观愿望之外的功能。默顿的这个理论对我们教育界很有意义。日本教育社会学家柴野昌山以默顿的上述两对概念为基轴，把教育功能分为四大类：正向显性功能、正向隐性功能、负向隐性功能、负向显性功能（参见吴康宁《教育的负向功能刍议》，载《教育研究》1992 第 6 期）。教育的负向功能同正向功能一样，乃是教育作为社会子系统而存在的一种普遍现象，尽管在许多情况下，教育的负向功能常常具有隐蔽性与延时性的特征。作为教育工作者，我们一方面要认识到教育出现负向功能不足为怪，另一方面要加强科学的预见性，努力强化正向功能。

因此，我们在决定某件事情、采用某种策略、选择某种方法、使用某种手段之前，一定要深思熟虑，针对事物的两极走向，采用双向思维，在设想它的正极走向的同时，也要思考它的负极走向。特别是教育，教育的对象是人，一旦做法不当，受害的、受损失的是人，是我们的孩子，有些错误甚至是不可弥补、无法挽回的。所以作为教育工作者，我们在决策之前一定要慎而又慎。

在教育实践中，出乎决策者预料之外的情况不乏其例，如实行标准化考试的初衷之一，就是要学生摆脱题海战术，减轻师生负担。殊不知，实行标准化考试以来，题量更大，师生负担反而越来越重；更有甚者，考试的标准化、教学的程序化、教学方法的模式化，虽然能解决一些以往不能解决的问题，然而随之而来的，必将导致教学"产品"的"模型化"，教学目标的单一化——只重自身学科，不重人格培养，这是决策者始料不及的。

又如魏书生老师要学生每天各自统计"三闲"时间量，即闲话、闲事、闲思（胡思乱想——魏书生原注），其本意在于减少、消灭"三闲"，以提高学习效率。我以为"三闲"是初中年龄段学生重要的、不可缺少的特征，不应严加限制。对于何谓"闲"，学生就难以把握。按通常理解，即与学习无关谓之"闲"，事实上学生的成长，不仅仅局限于学习，学生们的正事不仅仅囿于课业。而且"三闲"，特别是我们老师所认为的"胡思乱想"里面很可能孕育了创造的种子，一遇时机，它就将萌芽破土，迅速成长。其实这类问题很多教师、教育家都会碰到，问题是如何对待学生的幻想。苏联教育家阿莫纳什维利也遇到过类似的问题。他的班上有一个非常爱好音乐的学生柯蒂，每当小音乐家在课堂上出神地幻想起来，不自觉地用手指在想象中的钢琴上弹奏起来，不听老师讲课时，阿莫纳什维利就走到柯蒂的身边，在他的耳畔轻声说："孩子，你在干什么？你要明白，你在上课。"阿莫纳什维利完全可以用"学习音乐是一件好事，但柯蒂也要掌握教学大纲给小学生规定的知识"来安慰自己、开导自己，但是阿莫纳什维利仍然怀疑自己的做法，他说："有一种不可名状的怀疑攫住我的心。"阿莫纳什维利记得有一次柯蒂正沉浸在音乐的幻想中，突然传来某人的一阵惊呼声，他的幻想被打断了，这出其不意的惊呼声使他害怕得脸色都变白了。这个细节给阿莫纳什维利留下很深的印象，他回忆起自己的童年时代，"我的一位同班同学罗兰德——一个穿童装短裤的男孩，喜欢吵吵闹闹、调皮幻想——在课上也常常'沉浸'在自己的问题里……教师常常呼吁他集中思想、专心听讲，他很有礼貌地抬起头，眼睛望着教师，现在我还很清楚地记得，就是在这样的时候，他仍然自我陶醉在别的什么事情上。过了多年以后，我们获悉，在小学里跟我同桌的这个少年发现了一颗新星；又过了若干年，我从报上读到，我的这位朋友创立了一种新的理论，因此，他获得了国家授予的奖赏。我力图用自己的说法来解释这种现象：天才儿童爱在课上幻想，这是因为智力的激情和交往的精神像点燃火箭的燃料一样激励着他的才能脱离教室现实的吸引力，投入到其他现实中去，例如音乐、诗歌、数学等。如果笼罩在教室里的智力的激情和交往的精神充满着敏感性和同情心、互相理解和互相关心，这种'燃料'的推动力将变得越来越强大"（参见阿莫纳什维利《课的颂歌》，载《外国教育资料》1991 年第 6 期）。阿莫纳什维利的认识值得我们认真思考，我们不能对学生的幻想采取简单、粗暴的禁止、压制的办法，多一点同情心，多一点理解，因为我们面对的是可爱的孩子。美国著名心理学家罗杰斯（Rogers）强调要给孩子一定的"心理自由"，"因为这是允许他成为他真正的自己，可以完全自由地思想和自由地感觉。这鼓励，是鼓励他向着凡是能构成他的创造力的一部分的知觉、概念和意义，广角地敞开"（转引自《外国教育资料》1993年第5期）。

有句话说得很好：需要是创造发明的母亲，那么玩耍则是创造发明的父亲。孩子们是聪明的，在玩耍中，他们能够发现许许多多观察事物的新角度；孩子们是机智的，在劳动中，他们能够使许许多多事物巧妙地发生比附和关联，孩子们更是想象的天才，在开放自由的环境里，他们能够使许许多多的事物自然地从现实走向未来，从未知走向已知。发明"汉字全息码"的15岁少女杜冰蟾是一个很好的例子。成人们用微积分、解释几何、拓扑几何学等高深理论编出400套编码，却复杂得不能普遍应用；而杜冰蟾用部首、拼音、笔顺、笔画这几个小学生人人都懂得的法则，创造发明了目前最有实用价值的"汉字全息码"，其中一个很重要的原因就是她比成人少了许多框框、少了许多束缚、少了许多严格的限制。

现代教育家陶行知先生最不能容忍扼杀学生创造性的教学方法。为了开发儿童的创造力，陶行知先生曾提出对儿童的"六个解放"，主张解放儿童的头部、双手、眼睛、嘴巴、空间和时间。他主张要使孩子们能看到事实，不戴有色眼镜；准许他们发问，"发明千千万，起点在一问"；要让他们有动手的机会，使他们能干；不要把他们关在笼中，要让他们到大自然和社会中去扩大眼界，取得丰富的学问；不要把他们的功课填满，不逼迫他们赶考，不和家长联合起来在功课上夹攻他们，不要把他们的全部时间占据。陶行知先生的这些教育主张是符合教育规律的。占据了学生的全部时间，学生必然失去了自由；失去了自由，学生的创造意识无从培养。创造需要开放，需要心灵的开发，繁琐的事物、过于规范的行为、严格的思维限制，使孩子们不能越雷池一步，这些就像锁链一样，锁住了孩子们的手脚和心灵，就像绳索一样捆住了孩子们想象的翅膀。从这个意义上说，禁止"三闲"，抑制了创造。这是为教者应该想到却没有想到的。

魏书生老师很想把自己的学生培养成才，他希望他的学生一个个非常刻苦，非常勤奋。他以自己为模子去套学生，套一个个幼稚、活泼、傻气、调皮、冲动、幻想、贪玩、懒惰的初中学生；他唯独没有想到，这些特性对十二三岁、十四五岁的孩子来讲是非常宝贵、不可缺少的。如果孩子们的学习进步、分数提高，要以取消、丧失这些特性为代价，我以为是得不偿失的。有人说得好，小孩在沙滩上堆沙，并不是堆沙而已，而是一种创作、一种想象。正如牛顿当年看到苹果落地而引发的思考。从小孩到牛顿，他们在享受创作的喜悦，而这种创作，是人类所独有的，是在阿猫阿狗中看不见的。但是人类一旦失去自由创作的环境，就会如大人不让小孩玩沙一样，始而嚎啕大哭，最终因愤怒而反抗起来。由此看来，我们切不可用事务占去学生的自由时间，我们切不可用"管理"限制学生的想象。

科学的教育行为，首先要对事物的正极负极做统筹思考，在考虑得到的同时，也要掂量失去了什么，哪个价值更大。我们不能不如此，因为我们的工作对象是活生生的学生，我们必须讲究教育实验的人道主义。

三、综合全面的整体观念

语文教学的科学性离不开整体观念，必须把语文教学纳入教育人、培养人的大背景下、大系统中去全面地考察。语文教学的价值取向不能只是孤立地看语文学科本身，不能只关注语文分数的提高，我们还应看到教学的终极目的——培养为社会服务的有健康人格的人才。语文教学必须与人格培养的价值取向相一致，必须服从于人的培养，必须综合起来考查。

有些事物孤立地看，一时看不出它的问题，全面地审视它，就能发现其问题所在。以魏书生老师为学生安排详尽的语文教学计划与监督系统为例，一眼看过去，还以为他安排得很好："人人有事干，事事有人干，时时有事干，事事有时干。"看上去很严密，然而设想一下，这只是语文一科，如果外语、数学、物理、化学、政治、历史、地理、生物八科老师各个都向魏书生老师学习，也像魏老师这样安排，请想一想，将会出现什么结果？我们的学生在老师们的安排下，什么时间做什么事，被规定得死死的，战战兢兢，高度紧张，就像一架被老师们操作着的机器，机械地、不停地转着，"科学"得像一只上足了发条的闹钟那样准时，又是那样单调乏味。不难想象，这样培养出来的学生，心理与人格是不健康的。孩子们本身具有那种敏感、开阔、跳跃、富于神奇性的思维特征，慢慢被消磨，思维被规范化了，对事物的认识、判断陷入常规性的解释。整个思维的稳定性强了，惊奇性弱了；描绘性强了，想象性弱了；理解性强了，疑惑性弱了；解答性强了，发现性弱了；逻辑性强了，创造性弱了。整个思维变得规范、机械和平庸。长此以往，学生将逐渐养成循规蹈矩、亦步亦趋的个性品质，在他们的人格素质构成中缺乏冒险精神，也缺乏探索求异的创造精神。

我们绝不是反对在语文教学中实行科学化的管理，我们反对的是让管理走向极端，反对的是忽略教育对象的管理。事实上，魏书生老师在"管理上"的"科学"在一定程度上否定了他的民主，或者这样说，曾被魏书生老师解放了的学生，又被他不自觉地关进另一只笼子，关进了他给学生安排的极为周全的"管理"之笼。如果语文老师的思维视点只落在语文单科上，那其行为做法难免偏颇，而不可能真正科学。在教学实践中，我们常常可以看到一些教师在高考大棒的驱使下，专注于自身学科，你争我夺，分割学生的那一点自习时间。甚至于教学研究也是纯本体的，就语文谈语文，就数学谈数学，只论本学科如何进行知识传授、能力培养，不涉及学生的人格培养，没有整体观念，把学科目的与教育的终极目的割裂开来，这显然是错误的，是不利于学生成长的。包括语文在内的各科教学都应自觉地把学生作为完整的人，都围绕培养健康人格这一中心来进行，传授知识、培养能力、塑造人格三位一体，不可或缺，整个教学是和谐有机的统一体，教学的过程就是人格培养的过程，达到"学力形成"与"人格形成"的统一。我以为这正是语文教学科学化之所在，研究者、实验者从这里入手，深入研究，谨慎实验，将走向科学的轨道。

因此我提出，回到原点，回到教育的初衷上来。

批评与逻辑

——致木易同志

　　我曾在《语文学习》1991 年第 11 期上发表了一篇题为《语文教学"科学化"刍议——与魏书生同志商榷》的文章，以后许多相识或不相识的老师来信谈到的，或是当面和我说起的，基本都是肯定我的这篇文章。后来听说有人在刊物上发表文章同我商榷，我非常高兴，因为发现、指出我的问题与不足，有助于我进一步深入思考，促使我提高认识、提高思维水平。好不容易托人找来文章，一看却令我大失所望。木易同志这篇题为《人格教育的理想境界——评魏书生观摩课〈得道多助，失道寡助〉兼与程红兵商榷》的文章发表在《语文教学论坛》1992 年第 5 期上（木易同志这篇文章以下简称"木文"，我的那篇与魏书生商榷的文章以下简称"程文"）。木文的第一句话说的是我，最后一句话说的也是我，可以说是由我始、由我终。通读木文之后，发现木文涉及我的地方缺乏基本的逻辑性，令人十分遗憾。现提出来就教于木易同志。

一、目标不一，莫名其妙

　　大凡商榷、讨论，目标要相对集中，对象也要一致，也就是商讨的问题或问题的主要方面应该基本一致，否则各说各的，你说东我说西，则根本无法商讨，即使商讨也毫无结果、毫无益处。程文是从人格培养的角度，对魏书生老师的《论语文教学的科学管理》一文提出一点异议；而木文却转换话题，基本上是就魏书生老师所上的一堂课——《得道多助，失道寡助》来谈魏书生老师的人格教育。程文谈的是教学管理，木文论的是课堂教学，角度不一，目标不一，具体对象不一，如何商榷？好比甲说张三的嘴巴大了一点，而乙说张三的鼻子非常漂亮。这样的争论毫无结果，这样的讨论毫无意义。

放宽来看，木文提到与教学管理有点关系的地方只有两处：一处是在"目标控制与高效学习"标题下谈到的；另一处是在"教学民主与个性发展"标题下谈到的。

先看前者。前者关键的一句话是"一切成功的行为，一切卓有成效的学习，都有明确的目标和程序做保障"。程文并没有否定这个观点，程文第一个醒目的小标题就是"有序无序的对立统一"，程文并不反对"程序"，程文反对的是忽视学生特点、忽视教学规律而走极端的机械的"序"，说白了就是对魏书生老师在他那篇文章中提出的"人人有事干，事事有人干，时时有事干，事事有时干"有异议，对那种极为严密的网状管理方法提出异议，主张不要让管理走向极端，不要用学生的手给学生织就一张大网，把学生罩在里面。而对于这个问题，木文却恰恰回避了。

再看后者。木文有个很有意思的推论："在制约因素最强的课堂上，魏书生老师尚能提供这种民主与自由的广阔空间（这是前提——引者注），那他平时的语文教学管理一定会是一个生机盎然的宜人天地（这是结论——引者注）。"木文这个推想纯属主观臆断，根本没有关系的两件事物，非要生拉硬扯地扭在一起，强行做出推断，结论当然是虚假的、不能令人信服的。好比说张三鼻子长得非常好看，由此推断张三的嘴巴也一定长得恰到好处、不大不小，这样的推断显然是不合逻辑的，结论是非必然性的。

木文与程文商榷的基点如此不牢靠，令人十分遗憾，这叫人怎能信服他的观点呢？

二、主观臆断，无可奈何

　　木文对程文涉及不多，但就是这不多的几个地方，都是对程文做出结论性的判断，我聊举数例。"这只能说是程红兵同志的猜想。""那只是程红兵同志的主观臆测。""程文担心魏书生老师把人当'物'操纵，只是杞人忧天罢了。"木文引用程文的地方只有一句话："程文担心魏书生'用刻板机械的程序，把学生变成自动、半自动的机器'。"就是这么仅有的一句打了引号的直接引用，木文也出现了词语、语序上的错误，这是对程文不负责任的表现，除了这句引用之外，可以说木文撇开了程文却又对程文下了那么多结论。木文回避了程文的主要观点，避开了程文的逻辑推理过程，甚至回避了程文中所提到的事实、论点、论据、论证，对此皆避而不谈，不做任何分析，就武断地得出结论，到底是谁在主观臆断、谁在猜想，不是很清楚了吗？

　　以上是从木文总体上看的，下面再看局部的一些说法。木文说："程红兵同志在谈论人格这个课题时，把它狭隘地理解为单一的思维品质。"这又是木文毫无道理的论断。且不说我发表在其他刊物上谈论人格这个课题的文章，单是《语文教学"科学化"刍议》一文就没有把人格狭隘地理解为单一的思维品质，下面抄录程文中的几句话作为证据："创造需要开放，需要心灵的开放。""从这个意义上说，禁止'三闲'，抑制了创造。""长此以往，学生将逐渐养成循规蹈矩、亦步亦趋的个性品质，在他们的人格素质构成中缺乏冒险精神，也缺乏探索求异的创造精神。"这些话木易同志何以视而不见呢？

　　我们再看木文的最后一句话："今天，正当我们需要高扬魏书生人格教育这面旗帜时，程红兵同志却对它提出毫无事实根据的批评，即不是根据魏书生长期教学实践中的大量事实材料进行分析，而是只凭一两篇文字材料进行假设式的推想，这是有损于我们崇高事业的极不严谨的态度。"我真不知木易同志给我扣上如此大的帽子，根据何在？理由何在？其实我们仔细分析一下，木文这段话本身就是自相矛盾的，先说"提出毫无事实依据的批评"，接着又说"即不是根据魏书生长期教学实践中的大量事实材料"，前者是全称判断，后者是特称判断，二者焉能等同？确实令人感到莫名其妙。就前者来说，又是木文的主观判断，看过程文的人都知道，程文引用了魏书生《论语文教学的科学管理》一文中的很多事实，这是众所周知、有文可查的，按木易同志的意思，是不是魏书生老师的文章中所说的就不是事实？就不能作为根据？这难道不荒唐吗？木文一再说程文是猜想、是主观臆断，其实程文的观点魏书生自己也已意识到，这是我读了陈钟梁、聂国彦发表在《语文学习》1992 年第 3 期上的文章《喜读〈语文学习〉近期争鸣文章》后方才知道的。陈、聂文章说："魏书生同志在《我的指导思想》第四节中说，自己在首钢看到了这样一句话：'当你走入工厂大门时，你必须放弃一切个性，绝对服从现代化的科学管理。'于是他想到如何把定额管理、程序管理、相互关系管理引进语文教学管理中。应当说，语文教学管理可以借鉴工厂管理的经验，但二者性质毕竟不同。魏书生同志完全意识到这点，他讲过一句深刻的话，这样做不排除'更深地扼杀了学生的个性'的可能性。"读到这里，木易还会说我是主观臆断吗？

木文的前一个说法已经不攻自破，再来讨论后一个说法。程文并不是针对魏书生整个教学思想体系和整个教学实践，为什么要引魏书生老师的长期教学实践中的大量事实材料为据呢？况且在一篇文章中列出那么多事实材料做得到吗？好比一个漂亮的小伙子不小心在脸上沾上了一点黑灰，你只需直接告诉他哪里沾了黑灰，建议他擦去，或帮他擦去即可，犯得着从头到脚把他夸赞一番，然后再告诉他黑灰沾在哪里吗？有这个必要吗？累不累？就以木文为例，木文说来说去也主要就是说魏书生老师上的《得道多助，失道寡助》那堂观摩课，也并未引用魏书生老师长期教学实践中的大量事实为据，自己尚且做不到，如何指责他人？程文谈的就是魏书生《论语文教学的科学管理》一文所反映出来的问题，不依据它又依据什么？魏书生老师的这篇文章正是魏老师在语文教学管理实践上的总结，就是魏老师管理的典型经验、典型事实，不依据这些典型事实又依据什么？就此事论此事，不能胡乱延伸，胡乱延伸、东拉西扯的结果往往就是制造许多不切实际、不合逻辑的"冤假错案"。

上述事实证明，真正不严谨的恰是木易自己，当然文责自负，这决不会有损于我们的崇高事业，对于木文的主观臆断，我们只能徒唤奈何。

三、夸大其词，啼笑皆非

木文不合逻辑的另一个表现就是夸大其词，否定他人如此，肯定他人亦如此。

木文第一自然段最后一句话说："通过对该课的评价，有助于廓清程文笼罩在魏书生经验上的迷雾。"真要谢谢木易同志如此这般地抬举我。我的一篇小小的文章居然能成为笼罩在魏书生经验上的迷雾，这真是我始料不及的。更令我不解的是，自从程文发表之后，介绍传播魏书生经验的文章仍在报刊上时有所见，人们也并未停止向魏书生学习，魏书生也并未停止应邀到处传经送宝，甚至 1992 年 8 月我在兰州参加全国中青年语文教师课堂教学观摩赛时，有幸和魏书生老师同住一室，当面向魏书生老师提出邀请，请他到我们那儿讲课、讲学。如果程文真的像木文所说的那样有那么大的特异功能，把魏书生老师的经验给笼罩住了，那么这些现象又该作何解释？其实木易同志过高地"抬举"我不是目的，他的目的在于抬举他自己，他无非想说他自己的文章廓清了笼罩在魏书生经验上的迷雾。木文的这种做法我们但觉好笑，当然也可以理解。

这是木文否定他人的例子，再看木文是怎样肯定别人的。木文在分析魏书生课堂答问时，举了一个例子，当李侠同学回答问题把话说颠倒了时，魏书生说："李侠说得不错，就是颠倒了那么一点，其实人家心里保证会，只是因为心情紧张说颠倒了，以后要多发言，说不定将来还会成为雄辩家呢。"对此木文评价说："这在李侠人格成长的道路上，将是一块有纪念意义的里程碑。"这样褒扬的话听起来就让人觉得不自在，其实魏书生说的这些话在生活中有许多老师不止一次地说过，值得都套上"里程碑"吗？真正清醒的人对言过其实的吹捧，心里并不舒坦，甚至会产生反感，魏书生老师是清醒的，面对别人对他的教学形式任意拔高，他曾说过，教书不过是"雕虫小技"。不知木易对此又有何感想？

上述正反两方面的例子可以看出，木文夸大其词是不实在的，也是不合逻辑的，其实木文最后一句危言耸听地吓唬人（前已提过），也是不实事求是的表现。

正常的批评是真诚的、善意的，对人、对己、对事业都是负责的。首先是从语文教育事业的整体利益出发，为语文教学的健康发展着想；其次是从被批评者的利益出发，智者千虑，必有一失，主观上、客观上都应该是促发对方进行深入的思考，做全面辩证的分析，进一步完善自己的学说、教法、经验等。在和魏书生商榷的文章里，我毫无保留地亮出自己的感受和想法，这些是经过极为认真的思索之后的真实想法，代表我这个时期的认识思维水平，我十分负责地属上我的真实姓名。1992年8月我和魏书生老师第一次见面，见面时的第一句话我就说："我曾在《语文学习》上发表了一篇和你商榷的文章，很想听听你的看法。"

我曾记得，读大学时有位著名学者曾向我们极力推荐黑格尔的《小逻辑》，于是想方设法买了一本，至今仍珍藏在身边。没有规矩，不成方圆，批评的一条重要规矩就是合乎逻辑，没有逻辑性，批评无法使人信服，当然也就无法起到它应有的或期待的效应。

必须重申的是，我并没有全盘否定魏书生老师在语文教学中所做的种种可贵的探索，只是就其一点——教学管理，提出自己的不同看法，文章中有些地方可能措辞略重，意在引起大家对此类问题足够的重视。我的那篇小文章绝不至于推翻或否定魏书生老师所做的一切，也不至于影响魏书生老师在语文教学界所应享有的地位，这一点请木易同志放心。1934年科学哲学家波普尔（Popper）提出了科学与非科学的"分界问题"，他认为科学之为科学，不是因为它可以找到支持自己的例证，不在于它的可证实性，而恰恰在于它的可证伪性。因为科学要接收经验的检验，要在经验事实的发展中不断发现自己的错误，否定或证伪自己，以便过渡到更新的理论。波普尔的证伪理论是清除科学研究中教条主义现象的清洁剂，是清除真理中谬误的洗涤剂，科学理论如此，教育理论亦如此，也适合这一证伪理论之说。其实如果魏书生的语文教学理论和教育方法问世以后，我们就认定其为完全绝对真理，等于是封冻魏老师的理论，使之成为静止的、不发展的、形而上的教条，这其实等于判了其理论经验的"死刑"。反之，我们如果大胆地怀疑其问题，审慎地检验之、研讨之，最终就能发展之。长江后浪推前浪，科学理论之河就是这么流过来的，也将如此这般地流下去。

马克思曾说过，辩证法在对现存事物的肯定的理解中，同时包含了对现存事物的否定的理解，辩证法对每一种既成的形式，都是从不断的运动中，因而也是从它的暂时性方面去理解，辩证法不崇拜任何东西，按其本质来说，它是批判的和革命的。马克思的思想应该成为我们行动的准则。

教育经验的推广不能忽视个性

人是有个性的，教师也是有个性的，教师的教学也是有个性的。任何教育经验的推广都应该以尊重教师的个性为前提，都需要教师根据自身情况、学生的特点、教学的情境来进行再加工、再创造。否则，机械照搬只能事半功倍，或成为"水上浮萍"，甚至产生较大的负面效应。我非常认同这样的观点：一些小规模实验往往是依靠其中某些关键人物的特殊贡献才取得成功的。因此，一种教育经验的研究成果不是一种谁都可以操作，或任何人都能得出同样结果的行为模式，它常常表现为一种原理或原则，它不能简单化地直接移植于教学实践，更容不得机械地临摹照搬，必然需要教师充分发挥自己的主观能动性。

我偶然读到新建县教育局局长徐振瑞同志发表在《中学语文教学》1991年第 8 期的文章《他山之石，可筑我屋——新建县推广"张富教学法"情况》（以下所引用徐振瑞同志的话均出自该文），发觉徐振瑞同志的做法是一种忽视教师个性的临摹行为。徐振瑞同志在他的文章中介绍说："从严，要求把张富的'五大法宝'样样学到手，做'书间笔记'的九项内容一项也不能少。""实验班老师的备课必须按张富教学法的要求书写（教案）。""移植之后，又请张富老师、市教科所的行家和兄弟县区教研室的同行亲临现场指导，这样做，使得我县学张富在'形似'和'神似'方面有了保证。"单就他们这种要求、这种做法来看，就是非常呆板、机械的，照葫芦画瓢，拿人家的模子套，比着人家的原样临摹，做到完全相似，一笔一画不能少，徐局长这样要求教师，其做法显然是形而上学的。教育是一门科学，更是一种艺术，是一种创造劳动，有鲜明的个性色彩。教学的成败很大程度上依赖于教师的教学艺术，而不是特定的教学方法，同一种教学方法由不同的教师使用都有可能产生不同的教学效果，所以，与其说某种教学方法是实现特定教学目标的最佳选择，不如说相对于特定条件（包括教师、学生等），某种教学方法是实现特定教学目标的最佳选择。教育必须继承先进的教育理论，教育要求学习成功的经验，但决不是机械地模仿、盲目地照搬。我们并不排斥学习先进的教学方法、教育经验，问题是如何学、学什么。我以为，学习张富首要的一点是要学习张富那种勇于开拓、勇于探索、勇于创造、不断进取的精神，这一点是"张富教学法"的灵魂，是他取得成就的根本原因之所在。其次，对于他的具体的教学形式、教学方法，要吸取其精华，为我所用。特别注意要区分张富教学法哪些是属于他的个性，哪些是一般的共性，通过分解找出其教法的基本因素及其组合运用的规律，应该研究他教授语文的基本方法（属共性的那部分），同时研究学生学习语文的基本方法，以及完成某个课题教学的基本教授方法和基本学习方法，然后组合为特定的教学方法（形成个性），这样学习才有益于帮助语文教师结合自己的实际去学习别人成功的教法，才能在自己的教学工作中将之化为自己的东西，形成自己的个性。

教育中的"临摹"行为是忽视主客观条件的形式主义做法，其后果是既淹没了教师们的个性，又削弱了学习先进经验的效果。向人家学习不是引来滔滔洪水，冲垮自己的园地，而是引来涓涓细流，浇灌自己的园地。教师有自己的个性、自己的情感和自己的认知结构，因此，学习人家的先进经验，是不能追求完全相像的，一方面不可能做到，另一方面即使做到了也是赝品。在实践中追求"形似＋神似"的结果，很可能是"四不像"，一心"东施效颦"，很可能落得个"邯郸学步"的结果。

令人遗憾的是，徐振瑞作为新建县的教育局长要求全县语文教师推广张富模式。徐振瑞同志说："我们在全县大力宣传，终于迎来了老、中、青教师齐上阵，大面积推广张富教学法的百花争艳的喜人局面。""全县 25 个乡

（镇），大部分乡（镇）掀起了学张富的热潮，推广面为90％。全县初中90个教学班，76名执教人员在实践张富教学法。"这种排山倒海似的大面积推广必然掩盖了许多假象，带来更多的问题。对于教师来讲，10个指头尚有长短，全县的语文教师不可能个个一样，要人人学张富就好比要求不论身高如何、身体素质如何，个个练跳高或者个个练举重，那么要身高1米4的人练跳高，或者要身高2米2的人练举重，这不是存心强人所难吗？教学方法多种多样、百花齐放，既有张富式的，还有魏书生式的、于漪式的、钱梦龙式的、欧阳黛娜式的等，每个教师根据自身情况，各取所需。我们还可以鼓励教师们在教学实践中自创新法，为什么一定要强求一律呢？即便是在学习使用人家的教学法的时候，也不能死套，而应活用。吕叔湘先生在全国中语会第五次年会的书面发言中说："关键在于一个'活'字。"新建县的做法的问题就在于此，他们把张富教学法变成一堆公式，当成一个模子。对学生来说，全县初中90个教学班，每班以50人计，约4500人，教师们用一个模子去套，去塑造他们，这不但可笑，而且近于可悲了。

教育实验不同于自然科学实验，我们不能期望在教育实验中，同一实验无论谁都可以操作，而且无论谁操作，只要按同样的方法都会得出同样的结果来。教育实验的目的不是也不可能是提出一种为完成某种目标而放之四海而皆准的教学经验和教学方法，那种认为只要设计出一种或几种有效的教学方法，教学就可以达到预定的目标的想法是不切实际的幻想，是对教育实验研究的误解。在同一个国家，甚至同一个城镇，不同的教师和不同的学生采用相同的课程和教学方法，都很少达成相同的结果。教师和学生不是机器而是人，具有人固有的多样性和不确定性。而且由教师和学生组成的学校群体，往往会表现出独特的群体特征，某种形式的教学方法几乎总是可以产生不同的效果，教育过程是如此错综复杂而又变化多端，以至于每个教育过程只能被认为是一个特定的过程。教育过程的所有组成部分都是相互依赖的，若仅仅改变其中的一种因素或一小部分因素，只能导致表面的或是短暂的结果。由于教育本身的特点，教育经验的推广不可能是机械的模仿或运用，经验的推广要使经验——别人的实验研究成果适应新环境，每运用一次都要重新完成一个过程，相当于重新做一次实验，但不是原有实验的重复。

错误的行为源于错误的认识，徐振瑞的文章说："要求全县语文教师不能再抱残守缺，拥挤在传统教学的死胡同里，而要老老实实学张富，彻底改变语文课'老师台上忙着灌，学生台下懒得咽'的填鸭式教学模式。"这里表现出来的对传统教学的看法是非常绝对的，失之偏颇。我们当然反对把"传统"与"现代"等同，但是把"传统"与"现代"完全对立起来也是错误的，由于传统具有几乎无所不在的持续性，我们根本不可能一步迈过传统、完全抛弃传统。事实上，历史已经证明，激烈的反传统主义者并未如他们声言的那样做到和传统彻底决裂，这不仅仅因为新事物总是或多或少地吸收了存在于它们之前的某些东西，它们的形式与实质都在一定程度上取决于以往一度存在的事物，总要以这些事物为出发点，任何一种新的教学方式都是在继承传统的基础上发展起来的，没有继承，无所谓创新，这是常识。

传统的教学方式仍具有富有生命力的因素，对于传统的教育，张志公先生就曾经说过："如果只是死读'圣贤书'，怎么可能产生那么多杰出的文学家、思想家、科学家，产生琳琅满目的文学著作和各类优秀史籍？怎么可能产生蔡伦、张仲景、毕昇、祖冲之、宋应星、李时珍等那么多做出杰出贡献的科学家？从封建社会的基础教育阶段就有一路和'三百千'和'八股文'走着另一条道的思潮和实践。"（张志公《传统语文教育答问》，载《语文学习》1993年第1期）五四运动以来的语文教育有许多可取的、合理的东西，就以老师分析、讲解为主的教学方法来看，也不都是填鸭式的，也有很多老师讲得好，讲得生动，富有艺术性，他们能用娓娓动听的、富有情感的语言，拨动学生的心弦，开阔学生的眼界，打开学生的思路，给学生以美的熏陶与智慧的启迪。把传统教学视为死胡同、填鸭式的，而欲彻底改变，再代之以张富教学模式，其实是鲁迅先生早已否定过的"放一把火烧光"的错误做法。我由此想起了巴班斯基的观点，他既反对由于赶时髦而迷恋于某些教学方式，也反对不分青红皂白完全排斥某种教学方法和方式。任何一种教学模式、教学方法都有其合理性，也必然有其局限性，只有根据教学目的、教学内容、学生特点、教师素质和教学条件等因素综合全面地考虑，才能决定在某个时期、某个教学阶段采取某种教学方式，不能采用那种一棍子打死，然后照搬另一个模式的简单做法。

无论从国外的还是从国内的教育发展来看，"传统的教育方式"和"现代的教育方式"由矛盾对立渐渐趋于融合统一。国外的，以赫尔巴特为代表的"传统的教育派"强调教师的作用，认为学校的"重心"在教师，强调教材的重要作用。而以杜威为代表的"现代教育派"强调"经验"，主张"儿童中心论"。教育史上这两极对立的现象告诉我们一个基本事实：作为一项研究，常常要排除"无关因子"，而使研究保持"纯净"，因而往往会走上某种极端，而社会是混杂的，因而对理论的应用也应当是综合的。20世纪以来的教育思想发展即是一个两极融合的过程，就两大学派的知识论总体看，它们是逐渐接近的，都没有把人类经验（理论知识）和个人经验（实际知识）割裂开来。又如对于教育性教学的见解也渐趋相似，或把知识教学和思想教育看作同一过程，或十分赞赏把知识教学和思想教育统一在一起。就国内的情况看，"主导主体说"的诞生能够说明融合的倾向。在我国教育发展史上，关于教学过程中师生关系的探索经历了三个阶段，即"教师中心""学生中心""主导主体"。"教师中心"片面强调教师在教学过程中的权威，把教师视作凌驾于学生主体之上的主宰人物，学生成了被动的容器。"学生中心"竭力弘扬学生主体，教师只是"向导"，这两种观点都陷入了顾此失彼的圈子。教育内部逻辑发展的必然进程，产生了"教为主导，学为主体"的结果。这样教师和学生的积极性、主动性便由对立转化为统一，完成了否定之否定的变化过程。

错误的认识还表现在如何学习他人的经验上。徐振瑞同志说："我们体会到，推广名家的教学模式，关键不在地域，不在学生素质的好坏，不在年级的高低，而在于是否敢于实践，善于实践。"这句话重在强调敢于实践（"善于实践"在这里是多余的、附加上去的，因为真正的善于实践必然首先考虑自身的主客观条件），自然令人想起"人有多大胆，地有多大产"的口号，徐振瑞同志的提法和这句口号如出一辙，从根本上颠倒了主次关系。学习名家经验，最关键的恰恰是认识自身特点，认识自身的长处短处，认识自己学生的素质和学校的办学条件，这样才能做到有的放矢、对症下药。否则，忽视了自身各方面的特点，一味去机械模仿他人的做法，追求所谓的"高难度、高期望、高速度"，势必不能达到期望的结果。然而自己还沉浸在沾沾自喜之中，殊不知却埋下了种种隐患，走向了非科学。

到底应该如何学习张富模式呢（这里只是针对模式，不是针对张富个人）？除了上面提到的以外，还有一条，就是要对张富模式有个一分为二的分析、判别。

张富模式有许多可取之处：他追求快速高效阅读，以培养学生"过目入耳能掌握，出口下笔可成章"的才能为目标；做到大量听记，连续提出 20 多个问题，不做记录不翻书，然后逐一作答；能快速阅读一篇课文，很快把握中心，理清层次。但这又是问题之所在，所有的阅读都用这种模式，快速、高效的阅读贯穿于整个教学过程，使得阅读课的功能呈单一化倾向，这就应了列宁的话："只要向前再多走一小步——看来仿佛依然向同一方向前进一小步——真理就会变成错误。"而且这样做必然会增加学生的心理负担，导致课堂教学节奏过快，把学生的头脑当成能够无休止地接收信息的电子装置，导致学生负担过重，这种课堂上分秒必争的教学做法，使孩子们处于被动状态。苏霍姆林斯基对此类做法是坚决反对的，他说："这样'快马加鞭'的速度即使对十分健康的孩子来讲，也是难于承受的，并且是有害的。脑力紧张过度，会使孩子的两眼无神，目光模糊，动作迟钝。孩子已经精疲力竭，他本该去换换新鲜空气，然后教师让他'拉套'，还是一个劲儿地催逼快、快……"苏霍姆林斯基源于生活实际、教育实践的分析是十分正确的，对学生我们不可操之过急，要始终把握一张一弛的教育节奏，弦促过急容易导致琴弦绷断。

从审美教育的角度看，优秀的文学作品往往具有陶冶人的情操、培养健康的审美情趣的作用。静静地阅读、慢慢地欣赏、细细地品味，辅之以老师娓娓道来的分析、讲解，学生可以从中受到美的熏陶、获得美的享受。我有幸听到过移植张富模式的课，老师一上来就提出十几个问题，学生闪电般快速阅读，然后陆续起来逐一回答问题。本来是一篇很好的文学作品，结果败了味，学生集中在那一连串的问题上，大脑绷得紧紧的，无暇体味作品那美的韵味，无法进入作品那诱人的意境，一篇美文就这样被一连串的问题肢解了。长此以往，语文这门情感内容十分丰富的学科必将变成单调的认识达标课程。事实上，语文教学有两个领域，即以语文知识和语文能力培养为目标的认知领域，以及以道德情操、审美情趣和个性发展为目标的情感领域，二者不可偏废。

从思维的角度讲，一堂课由教师一连串的问题起步，固然针对性强了，目的性强了，但学生的感受性却弱了。对一篇文章而言，学生失去了感性认识，直接步入理性认识。对于这种现象，有人曾打了个比方说，这就好比画家在熙熙攘攘的大街上观察人物，超越了直接的感受，一下子就进入了"眉眼、大腿的美"的分解，这样就失去了对人物的整体观照，也无法理解人物表现在整体之中的美（参见汤浊《感性·知性·理性》，载《语文学习》1993年第12期）。由问题开头，增强了有意注意，却削弱了无意注意；增强了理解，却削弱了感受。但理解终究不能取代感受，日本哲学家池田大作说："每句话都具有一颗心。"语文阅读要使学生之心"入乎其中"，与言语对象中的那颗心发生共鸣。别林斯基说得好，不用心灵去感受文学作品，比用脚去阅读还要坏。阅读教学不能仅仅满足于"懂"，不能满足于懂得老师所提出的一系列问题，而必须启发引导学生去感受体现于一定语言形式之中的情感境界。

试论白居易的后期思想

关于白居易的后期思想，人民教育出版社出版的《高级中学语文第六册（必修）教学参考书》说道：白居易"晚年锐气大减，思想消沉，过着半退隐的生活"。这个说法源出于中国古代文学史。游国恩等学者编的《中国文学史》把白居易一生分成两个时期，以白居易被贬为江州司马为界，前期是积极的，后期是消极的，这个观点基本上成为文学史家的共识。中国社会科学院文学研究所编的《中国文学史》，刘大杰先生编的《中国文学发展史》，以及后来一些大专院校编的《中国文学史》都持有类似的观点。

我在广泛研究白居易的诗文及其有关活动资料的基础上对此提出质疑，现不揣浅陋，求教于专家学者。

白居易作为一个杰出的历史人物，其社会角色是多维的，最主要的角色有二：一是诗人，二是官吏。在文学的殿堂上，他成功地扮演了诗人的角色，赢得了骚人墨客的赞赏；在社会的舞台上，他成功地出演了地方官的角色，赢得了人民的喝彩。首先，白居易是一位诗人，我们在评价其思想时无疑应辨析其诗作的思想意义；其次，白居易又是一名官吏，我们评价其思想时无疑应考查其政绩的社会价值。以此为依据，不可偏废，倘若忽略其中之一，都无以全面而准确地还白居易思想以本来面目。衡量思想的积极与否，当以其对待人民的态度为尺度，以是否有益于人民为准则。我的结论是：白居易后期思想和前期思想都是以积极为主，而且从一定意义上说，后期思想比前期思想更进一步。为了认清这个问题，我们当从前期说起。

白居易所处的时代是唐帝国逐步趋向没落的时期，安史之乱过后，各种矛盾日益尖锐，统治阶级和人民的矛盾加深了，地主、官僚疯狂地兼并土地，致使广大农民丧失土地，纷纷破产逃亡，有的则聚众起义。统治阶级内部矛盾激化了，中央政府与地方藩镇为争夺权力发生混战，宦官掌握禁军大权，专横暴虐，无恶不作，牛李党争，此起彼伏，无休无止。租庸调、两税法先后遭到贪官污吏、地主豪绅的破坏，经济陷入混乱。一切都表明，唐帝国已病入膏肓，行趋没落。

一、前期

作为官吏，白居易为官之初是比较顺利的，在通过了各种考试之后，中进士、当县尉、做翰林学士，遇上了比较明智、能干的宪宗皇帝。当时，宪宗正需要一批年轻的有识之士来充实政权力量，消平藩镇势力，重振中央权威。公元 808 年，白居易被授左拾遗，他从理论上树立了一个比较完整的政治理想，"重礼教以归化人心"，"遵贤能以澄清吏治"，"罢兵革以苏民困"，"薄赋敛以安民生"。行动上，为了实现自己的理想，白居易与宦官、旧官僚展开激烈的斗争。他年轻气盛，疾恶如仇，锋芒毕露，直言进谏，毫无顾忌。在白居易后来所进的数千百言中，皆人难言者，致使宪宗不乐说："白居易小子，是朕拔擢致名位，而无礼于朕，朕实难奈。"在谏官的岗位上如此，改官后亦如此。在元和九年的左赞善大夫的位上，因官非谏职，而先谏官而言事，被斥为"浮华言行"，贬为江州司马。

白居易如此表现的目的何在？他自己多有表述，"救济人病，裨补时阙"（《与元九书》）。这个时期白居易的所作所为是为了"补天"，想重新恢复唐王朝兴盛的局面，妄想通过皇帝、官僚地主来实现自己兼济天下的理想。应该说他的表现是积极的，他的政治主张和积极努力，从其主观上说是想有益于人民的，客观上在一定程度上也是有益于人民的，但是这个程度是很有限的。有例为证：公元 809 年正月，南方很多地区受旱灾，三月长安城附近也大旱起来，农民衣食困难，官府豪绅依然催租逼税。白居易知道这个新情况后，上疏请求"减收租税"以"实惠及人"，宪宗果然降了"德音"，但是当减免租税的"德音"传到乡村的时候，大多数农民在官吏威逼下已"典桑卖地"缴纳了租税（见《杜陵叟》）。这里宪宗皇帝多少还降了"德音"，实际上大多数贪官污吏贪赃枉法已经成性，任你讽刺、揭露、警告，他们是雷打不动的。从这件事可以看出白居易前期借皇帝、官僚来实现自己的兼济之志，然而人民所获实益是十分有限的。

作为诗人，白居易这一时期的诗作有着非常鲜明的战斗性，闪耀着现实主义的光辉，著名的《秦中吟》和《新乐府》就是这一时期所作，大胆地批判统治阶级的丑行，深刻地揭露社会矛盾，对人民寄予了深切的同情。"唯歌生民病"，目的还是"愿得天子知"（《寄唐生》），还是想通过皇帝来实现兼济天下的理想，因而对皇帝除了讽谕、忠告，也有歌颂——"乃知王者心，忧乐与众同"（《贺雨》）。对待官僚地主的不法行为，白居易予以揭露，加以规劝和警告，"地不知寒人要暖，少夺人衣作地衣"（《红线毯》），有时看到统治阶级的丑行禁不住怒骂起来，"虐人害物即豺狼，何必钩爪锯牙食人肉"。对待忠臣贤相，白居易予以歌颂，《道州民》表扬道州刺史阳城废除当地进贡矮人的恶俗，《青石》表扬段秀实、颜真卿两位贤臣对国家忠心耿耿、宁死不屈的精神，这是为了在官僚地主当中树立榜样，提供学习效法的楷模。

歌颂赞扬与揭露怒骂这两种截然相反的态度落在同一对象——官僚地主阶级身上，恰好说明白居易对他们怀有信心，相信他们能够成为好皇帝、好官吏、好地主，对他们寄予了极大的希望，唯其如此，他才孜孜不倦地把工作精力放在他们身上。白居易在《新乐府序》中说得很明白，他写新乐府，"欲见之者易谕也"，"欲闻之者深诫也"。并公开申明第一是"为君"，第二是"为臣"，第三是"为民"。这其中的原因与白居易在官场时间不长有关系，他还比较年轻，受到的打击和挫折相对较小，也较少，对统治阶级、对唐王朝历史命运的认识有一定限度，因而雄心勃勃、信心满怀，很想成就一番事业。

二、后期

要明确白居易的后期思想，以下几个问题必须搞清楚：后期，作为诗人，白居易写了不少闲适诗，对此我们应该怎样看；作为官吏，白居易自求外任，原因是什么，目的何在，以及在地方任上有何作为。

白居易人生后期，大量的社会矛盾一步步暴露激化，随着在官场时间越来越久，看到了许多问题，对统治阶级自中央到地方的黑暗腐朽有了更加广泛深刻的认识，看到了皇帝、宦官、旧官僚、新官僚的凶恶面目及他们之间不断倾轧攻杀。官僚们在大旱之年骄奢淫逸依旧，挥霍无度依旧。白居易的许多忠臣挚友遭到无辜的诬陷、打击和迫害，特别是自己身遭打击，使他看清了唐王朝的必然命运，认识到自己在朝廷将不能有所作为。公元 815 年，白居易被贬为江州司马，这次被贬，对诗人的打击是相当大的，他感叹："卧逃秦乱起安刘，舒卷如云得自由。若有精灵应笑我，不成一事谪江州。"（《题四皓庙》）自己虽然做了不懈的努力，但结果却一事无成，横遭贬谪。他痛苦地看到唐王朝正在走向灭亡，而且这是无可挽回的，因而他开始对统治阶级感到失望。公元 816 年，白居易作《端居咏怀》："贾生俟罪心相似，张翰思归事不如。斜日早知惊鵩鸟，秋风悔不忆鲈鱼。胸襟曾贮匡时策，怀袖犹残谏猎书。从此万缘都摆落，欲携妻子买山居。"这是借贾生来表白自己的心迹，尽管胸怀"匡时策"，但却动了归隐的念头，什么原因呢？就是他对皇帝不再信任了，不再寄予希望了。白居易对官僚地主也失去了信心，甚至对于多年的朋友也不再信任了。初闻被贬时，白居易作《寓意诗》，谈到了他与杨虞卿的友谊——"与君定交日，久要如弟兄"，但是"云雨一为别，飞沉两难并。君为得风鹏，我为失水鲸。音信日已疏，恩分日已轻。穷通尚如此，何况死与生"。白居易与杨虞卿有十七八年交情，当白居易遭受打击时，杨虞卿竟见利忘义，出卖戚友，白居易极为怨愤，他感叹道："乃知择交难，须有知人明。莫将山下松，结托水上萍。"

作为诗人，由于失望，白居易写了不少闲适诗，他曾一度产生归隐的念头，积极奋斗的热情减退，开始仰慕陶渊明、谢灵运，写了不少诸如《访陶公旧宅》之类的诗。有时白居易借诵读佛经以慰藉自己，如《晚春登大云寺南楼赠常禅师》等诗。白居易对自己的归因思想曾有过明白的说明："饱谙荣辱事，无意恋人间。"（《寻李道士山居兼呈元明府》）正是由于白居易前期对统治阶级寄予了很深的希望，而且做出了很大的努力，所以一旦认识到这一切都是徒劳的，也就产生了很大的失望。

但是，白居易毕竟没有放弃自己的理想，公元817年作《栽杉》："昨为山中树，今为檐下条。虽然遇赏玩，无乃近尘嚣。犹胜涧谷底，埋没随众樵。不见郁郁松，委质山上苗？"末两句说明朝廷有达官贵族专权，乡村有土豪恶霸逞凶。在朝在野都是一样的，与其退隐独善其身，不如出仕兼济他人。白居易的思想深处是不忍撇下人民于不顾的，他认识到退隐的错误，他说："案《唐典》，上州司马秩五品，岁廪数百石，月俸六七万。官足以庇身，食足以给家。州民康，非司马功；郡政坏，非司马罪，无言责，无事忧。噫！为国谋则尸素之尤蠹者，为身谋则禄仕之优稳者。"（《江州司马厅记》）以国家利益为重，诗人放弃了归隐的念头。他说："常恐不才身，复作无名死！"（《初入峡有感》）他决心要把自己为国为民的事业进行到底。他说："赠君一法决狐疑，不用钻龟与祝蓍。试玉要烧三日满，辨材须待七年期。周公恐惧流言日，王莽谦恭未篡时。向使当初身便死，一生真伪复谁知。"（《放言五首·其三》）这首诗表现了诗人坚定的信念。

白居易的后期诗作既表现了他的动摇、归隐、回避，也表现了他的坚定、入世、参与；既表现了他的清醒、沉着，也表现了他的迷惘、感伤。其实白居易的思想的确有着明显的二重组合，积极、消极确实存乎其身，这本属一般中国古代文人常有的一种正常心态。唯其矛盾，更可见其真实。狄德罗说："说人是一种力量与软弱、光明与盲目、渺小与伟大的复合物，这并不是责难人，而是为人下定义。"伟大的人物常常是复杂的人物，在社会动荡时期尤其如此，如果一个伟人没有任何矛盾，没有任何战胜自我、克服自我的过程，那么这个为人的思想是不真实的、不可感的、不可信的。但二重组合并非平分秋色，自然有主次之分。鲁迅说，一个战士并不是全部可歌可泣的，但又无不与可歌可泣相联系，这才是真正的战士。鲁迅的这一观点是二元论与重点论的统一，这才是辩证法。

对于白居易的闲适诗与感伤诗我们不能不看，但对有些诗也不能过于认真。其实说穿了，白居易有时不过是借诗来发发牢骚、发泄不满，是一种情绪的宣泄，是看破世事的一种愤极之语，诗人自己有时并不很认真，有些闲适诗纯粹是玩儿似的，读者何必一定要从中加以定性定质呢？现实生活中我们很多人也是这样，发发牢骚，讲点过头话，难道我们能够据此给个定性的结论吗？白居易说"面上灭除忧喜色，胸中消尽是非心"，还说"世间尽不关吾事"，"世事从今口不言"（参见游国恩等《中国文学史（二）》）。这是一些文学史家认定白居易后期思想消极所引作论据的几句诗，其实对这几句诗我们不必较真，一较真反而出笑话，因为这是根本不可能的事。如果我们信以为真的话，那他后来造福于民的举措又该如何解释？白居易的一些诗作本身就有矛盾的地方，我们关键还应看其行动。

作为官吏，白居易始终不忘怀人民，后期的他以更多的时间、更多的精力、更实际的举动投身于为人民造福的工作中，在地方任上写下了辉煌的一页，我以为白居易的后期思想主要体现于此。

他要把自己的事业进行到底，但朝廷又不可能实现，那么只好到地方上当一个有实权的官吏，才能得以在某个地方实现自己的理想。公元818年十二月，白居易升迁为忠州刺史，诗人受命之后，欣喜若狂。在实现理想的征途上他重新看到了希望，他高兴地唱道："遗簪承旧念，剖竹授新官。乡觉前程近，心随外事宽。生还应有分，西笑问长安。"（《自江州司马授忠州刺史仰荷圣泽聊书鄙诚》）"感旧两行年老泪，酬恩一寸岁寒心。忠州好恶何须问，鸟得辞笼不择林。"（《除忠州寄谢崔相公》）虽然忠州地僻荒凉，白居易没有过多地考虑它，他到任之后最注意、最关心的是如何改善郡政。他看见满山遍野的农民起早贪黑地劳作，然而却衣不蔽体、食不果腹，内心十分烦闷。每当听到那些无衣无食的人唱起竹枝词时，心里非常痛苦："竹枝苦怨怨何人，夜静山空歇又闻。蛮儿巴女齐声唱，愁杀江楼病使君。"（《竹枝词四首·其二》）白居易根据忠州的情况，从三方面做起：首先是"劝农"，使州民努力生产。其次是"均赋税"，就是按生产纳税，这样就打击了不纳税的土豪劣绅。再次是"省事宽刑"，就是尽可能地减少人民差役和减轻刑罚。这三项措施收到了很好的效果，给人民带来较大的实际利益。不仅如此，诗人还率先躬行地引导人民造林，在城东严颜桥附近种植很多柳树，又在城东的坡上种植了一千棵果树。在不满两年的任职期间，白居易取得了明显的政绩，为人民带来了实际利益。实践使白居易认识到人民的痛苦和需要，认识到任地方官是实现其理想唯一切实可行的途径。离开忠州时他依依不舍，认为自己事情还是做得太少了，感到不安："我去自惭遗爱少，不教君得似甘棠。"（《别桥上竹》）

公元 820 年初冬，白居易回到长安，担任司门员外郎。工作轻闲，当然不可能实现他的理想，哪怕是部分的，所以诗人非常苦闷，时常发牢骚。822 年正月，弓高被幽州兵攻入。情势已极为严重，白居易出于对国家的热爱，上了《论行营状》，就整个战局做了全面的分析、研究，并指出制胜的策略。白居易的主张基本上是正确的，但没有得到穆宗应有的重视。白居易见朝政日非，"累上疏论事，天子不能用"（《旧唐书·白居易传》）。多次冷遇，加深了白居易的失望，看到朝廷朋党倾轧得厉害，多年的好友也逢迎宦官以换取高官厚禄，白居易心冷似铁，毅然决定"乞求外任"。

对于白居易避开党争之祸自求外任，一些文学史家以为是消极的，而我认为当以其目的和到任以后的作为来判断。白居易在《衰病无趣因吟所怀》中说："终当求一郡，聚少渔樵费。合口便归山，不问人间事。"意思是说求任地方官是为了聚财，以便日后归隐。对照事实，此说可首先排除。王谠《唐语林·文学》中记载了白居易的行为："及罢，俸钱多留官库，继守者公用不足，则假而复填，如是者五十余年。"后代不少人作诗赞扬白居易的廉洁奉公。清朝诗人舒位《又题元白长庆集合》一诗云："湖山春管红，禄俸吏收藏。"祁隽藻《书香山诗集后感帅中丞事》云："冷吟闲醉忙杭州，谁识清风宦迹留，一样私钱付官府，白香山后帅仙舟。"由此可见，白居易自求外任决不是为了聚钱屯财。

其次，我们还可以排除白居易自求外任是为了纵情山水作逍遥游之说。

的确，白居易是个喜欢游山玩水的人，在杭州、苏州任上少不了要游山玩水，但是我们必须看到，在杭州他是"凌晨亲政事，向玩恣游遨"，早上一起来就忙于处理政事，直到晚上才出去游玩，所以诗人描写晚游夜宴的诗句最多——"褰帘待月出，把火看潮来"（《郡楼夜宴留客》），"谁留使君饮，红烛在舟中"（《湖上夜饮》）。有时诗人利用假日游玩，在苏州他是忙了九天才玩一天，九天里，他"朝亦视簿书，暮亦视簿书"（《题西亭》），"清旦方堆案，黄昏始退公。可怜朝暮里，消在两衙中"（《秋寄微之十二韵》）。诗人说道："无轻一日醉，用犒九日勤。微彼九日勤，何以治吾民。微此一日醉，何以乐吾身。"（《郡斋旬假始命宴呈座客示郡寮》）可见白居易是在工作之余利用休息时间游玩的，这是无可指责的。

说到这里，白居易自求外任的目的已初见端倪。我们再往下看，白居易到任杭州以后，就把大量的时间和精力投入到为民治郡的工作中去，他本着"勤恤人庶，下苏凋瘵"的精神，事无大小，都亲自动手，"鳏茕心所念，简牍手自操。何言符竹贵，未免州县劳。……烦襟与滞念，一望皆遁逃"（《初领郡政衙退登东楼作》）。他着手解决了杭州人民最大的事——水的问题。增筑湖堤，蓄积湖水，引湖水灌田。提高湖水的水位，做到湖、河、田畅通无阻。除此之外，白居易还把从前李泌在杭时淘过的六个大井重新浚治，为市民用水提供了方便。其他方面，白居易对役政、赋税、文化都有所改进。诗人在《醉后狂言酬赠萧殷二协律》中说："……我有大裘君未见，宽广和暖如阳春。此裘非缯亦非纩，裁以法度絮以仁。刀尺钝拙制未毕，出亦不独裹一身。若令在郡得五考，与君展覆杭州人。"由此可见，白居易避开党争自求外任的原因是对皇帝、官僚们彻底失望，目的是为了在地方上实施他的政治主张，实现他的理想。这个结论既符合白居易到任杭州以后的所作所为，同时也是顺理成章的。在忠州任上他已经尝到了"甜头"，转到中央任职以后，遭穆宗冷遇，使他又一次感到失望，回顾忠州任上，他越加感到当地方官是他实现理想行之有效的方法，所以他提出了外任。

其实，这些在白居易的诗文中已有所表露，白居易到杭州作了一首《郡亭》，诗道："山林太寂寞，朝阙空喧烦。唯兹郡阁内，嚣静得中间。"一个

"空"字说明在朝廷徒然诤谏争斗，于国于民毫无益处，怎么办呢？像陶渊明那样逃归山林、洁身自好，还是像谢灵运、王维那样名官实隐，纵情山水？但这些都等于放弃自己的职责，意味着政治生命的结束。诗人白居易是不甘寂寞的，他选择了一个既不是空自烦喧不能有所作为的朝廷，又不是放弃政治生命的寂寞山林，而是能够实现理想的地方州官，这才是白居易的真实心态。应该说白居易的后期为官，虽然褪去了前期的锋芒，然而比起前期更成熟、更老练、更实际，对官僚地主有着更清醒的认识。

弄清了白居易自求外任的目的之后，我们可以毫不犹豫地断定，他这种思想显然是积极的，而且以实际行动给人民带来了实际利益。从这个意义上看，后期比起前期来可以说是一个进步。值得我们注意的是，白居易的这种思想贯穿于其后期的始终。公元 815 年在江州，白居易的这种思想可以说是处于酝酿萌芽阶段。公元 819—820 年在忠州，是白居易这种思想的实验阶段，取得了明显的效果，得到人民的好评，人们为了纪念他，建有白公祠，这个阶段为以后的继续实行奠定了坚实的思想基础。公元 822—824 年，白居易主动乞求外任，在杭州努力实现他的理想。825—826 年在苏州，白居易继续他的事业，到郡之初，诗人以全部精力调察民间疾苦，根据实际情况确定了一些办法，然后马上投入紧张的工作。白居易的"自到郡斋，仅经旬日，方专公务，未及宴游，偷闲走笔题二十四韵，兼寄常州贡舍人，湖州崔郎中，仍呈吴中诸客"有比较详细的记载，苏州人民得了不少实惠。苏州任后，白居易虽然不再做地方官，但是他的思想信念毫无减退。公元 833 年，杨虞卿被贬为常州刺史，白居易写了一篇寓意深长的诗给杨虞卿，用自己的亲身体会和经验规劝杨虞卿，希望他能退出党争，切实为老百姓做点实事："须勤念黎庶，莫苦忆交亲。此外无过醉，毗陵何限春。"（《送杨八给事赴常州》）在生命的最后几年里，白居易曾在洛阳发动当地僧俗人等，用"贫者出力，仁者施财"的办法，开凿了八节滩、九峭石这两个险滩，从那以后，"夜舟过此无倾覆，朝胫从今免苦辛"（《开龙门八节石滩诗二首·其二》），为当地百姓做了一件大好事。

总而言之，积极工作、努力造福于民是白居易后期思想的主导。对一个人的思想，要全面地看，不能忽略其主要的社会角色。白居易思想前后期都是以积极为主，只是前后采用的方式不同，前期是通过歌颂、批判、揭露、讽谏、规劝来追求理想；后期是通过地方任上的一系列具体行动部分地实现他的理想，后者比前者更实际，于民更有利。方式不同，来源于认识不同，前期白居易对统治阶级的认识不够透彻，对皇帝、官僚充满信心，寄予希望；后期白居易对统治阶级有了清醒的认识，愈发失望。认识不同也有两方面的原因：一是他的个人实践，前期白居易在官场时间较短，仕途相对顺利，后期在官场时间已经比较长，且多次遭到贬谪；二是时代的原因，前期唐朝社会的各种矛盾比后期较为和缓。

文学史家们更多地专注于白居易后期的"诗人"角色，而忽略了白居易的"官吏"角色，因而对白居易后期思想的评价得出了不适当的结论。

呼唤批评

从 1979 年至今，中国的基础教育界非常热闹，轰轰烈烈的教学改革波澜壮阔。从理论方面来讲，经过许久的封闭之后，一朝开放，各种各样的理论思潮蜂拥而至，来自美国的、欧洲的、日本的各种思想学说，正向的、反向的冲击波冲击着中国的基础教育界，一浪高过一浪，波澜起伏，激起了一朵朵的浪花，引起了一阵阵的反响。毋庸置疑，改革开放以来的 30 多年是中国基础教育界有史以来最热闹的时期。

然而，我们许多人都清醒地看到，中国基础教育界的实践和研究虽然成绩不小，变化不小，但仍然存在许多问题，缺少对教学思想、教学方法、教学理论、教学模式的批评，缺乏哲学意义上的批判。自然，中国基础教育落后于时代的现状仍然存在。所以，在这个时期，基础教育界亟需批评。

面对现实，我们可以看到还存在着许多问题。第一，对理论的生吞活剥。各种新理论给基础教育界刮来一阵阵新风，但也有随意移植、任意嫁接的现象。刚刚接触的理论尚未消化，就急不可耐地在基础教育界中派出新的分支，出现了不断更换标签的现象，食而不化，这实际上是一种形式主义的简单做法。第二，盲目趋时。基础教育应该联系实际，但有些人不是基于对基础教育的总体考察，而是对经济、政治、教育的社会思潮盲目跟从，这也是违反教育规律的。应时性地增删教材，这种随意性是极不严肃的，也是不成熟的表现。第三，蜂拥从众。基础教育界有一种崇拜名家的心理，加上各种手段的宣传效应，导致许多教师唯名家是举、唯名家是从，这当中不无学习得法者，但也有许多是学而不得法者。或完全照搬，削足适履，迷失自我，淹没个性而不自知。或择人有利于己者学之，避难就易，只拣皮毛，而不抓根本等。诸如此类的问题，说明基础教育界需要批评，亟需坦诚、及时、深刻、尖锐的批评。批评和争鸣对于提高教学实践、教学理论探索的意义在于，它能弥补教师个人由于社会角色、生存空间、价值取向、知识结构、占有材料、思维方式等因素造成的认识上的局限性和片面性，把教师个人的努力和群体的协作结合起来。从这个意义上说，批评是促使基础教育发展的动力之一。

但现在又是十分缺乏批评的时期，现在的基础教育界的教研刊物实用性文章较多，"匠"味太浓，属于教育研究的文章有相当数量是大同小异，不断重复空话、套话，少数一些颇有价值的创见既引不起广泛的反响，也引不起不同看法的争鸣。翻翻基础教育刊物上的争鸣文章，大都是就教材某一个提法、某一个知识点、某一个练习答案提一点不同看法并进行讨论，应该说这些还是属于低层次的。当然，这是就整体而言，不排除有的刊物做得不错，在教学思想、教学方法、管理模式等方面，刊载了不少尖锐、集中、有一定深度、有独到见解的争鸣文章，这当然应该予以肯定。

究其原因，除了实用性要求和各种升学压力之外，自顾不暇、事不关己、漠然视之，也是重要的原因。许多教师正忙于自创体系，忙于有所建树，全心致力于研究一套自己独特的"法"来，试图组建一个新的教学流派，自顾不暇，焉能他顾？事不关己，漠然视之，教师中的有些人自认为一切都看破了，看得明白了，看得淡了，与其管其他人的闲事，出力不讨好，不如独善其身，乐得自在，不愿他顾，一切都听凭自然，任其自生自灭。于是，我们有许多有意义的理论或实践探索，因缺乏批评而致半途而废、中途夭折，或者距真理仅几步之遥而不能达到，或者因超越真理而迈入误区，它们在基础教育的天空里，仅仅停留了很短暂的一瞬，一闪而过，有的甚至还没有闪光就消失在茫茫的夜空里，多么令人遗憾。

要改变这种状况，正确的批评必不可少！现在人们往往有一种误解，认为批评、批判就是搞人身攻击，就是挑起内乱，就是不务正业，就是犯"红眼"病，这种看法不对。正常的批评绝非如此，正常的批评是真诚的、善意的，对人、对己、对事业都是负责的。它首先是从中国基础教育事业的整体利益出发，是为中国基础教育的健康发展着想；其次是从被批评者的利益出发，主观上、客观上都是要促使对方做深入的思考，做全面辩证的分析，进一步完善自己的学说、教法、经验等。

教改要深入，教学要发展，需要批评、批判，没有批评、批判，哪有真理？真理的诞生既需要探索，也需要批评、批判，或者说批评、批判本身就是探索的一种形式。马克思、恩格斯就是在批判黑格尔、费尔巴哈、亚当·斯密、大卫·李嘉图、圣西门、傅立叶等人的基础上创立共产主义学说的，就是在批评与接受批评的过程中逐步完善自己的理论体系的。鲁迅正是在批评与批判中奠定了他在现代文学史上的地位。一部文明史就是人类在不断继承和批判中走向科学的过程。在人类追求真理的途中，每一步都留下了批判、探索、批评、争鸣的脚印，科学研究的过程本质上是一个社会化过程，离不开对人类文化的吸收或批判，离不开广泛的交流和相互作用。学术上争鸣论战的重要作用早已为科学史所证明。海森堡说，科学"扎根于交流，起源于讨论"；波普尔也强调，在思想的世界里，"最重要的因素是讨论状态"。

著名学者李慎之认为不能简单地把学历高的人称作知识分子，而只有那些能引导社会并对社会进行批判性思考的人才叫知识分子。李先生的这个观点是十分正确的，知识分子就是应该具有强烈的社会使命感和事业责任感。我们的中小学教师和教育研究人员也应该具有强烈的使命感、事业心。我们现在应倡导"从文风度"，著名作家沈从文先生具有一种勇于批评的倔劲，他敢于自由地挥洒他的思想，敢于对他认为是错的文坛现象，乃至于一些政治问题和社会问题，发表自己的见解。他之所以这样做，在于他是把这些见解、看法、议论看作自己的生命对世上万事万物做出的种种反应，他挥洒了它们，也就完成了生命的意义，这就是"从文意识""从文风度"。我们的教育家们应该具有这种风度，在基础教育的天地里潇洒地走一回。

批评者大胆，被批评者大度，这是教育事业繁荣兴旺的前提和标志。如果留心观察，我们就会发现，我们教学界的名家们早已做出了示范，于漪、钱梦龙、魏书生他们微笑地面对批评，深刻地进行反思，执着地追求真理，显示了一代名流的大家风范。钱梦龙老师以平常心和与他商榷、争鸣的老师进行再商榷、再讨论，这看似平常的举动，其实并不平常，难能可贵的是他的平常心，平常心是他对批评者的坦诚，没有一丝一毫的矫情和自傲；平常心是他对真理的执着，没有一丝一毫的怠慢和松懈，他无疑是我们的表率。

有人说，中国人比世界上任何一个国家的人都更在乎"面子"。比如文坛上因为批评某作品而和作者结下一世不解之仇的现象可谓多矣，鲁迅先生当年就是这样。但愿我们的教坛不会如此，当然这只是一个美好的愿望。但是无论如何，身为师者就应该说真话，待人以诚，为文以真，只要是坦诚、真挚的，与人为善的，充分说理的，就可以大胆去做，越是坦诚直言越可能赢得广大读者的信赖，越是真挚，越可能沟通彼此之间的感情。真正的批评是一种不为地位、不为权势、不为私念所干扰的声音，是良知和才学所引发的正气。

从被批评者这方面来说，以开放的胸怀容纳对方与己不同的意见，从正反两方面反思自己的观点，进一步地商讨、交流，从而既充实扩展了双方的见解和视野，又有益于教育事业。

我们需要批评，需要真诚的批评，我们要摒弃那种畏首畏尾、裹足不前的心理，我们同样应该摒弃那种明哲保身、互不干涉的心理。我们需要培养自身的科研气质，即实事求是、不断追求真理的精神，懂得认识在矛盾斗争中深化的精神，坚信真理具有相对性而勇于探索的精神。被誉为科学社会学之父的默顿认为，最重要的是"诚实性、竞争性和怀疑精神"，"只要具备了这种气质，才能获得最大的科学成果"。诚实性表现了实事求是和待人以诚的态度，竞争性反映了追求真理、不回避矛盾的精神，而怀疑精神正是基于真理具有相对性的特点。从科学本身的发展来看，任何科学理论都是一定时间和空间条件下的产物，特别是当理论产生于经验的概括而不是产生于假设实验时，它不情愿却又不得不排斥未来可能发生的事情。因此，如果他所排斥的事情发生，它自身就可能被排斥了。基于这点，我们教育工作者应该具有勇于怀疑和批评的精神。提出"不完备性定理"的数学家歌德尔（Godel）写道："在任何一个严格的数学系统中，必定有用本系统内的公理不能证明其成立的命题，不能说算术的基本公理不会出现矛盾。这就是说，任何具体的公理系统都不可能是完备的，因而不可能有终极的理论体系。"被认为最科学、最精密的数学尚且如此，更何况只有"似规律"意义的教育理论呢！已经提出的理论如果想达到科学意义上的正确性，就必须把自己投入到竞争性理论的疆场中去厮杀，如果自封正确而拒绝论战，恐怕就暴露出虚弱了。只有在论战中砥砺自身，或发展或修正或放弃自己的观点，或与相近派别融合而更加成熟，这正是科学发展的过程。有人说得好，专业以讲求而成，人才以磨砺而出。

再从基础教育事业来看，善于发现核心问题是深化教育改革的突破口，是教育思维敏捷性和批判性的集中表现，大凡真正的教育进步无不是在司空见惯的现象中发现了问题，在公认的"合理"中看到了"不合理"。美国教育家布卢姆在人们习以为常并得到统计数据支持的学业成绩正态曲线分布中发现了"全效学习"的问题，认为正态分布是教育失败的标志，并以超人的魄力把正态曲线扭转成正偏态，从而实现了"只要提供适当的先前与现时的条件，几乎所有人都能学会一个人在世上所能学会的东西"的伟大教育信念。布卢姆的成功经验对我们教师、教育研究工作者很有启发意义。

我们需要既有理论修养，又有哲学高度、深厚的实践根基的批评家。我们曾经从一言堂的极端走到百花齐放的今天，而今却只有百花齐放，并无百家争鸣，各吹各的号，各唱各的调，看似热闹，却不是一曲和谐的交响乐章，这里潜伏着一种危机。从表面上看，基础教育界似乎已经有不同侧面、不同观点的各种研究，但如果用"协同学"的理论来考察，这仅属于不同序参量之间的合作，形成了一个多方面的探讨而已，仍是无序状态。如果没有序参量之间的竞争，则永远只有"各吹各打"，无法形成新的有序结构。

坚持真理并不是那么容易做到的，无意识的习惯、定势等固着状态往往阻碍着人们对客观规律的正确认识，还有出于其他社会方面、人际关系方面的考虑，也会影响人们的态度。坚持真理首先要排除顾虑和杂念去认识真理，确信真理在握，才谈得上坚持它。爱因斯坦在总结自己的一生时指出："科学的发展，以及一般的创造性精神活动的发展，还需要另一种自由，还可以称为内心的自由。这种精神上的自由在于思想上不受权威和社会偏见的束缚，也不受违背哲理的常规和习惯的束缚，这种内心的自由是大自然难得赋予的一种礼物，也是值得个人追求的目标。"只有内心自由，才能使人保持清醒的开放状态，使人臣服于真理；只有开放，才能使人有效地交流和讨论，才能促进基础教育研究的发展。应该说明的是，我们呼唤批评，但决不搞人身攻击；进一步地说，我们不是对人，而是对理论、实验、教学研究，我们无情地对待学说，而真诚友好地对待作者。波普尔写道："在前科学水平上，我们由于错误的理论而遭到打击和消灭，我们和错误的理论一同灭亡。在科学水平上，我们可以系统地消除我们的错误理论——让我们的错误理论代替我们死亡。""而只有当人不再同理论一起死亡时，他才有胆量冒险。然而在以前，整个理智传统的力量都是防御性的，它被用来保存已有的学说。现在，它第一次具有了怀疑的态度，并且成为变革的力量。"现在的时代已经给我们提供了对事不对人的条件，我们不必再顾虑那种随意"戴帽子""打棍子"的做法，因为历史已经把它们清除了。

为了我们的教育事业，我们呼唤批评，呼唤具有高度责任感和使命感的批评家！

对批评的批评

　　这不是故意绕口令，而是真的有感而发，不吐不快。我曾经在 1992、1993 年的时候在教育刊物上大声疾呼语文教改呼唤批评，而且一段时间里我也身体力行，努力实践自己的主张，在刊物上发表一系列的批评文章，并直接点名毫不遮掩，自己的文章也规规矩矩地署上自己的真实姓名，以示负责。这并不一定是敢作敢当的所谓侠义心肠，更主要的是对对方公平，不然的话，别人在明里，而自己在暗里，很有一种"打冷枪"的味道，怎么说都是不地道的。而且批评不是为了批评本身，也不是自己逞能，体现自己高人一筹，说到底是为了帮助别人，或者是提醒别人，也是为了相互切磋、共同探讨，为了他人和教育事业的健康发展。但现在读批评文章，很有些感慨，有些地方感觉不是味道。现提出来就教于行家。

　　教育是关乎价值的事情，而有价值的领域就有批评的必要，因此基础教育离不开批评，这就内在地决定了批评是基础教育改革的必要条件。权以语文为例，1997 年以来社会各界都在谈语文教学，不能否认其中有很多积极意义，特别是提醒我们关注圈内的许多问题。圈内的人对圈内的事见得多了，便会习以为常，见怪不怪，甚至麻木不仁，圈外的人大吼一声，使人们猛然醒悟过来，这无疑是很有必要的。但也有不少相关或不怎么相关的所谓专家，他们俨然以权威自居，炮轰语文教学，批评原本是允许的，但问题是看怎么批评。有的文章是打着批评语文的幌子却又不谈语文，或者不是主要谈语文，而是顾左右而言他，以语文为话头然后大发一通牢骚，不着边际。

有的文章撇开具体考题的测试目标，而对题目大发不满，比如对考标点符号的考题不说标点问题，而大谈其他，对考逻辑顺序的考题不说逻辑问题，而谈由此产生的感觉和联想，使人不知其目标指向到底是什么，甚而让人怀疑大学教授的逻辑知识水平何以如此低下。有的文章总是停留在语文门外谈语文，进不去，也不想进去，抓住一个话柄就扯开去，比如谈语文高考，一味地停留在说标准化试题不好，理由就是题目弯弯绕绕、模棱两可，著名作家王蒙只能得多少分、北大中文系著名学者钱理群只能得多少分，以此作为反证来说明高考试题如何不好，此外，就没有更多的道理了。这种简单的说法几无用处，以王蒙、钱理群为例我以为欠妥，名家大家做不好中学题目，只能说明他们不熟悉而已，不能证明什么。可以批评高考试题，但前提是你要进去，你要对你批评的对象有所了解，而且应该有比较透彻的研究。这个要求不过分，比如对这道题目的考试目标是什么、目标有无问题、试题的表述是否清晰地指向考试目标、答案是否精确、可否有其他答案、试题的信度效度如何等应该有所了解（顺便说一句，题目的清晰与否，不能以王蒙之类的人是否清楚作为标准，而应以考生是否确切地读懂为评判标准，因为很显然隔行如隔山，今天的高考卷毕竟不是用来考王蒙的）。否则，你只是发牢骚而已，不是真正意义上的批评。学者沈韬先生提出"语文教学呼唤学科批评"就是基于这样一种批评现状提出的。那种"现象＋牢骚"式的批评，看起来热闹，但仔细想想于事无补。

沈韬先生在其文章《语文教学呼唤学科批评》中说："语文是一门独立存在的自成系统的学科，语文教学的学科批评，就是研究其作为一门学科存在的必然性与可能性的统一。所谓必然性，就是从社会历史发展的角度来认识语文学科的价值、地位；所谓可能性，就是在各种可能性的发展空间中，语文学科以怎样的方式和方法来最理想地体现其价值与地位。学科批评就是研究这二者的相互关系。所以，学科批评本身是一个严密的逻辑体系，孤立的就事论事式的批评，是难以完成这样的任务的。"（参见《中学语文教学》1999 年第 8 期）沈先生的这段话可谓一语中的。

教育的批评应该是学术的批评，应该讲究学理，必然性和可能性是我们的批评应该予以考虑的，不可忽略不计。批评并不意味着谴责或抱怨某种现象，也不意味着单纯的否定和驳斥。相反，批评的含义远比"抱怨、否定"深刻，它是指某种理智的、最终注重实效的努力，它是一种"以社会本身为对象的人类活动"，这种活动视人类活动的合理组织为己任，因而倡导一种以反思和质疑为本质特征的批评意识，其目标在于追求社会的合理状态。正是基于"批评"的这种含义，它是我们教育改革得以展开和成功的必要条件。

科学研究是讲究规范性的，知识的发展为特定的历史背景、研究手段和实证资料所束缚，因此知识永远被当作一个阶段性成果来看待。从这个意义上说，许多的社会科学研究成果属于"猜想"性质。数学上的猜想需要用逻辑推理加以证明，而社会科学的猜想需要用实证研究加以检验。所以克鲁格曼（krugman）说："任何观点如果未能模式化（实证化），其影响必将很快衰弱。"教育的批评也当属此列，媒体的炒作可能使人炫目一时，但终究因其浅表化而必然衰弱。有人说，凡是没有经过严谨（实证）研究而得出的观点结论，充其量不过是文人的无聊鼓噪而已。此话或许尖刻，但并没有什么关系，不愿听就不听罢了。正是由于缺乏具有建设意义的学科批评，我们语文教学的一些痼疾无法得到解决，鼓噪炒作式的批评徒然煽起了许多善良人们的热情，但最终使他们由希望的巅峰跌入失望的谷底，无效的劳动常常会转化为无聊的情绪。我不知道今后还有多少人仍然对基础教育抱有很大的热情，因为这是关系到基础教育前景的重要问题。对此我十分地忧虑。

第二辑

学校管理批评

学校以德为先、以诚为信

　　2015 年，国家工商总局网络商品交易监管司发布措词严厉的报告：阿里巴巴集团未能采取足够有力的措施来避免其网站上出售假货。点名批评淘宝假货率达 60%。美国时间 2015 年 1 月 29 日，阿里巴巴股价大跌 8.78%，市值一天蒸发 215 亿美元（约合人民币 1343 亿人民币），一些购买了阿里巴巴股票的投资者试图联名投诉阿里巴巴隐瞒售假历史，严重误导投资者（参见《淘宝吵架风波戛然而止　阿里巴巴表态打假货》，载《环球时报》2015 年 1 月 31 日）。应该说并不能完全怪罪阿里，但网店售卖假货几乎是与生俱来的原罪，推而广之，中国的小商贩大都是从售卖假货开始起家的，以至于到现在还没有摆脱靠卖假货得以维持的命运。制假售假成了一个毒瘤，割之不去，贻害至今。《德国之声》发表评论称：阿里巴巴必须与"肮脏形象"做斗争，没有什么比客户信赖更重要。

　　如果说今天有些企业有原罪，那么我们的学校是否也有失德、失真、失信的地方？如果学校有失德、失真、失信的地方，那么学校是否必须与"肮脏现象"做斗争？学校是否应该坚持没有什么比诚实更重要、没有什么比用户——学生、家长、社会信赖更重要这样一个基本的办学理念？

　　一般而言，学校的办学初衷都是好的，但是一不留神就会背离初衷，于是失真、失德、失信就此产生。我以为中国学校的失德很大一部分是应试教育造成的，是因为校际之间的恶性竞争造成的。我们有不少学校就是靠应试教育起家的，以作假、侵犯孩子的权益等不正当的手段赢得高分、高升学率，从而获得家长的认可。学校所使用的各种手段不胜枚举。其一是抢夺生源，不惜拿有限的教育经费去买高分学生，动辄花十万、几十万或更多的经费购买已经考上清华、北大等一流大学的学生，动员他们放弃就学，重读一年，再考一次，代表本校增光添彩，更有甚者用不正当的手段把原本不属于自己学校的优秀学生抢到自己学校，这是一种作假。其二是抢夺师资，不惜以解决大城市户口、高薪、孩子入名校、住房分配等优惠条件挖外地、别校的优秀教师，只要自己学校办好了，不管其他学校是否生存，殊不知有些学校高价招聘了十几个甚至几十个特级教师，全然不管不顾别的学校因此受到怎样的打击，甚至还以此沾沾自喜，作为成绩到处炫耀。其三是管理异化，所谓军事化办学、军事化管理，把学生当士兵管理，校园处处有监控，学生时时被监控，整个学校如同监狱，学生有越雷池一步即刻被发现，轻则处分，重则开除。新华社就曾报道某地某校一位高三学生因为在教学楼内吹泡泡，被处以开除学籍、停止转出学籍关系的处分。其四是不惜以摧残孩子生命为代价，天天补课、周周考试、月月排队，只要学不死，就往死里学，严重摧残学生的精神状态。其五是弄虚作假，想方设法动员差生放弃考试，或者学籍转入他校，以此去掉最低分，抬高平均分，减少分母，提高升学率。其六是不惜编造假数据恶意攻击竞争对手，欺骗社会，欺骗家长。其七是校长、教师发表弄虚作假的论文，出版似是而非的著作，或雇用枪手代写论文，或剪刀加糨糊地拼凑著作，或贿赂、变相贿赂相关课题发布机构的管理人员，想方设法抢夺市级课题、省级课题、教育部课题，为自己脸上贴金，或骗取相关的社会影响，或骗取相关的课题经费。这些做法在有些地方、有些学校并不少见，完全是与教育的原初意义相悖的。

奇怪的是当教育界人士在作为局外人评说别人的时候，很容易分辨对错，很容易臧否是非；一旦当自己成为局内人的时候，往往就会为利益所惑，价值迷失，做出错误的抉择却心安理得。今天的学校毫无疑问或多或少地会遇到类似这样的问题，当遇到关系到学校升学成绩、学校形象的时候，我们的校长、教师常常就会迷失方向，特别是在与老对手竞争的时候（学校在长期的办学过程中会不知不觉地和本地区与自己办学水平相近的学校构成竞争关系，即对手关系），就会不择手段，只是为了赢过对方。殊不知这样做触犯了学校应有的道德底线。这等于是反向教育学生，老师们天天在给学生进行道德教育，但是自己带头在做不诚实、不道德的事情，学生就会把学校所有的正面教育全部推翻，在不道德的路上走得更远。

这样做在教师团队中营造了不诚信的负面学校文化，这种弄虚作假定会破坏学校形象。如果我们不加以制止，学校的社会形象就迅速恶化，好不容易建立起来的形象也会毁于一旦。学校以德为先、以诚为信，校长、教师都需要以小心谨慎、如履薄冰的心态来办学校，一个人也好，一个组织也好，竞争到最后靠的是人品和实力，没有良好的品德就不可能让人信服，不可能走得更远。中国教育要走出弄虚作假、恶性竞争的怪圈，遏制失真、失德、失信的现象，我们每个校长、教师都应该从自己做起。

学校教育不能走极端

今天的社会各界都在关心教育，但是有些人常常持一种极端的观点，体现为一种强迫症，非要别人认同并照他的意见办方肯罢休。现在的基层学校常常遇到这样的问题——社会上一些强势人物，基于一种完美化的教育构想，常常设定一个完美的学校教育图景来批判现实中的学校，认为自己的主张可以提供教育的出路和解决学校问题的方案，甚至认为自己的主张是引领学校走向光明的唯一途径。

对学校的一些现象要发表自己的见解，这本没有什么不可，即使极端一点，停留在学术争论上，只要不伤人，也未尝不可。但现实常常不是这样的，他们并不是仅仅停留在发表观点博得眼球而已，他们以自己坚定的立场、富有修辞感和戏剧性的语言效果，在美化自己构想的同时，以偏激的话语批判学校，在博得粉丝喝彩的同时，更进一步要求学校都要听从他、顺从他、照他的意见办。他们常常以真理的化身自居，抓住一点，不及其余，以偏概全，把问题推向极端，形成一种强大的舆论压力，一定要逼迫别人就范。更有甚者，看到别人不愿轻易就范，就发动"群众"——不明真相的家长、社区人员，拉横幅，搞静坐，胡闹一气，直接影响学校的教育教学。

教育界内部也是这样的，也有些意见专家喜欢发表自己的极端观点，且一定要"顺我者昌，逆我者亡"。顺我者昌，就是一种正向极端式吹捧，常有教育界的所谓名流通过媒体和其他途径树立一个典型，冠以什么名号，确立什么流派，并昭告天下，无限炒作，甚至宣扬只有他树立的这个典型才是教育的正宗，恨不得把自己捧到天上去。逆我者亡，即凡不是自己阵营里的学校都是他排斥的对象，与自己主张不一致的、自己看不上的，一律痛加贬斥，要把人打倒，进而把人搞臭。

这就有问题了，我们应该对常识和经验有所尊重和顾及，而不能仅凭自己的"完美图景"来解决教育问题。来自社会各界的各方人士、教育界的专家们由于生活处境不同，他们所处的位置与一线的校长、教师亦不同，对于这些人的观点人家可以问问到底是什么、好不好、该不该、有多大的合理性，即使有些合理的因素，但是否可行、是否具有可操作性也是未知；即使有一定的可操作性，人家还要问问在什么情况下可以操作，需要具备什么样的办学条件、什么样的教师水准、什么样的学生情况；即使符合条件，也要尊重当事人的意愿，这个学校的校长、老师也许有别的想法、别的路径，有自己的发展规划、发展目标、课程改革理路，未必一定要按这些人的意见办。学校校长、教师对关乎学校、学生发展的利弊得失也有自己基于常识的现实考量，教育常识就是来自于人的教育生活经验而形成的对教育普世价值的认识和表达。

教育不要搞绝对主义，不要走极端，学校教育关系到千家万户，关系到千千万万个孩子。教育走极端的最大错误就在于片面性，不是全面地、系统地看问题，而是把局部看作整体、把偶然看成必然、把一次看成全部，非此即彼、非对即错、非黑即白，并进而推向极端，这不是实事求是的做法。比如，一说素质教育，就把复习迎考痛贬为应试教育；一说建构主义，就把传授式教育统统看成是填鸭式教育；一说能力重要，就把知识传授说的一无是处；一看到做题目，就是题海泛滥，戕害人性；凡此种种，不胜枚举。殊不知，只要有考试就会有复习迎考，素质教育并不能免除复习迎考，所谓应试教育就是把复习训练极端化；要培养学生能力，学习知识也是不可或缺的一环；教学的方式既要有探究式，也要有训练式，还要有传授式，三种方式各有各的作用，不可简单偏废；翻转课堂并不一定适合所有的学生，老师精当的教学指导还是必要的；数理化的学习离不开做题，当然也离不开做实验，但简单地排斥做题显然也是不对的。

教育领域里采取极端的做法是对学生极不负责任的行为，因为生命对每个人来讲都是一次性的，不能重来一遍，走极端所造成的损失是不可挽救的。况且少数人的极端，并不代表大多数人的意愿，多数人是不太发声的，那些强势发声的人，由于声音响亮，让人误以为是大众的声音，无形之中绑架了大多数人。应该说大多数人是理性的、平和的，他们自有自己的见解和主张，只是声音较小，很少引起别人的关注而已。这些温和的大多数不知不觉地被边缘化了，这应该引起我们的注意。无论观点多么深奥，无论批评多么深刻，都不能违背常识，不能绝对化。观点一旦绝对化，必然违背常识，伤害师生，成为反教育、反生活的谬误，就必然损害学生的成长、学校的发展。

警惕教育界的伪创新

教育家的成长、教育的创新都需要思想力、判断力。教育创新已经是一个非常时尚的话题，我们已经见过许许多多的教育创新，认真分析这些创新，我们发现有些创新的确解决了教育中存在的问题，用新的思想、新的方法、新的技术、新的手段来探索新的改革思路、面对新的现象、解决新的问题。

毋庸讳言，我们也看到有些号称创新但其实并非创新的伪创新现象泛滥，其形式可能多种多样，但其本质就是"皇帝的新装"，说到底就是自欺欺人，究其根本不能解决任何问题。比如，一段时间以来关于创新人才的培养成了热门话题，围绕创新人才培养确立了许多专项课题，拨付了许多专项经费，做了许多工作，但是创新人才培养的目标定位没有价值差异，学校课程内容没有根本变化，学生出口没有本质不同，仍然是以高考考分确定升学，教师的教学方式没有实质区别，仍然是以训练做题解题为主要手段，哪来的创新？那么这些所谓的创新人才的培养，只是在继续应试课程的同时增加了"奥赛"课程，只是在继续试题操练模式的同时增加了零星的教授讲座。对高校而言，创新人才的培养几乎都是争抢生源的一个契机；对高中而言，创新人才的培养亦都是争取更多学生考入北大、清华、复旦、交大、南大、浙大等一类高校的博弈机会。

看看教育体制机制的创新。以"名校衍生品"的循环为例，一些重点中学为了改善办学条件，利用学校的资源办起了公私不分的"民办学校"，以此获得高收费的权力，教育主管部门的主要领导、一些真真假假的专家给予充分肯定，美其名曰"名校办民校"，这个叫创新；后来事情演化开来，进一步暴露了其以创收为主要目标的本质，招致社会舆论的谴责，"民校"（假民办学校）重新回到公办性质，被剥夺高额收费的权力，这个仍然叫创新；现在一些地方在绩效工资平均主义的大背景下，为了解决教师待遇进一步提高的问题，允许甚或鼓励名校重新办"民校"，这个还是创新。这种打着创新的口号实施敛财的行为，说到底并不是创新，而是戕害百姓，搞乱教育。

看看机构组合的变换。一段时间是教育与卫生合并，这个叫创新；一段时间之后是教育与科技合并，也是创新；再过一段时间是教育与体育合并，同样还是创新。试问，何为教育？教育的主体性、独立性在哪里？一些地方的行政领导不断地在玩弄机构拆分、合并的游戏，把教育机构循环拆分、组合，这也是创新。比如，教师进修学校拆分成教研室、教科所、教师进修学校、电教馆，这个叫创新；一段时间之后将教研室、教科所、信息中心、教师进修学校组合成教育学院，同样叫创新。又如，初高中合并叫创新，初高中分离也叫创新；一段时间之后，重点高中重新办初中，还叫创新。每一次拆分都为下一次组合创新埋下伏笔，每一次组合都为下一次拆分创新奠定基础。每一次合并和拆分都是创新，也都是折腾，都是劳民伤财。

看看学生评价的创新。高考持续一段时间之后，设立高中会考，叫创新；会考一段时间之后，取消会考，也叫创新；取消会考之后，设立实质内容与会考几乎一致的学业水平考试，还叫创新。一言以蔽之，这些创新都属于伪创新。

行政机构热衷于这样的伪创新，势必影响一线的校长、老师。现在的校长不论是否能够有效地组织学校教育教学，不论是不是能够办好学校，但几乎无一例外的是都会呼喊一些时尚的创新口号，加"……本教材"的后缀可以创造出诸如"校本教材、生本教材、师本教材"；加"后……式"前缀可以创造出诸如"后……式教学，后……式管理"等一系列概念；围绕某个字进行组词，例如"精"可以创造出"精致化管理、精细化操作、精品化课程、精练型组织"一系列词组。这种语辞"大联欢"的行为说到底不是创新，而是概念游戏而已。

不能说概念变化完全没有意义，此概念与彼概念还是有差异的，不同的时代换成不同的叫法也不是不可以，但问题的关键是我们把主要精力放在这样的变化上，而且乐此不疲，进而美其名曰创新，这就是问题了。今天不少学校的教育无论怎么打扮，无论怎么涂脂抹粉，都是外在的变化，本质未变。一些校长、教师十分热衷炒作概念本身，这些概念都是些与实际不沾边的空壳，尽是些缺乏基本维生素和蛋白质的"空热量"。久而久之，在我们的大脑皮层中产生错误的信息图式——把空壳当成事物本身，进而成为一种习惯性的本能，这就是连当事人自己也始料不及的，由误人变成误己，这需要我们从现在开始就警惕了。

两个世纪前托克维尔（Tocqueville）发问：为什么当文明扩展时，杰出的个体反而减少了？为什么当知识变得每个人都能获得时，天才反而再难见到？

仿照上述话语方式，我这样发问：为什么教育界人士大谈创新的时候，教育本身并没有多大发展，仍然是以反复操练为基本特征的陈旧的应试教育大行其道？为什么我们在大谈创新人才培养的时候，我们中小学生的创造力、想象力居于全球中下游水平？

挤掉学校办学中的水分

学校原本应该是最真实的地方，因为这里是培养孩子的地方，是神圣的、光荣的、真诚的、充满爱心的。但不知从什么时候开始，这样一个圣洁的地方也被玷污了，弄虚作假的"注水"现象频有发生。这里所谓的水分就是假的成分，就像我们发现给猪肉注水将导致猪肉变质、变味，给学校注水同样会使学校变质、变味。今天我们揭示、批评乃至批判这些现象，不是为了丑化学校，不是为了丑化校长、教师，而是为了引起大家的注意，减少或者避免这样的事情再发生。必须声明的是，我们这里罗列了一些现象，但并不代表全部。

教育界的"注水"现象颇多，或外在，或内在，或物质，或口号，或目标，或结果，不一而足，这里不妨罗列一些代表性的"注水"现象。

一、跟风喊口号，只说不做

经济在发展，社会在进步，教育也要发展。社会、政府对学校寄予很大的期望，同时也给了学校很大的压力。

从国务院、教育部到县市教育局，关于如何办好学校，如何进行课程改革，先后发出了一系列的文件，要求贯彻落实。不仅如此，各级政府加大对基础教育的投入，硬件投入、软件投入的经费比重越来越大，比如校长、教师培训的经费投入大幅度增加；政府表彰的力度也越来越大、越来越多，各级政府通过表彰树立学校办学的典范标杆，号召校长、教师向先进学习。

毫无疑问，这些工作的出发点是好的。一段时间之后，政府部门忽然发现，一堆文件下发之后，层层开会发动，层层开会落实，最大成果也最终体现在开会上，以及围绕开会所准备的文字资料上。也就是说，校长讲话的概念有所变化，基层学校的情况未必有多少改观，未必有多大变化。于是围绕文件精神要求开展各级督查、检查、评比，一系列的问题也随之产生。

政府要求什么，学校就报告什么；政府检查什么，校长就汇报什么。文件说素质教育，校长就汇报素质教育的经验；文件说核心素养，校长就介绍自己学校培养学生核心素养的心得；文件说知识与能力、过程与方法、情感态度与价值观的三维目标，校长就汇报如何在教学中贯彻三维目标。有趣的是，不论什么检查到来，校长都能以不变应万变，把自己那些陈芝麻烂谷子的东西套在所有项目上，甚至完全文不对题，有的校长居然也能头头是道地说个没完，直到把别人说晕。

为什么会产生这种现象呢？除了有些校长的价值观出现问题之外，与学校自身的特殊性有很大的关联。学校教育工作与其他领域的工作是不一样的，这是一份教育、改变学生的工作，要教育、改变学生首先要教育、改变老师。无论是改变老师，还是改变学生都是十分不易的，尤其是改变成人更加困难。任何改变人的工作都不是一蹴而就的，任何教育行为都是不可能超越教育规律的，但今天的教育恰恰是处在要求立刻兑现、立竿见影的生态氛围中。

做不到立竿见影怎么办？有些"聪明"的校长慢慢发现其实只要"见影"就行，未必要"立竿"，甚至是只要说说立竿见影就行，不必真的"立竿""见影"，重复上演"皇帝的新装"的老剧，居然赢得了许多人的喝彩。于是，更多"聪明的校长们"终于明白，应付社会、应付政府实施课程改革、提高学校办学质量的最简便方式就是包装自己。而成本最低的包装就是以口号包装自己，教育局长要求什么就汇报什么，社会流行什么就喊什么。

教育界流行什么，校长们就介绍什么。比如，师范大学的教授们炒作什么，校长就喊什么。流行项目式学习，就喊项目式学习；流行合作学习，就喊合作学习；流行探究式学习，就喊探究式学习；流行翻转课堂，就喊翻转课堂；流行 STEAM 课程，就喊 STEAM 课程。甚至都没有完全搞明白这些概念的核心内涵是什么，就能大言不惭地说自己学校做得怎么好。今天，我们的课程改革在很多学校取得了"成功"，我们当然不能排除确实有成功的，但也有不少是在喊口号。

但是，当我们走进学校，走进课堂，发现一切都是老样子，办学理念没有根本变化，仍然是将升学作为唯一追求；课程系统没有变化，教材、教参、练习册、高考考纲、高考试题、各类堆积如山的教辅，仍然是学校课程的主要载体，仍然是学生学习的主要依据；传授式、训练式的教学方式一统课堂，填鸭式的知识教学与做题的机械能力训练就成为学校课堂的常态。

在这样的学校里，"教育改革"即不改革，学校骨子里几无变化，办学理念的贫乏、办学实践的平庸，仍然是现在一些学校的现实状况。只是一些校长善于以高大上的口号掩盖办学水平的平庸不足。

二、"明星"校长只为"名"

新课程改革以来有一些学校也做了相应的课程改革工作，在取得一些小成绩后就沾沾自喜，甚至夸大学校所做的课程改革的那点工作成绩，请来枪手加以包装，请来记者加以报道。发表了几篇文章，出版了用公款支持、东拼西凑的所谓"著作"，接受了电台、电视台的几个采访，于是头脑一热，以为天底下自己的课程改革做得最好，可以放之四海而皆准；甚至不知天高地厚地真的以为自己成了名校长了，接下来真的就以明星自居。这些校长的职业生态主要就是：接受记者采访，参加各种考察，到处传经送宝；请人撰写吹嘘自己、吹嘘学校的文章，然后发微信公众号，要求教师到处转发；一旦遇到评选，就大张旗鼓地组织教师、家长、学生给自己投票，甚至花钱请专业公司给自己买票，十分热衷于成为名人，成为明星。唯独不走进课堂，不开学生座谈会，不找老师谈话，不与家长聊天，根本不了解学校的现实问题，甚至根本不打算了解问题。

以夸大的数据掩盖学校办学过程中的重重问题。做了一分，吹成十分，这就是水分、泡沫。但学校原本就有的一些问题没有得到解决，伴随着学校课程改革所带来的一些新问题亦视而不见，没有问题意识，不去解决具体的实际问题，而是盲目地沉浸在所谓的成功之中，陶醉在自己泡沫般的名声里。

如此下去，学校问题会越积越多，小问题也会变成大问题。群众的眼睛是雪亮的，教师会看出问题，学生也会看出问题，家长也会投诉。久而久之，上级领导也会发现问题。但是校长的处理方式是全然不顾真相，一律排斥。校内有意见，以校长的权威打压下去；同行有看法，一律以妒忌视之；家长有投诉，则置之不理，或指责其观念落后；领导有批评，则说是打击课程改革、报复校长。一言以蔽之，他们这类校长是徒有其表的所谓"明星"校长，会给其他校长带来非常坏的影响，破坏正常的教育生态。

判断评价这些校长的最好也是最简单的方法就是，看看他们一个学期下来一共在学校待了几天，一共听了几节课，做了哪些事，占了学校多少公共资源宣传自己。

我非常认同这一说法："教师是成人世界派往儿童世界的文化使者。"作为文化使者，我们教师在学生成长过程中理应发挥精神引领的作用。基于此，我们看看一些学校的行为距此是否还有较大的差距。

三、以外在的豪华校园掩饰校园文化的匮乏

这是一个经济大发展的时代，我们的政府有钱了，而且很愿意把钱投在民生工程上，而教育就是一个重要的民生工程；这是一个追求现代化的时代，现代化在一些政府官员的眼中就是校园现代化。

我们已经看到许多省市都有一些超大规模的学校，动辄500、600多亩地。校园大了，招生规模扩大了，这就是政府的政绩，这就是政府官员关心民生的有力证据。但至于这个学校是怎么办学的，校园里的文化精神是什么，就无人过问了。

现在有些企业家有钱了，他们有一天突然发现办学校也是可以赚钱的，于是私立学校雨后春笋般冒出来。他们虽然没有办学的经验，但是经营企业的经验还是有的，而且是比较丰富的，其中擅长包装就是一绝，比如把学校包装成豪华宾馆，吸引学生家长报名。为了使学校更像学校，发挥育人功能，他们在学校建了很多名人雕像，甚至有的校园处处有雕像，走进校园好像走进西方的墓地一样。

我们只要剥开这些华丽的外表，就可以看到这些学校内在的精神很空洞。逐利几乎是他们与生俱来的特征，为了迎合大多数老百姓对高考升学的要求，他们必然是将升学作为唯一目标，这就毫不奇怪了。这样的学校有超大的校园，却没有学校应有的文化精神，有的只是华而不实的外表。

四、以作假的手段伪造其高升学率

我们都知道学校办学要有教学质量，而高考事关教学质量，只要不是将高升学率作为唯一目标都可以理解。但是，现在有些学校为了赢得突出的高考成绩，几乎到了不择手段的地步，在招生、教育、教学、考试等环节弄虚作假，尤其是招生这个环节。有学校在招生环节胡搞一气，运用虚假宣传蛊惑人心，将十分有限的办学经费拿出一部分来奖励高分段学生，甚至还有花大价钱买学生的现象，花钱办"移民"，把外省市的优秀生买到自己的学校里。这些情况虽然未必很多，但是在教育圈内圈外造成了极大的负面影响。

教育的目标是培养真、善、美的学生，即从知、情、意三方面培养学生真、善、美的良好品性。陶行知论教师："千教万教，教人求真。"陶行知论学生："千学万学，学做真人。"许慎说得好："教，上所施，下所效也。育，养子使作善也。"如果学校的校长、教师弄虚作假，那么学校的德育工作将形同虚设，产生负面教育作用。学生不但要听你说什么，更重要的是看你做什么，你的言行举止都传递出你的价值思想、你的价值判断。

造成上述弄虚作假的现象当然有其外在原因。这是一个讲究颜值的时代，于是造就了一堆化妆师和包装师，也造就了一大堆千人一面的人造美女、千校一面的人造名校。这是一个现实而功利的时代，社会要效益，官员要绩效，学生、家长要升学，学校自然也就功利了，当功利畸形化了，教育就异化了，假冒伪劣就成了常态。

但是我以为更重要的是内在的原因。为什么大多数教育人还是能够守住教育的底线？为什么那么多的校长能够坚守自己的教育价值观，不趋时尚、不喊空洞的口号，而是兢兢业业地为学生的全面发展负责？为什么那么多的教师能够守住自己的道德良知，永远保持真诚，永远用行为诠释自己的品德，给学生以言传身教？

学校如何守真？教育如何求真？这当然是一个更加严肃的问题！在当今的教育环境下我们应该成为怎样的教师？是否仅凭我们的知识、能力、社会阅历就可以胜任教师工作？除了这些，我们更应该提升哪些能力？我们对各种似是而非的教育行为有辨析力吗？

看看你的课堂吧。你的课堂运用了很多现代信息技术，你是在运用这些技术手段给学生灌输许多现成的知识，还是引导学生去发现问题？你的课堂是给了学生许多逗号、分号、句号，还是给了学生许多问号？

你的课堂可能运用了很多模式、方法，你是在带领学生寻找既定的标准答案且是唯一的答案，还是在带领学生寻找多种答案？寻找多种答案其实就是在寻求事物的多种可能性。

你的课堂仅仅是在培养学生单一的求同思维，还是同时培养学生的多样化思维、批判性思维？你的教学是把学生教得越来越迂腐、机械、呆板，还是把学生教得越来越聪明、智慧？

看看你的校本课程吧。你的校本课程是为了迎合上级检查而编写的，还是真正落实到现实课堂中？是基于学生需要而设计的，还是基于教师知识储备而设计的？是考试的延续，还是智慧的启迪？是去生活化、去背景化的单一文本世界，还是与背景紧密相连的丰富世界？

看看你的办学特色吧。比如体育特色学校，是为特色而特招运动员赢取金牌、造就特色学校，还是真的创造一种氛围，提供多种体育选修课程，让每一个孩子至少热爱一种运动项目，进而养成一种热爱运动的习惯，形成良好的身体素质、健康阳光的心态？概括来说就是一句话：是少数人的体育特色，还是绝大多数人的运动健康？又如艺术特色学校，是为了领导到校视察而做的表演，还是为了培养学生发现美、欣赏美的能力？是为了赢得考级的分数，还是为了让学生养成一种健康的审美情趣？

教师肩负的使命不仅仅是传承传统的优秀文化，更需要严肃而认真地思考并解决当下的问题；教师肩负的使命不仅仅是传播外来的优秀文化，更需要扎根本土、面向未来、面向世界进行严谨的思考，思考现实的教育生态，分辨发展的方向、路径和策略，带领学生走向美好的明天。

当下学校办学中的伪现代化现象批判

　　我认为，当前基础教育界受社会思潮的影响，存在三种伪现代化的办学行为：学校实验室的现代化，学校环境的现代化，教育口号的现代化。或把教育的现代化理解为教育器物的现代化；或盲目求大，成为巨型学校；或追求豪华，建得富丽堂皇，成为宾馆式学校；或热衷口号游戏，不切实际地不断追逐时尚新潮的理论口号。学校成了没有历史的学校，成了失去记忆的学校，忽视了教育内在本质的现代化，忽略了人的现代化。学校教育的现代化核心应该是学校文化精神的现代化，这是学校的根基和可持续发展的动力源所在。

　　科技要现代化，经济要现代化，社会要现代化，教育也要现代化。当代中国人注定要扮演追赶者的角色，基础教育工作者则更是责任重大，经济发展靠科技，科技发展靠人才，人才培养在教育，教育的基础就是中小学教育。因此，基础教育现代化是中小学办学的必由之路，舍此别无选择。

　　由此产生了一系列重要问题：什么是基础教育的现代化？它的发展方向是什么？它的价值取向是什么？这些基本内涵不够清晰的话，特别是如果方向出现了偏差的话，我们不但不能实现追赶的梦想，甚而会出现南辕北辙，走到期望的反面的局面。从教育的现状来看，我们已经发现了一些现象，这些现象背离了教育的初衷，其价值取向是功利的，是哗众取宠的，是一种伪现代化现象。

一、学校设备的现代化

随着学校办学经济条件的改善，人们希望改善一下学校的设施设备，这本无可厚非。但不切实际地一味追求设施设备的现代化，并以此沾沾自喜，作为办学成果到处炫耀，这就走向了另一种极端。

他们把教育的现代化理解为教育器物的现代化、学校实验室的现代化，把原本应该属于大学、研究所的实验室搬到中学里来，以此来自壮声势，以为这就是教育现代化。这些器物搬到中学之后，使用效率极低，使用的学生极少，原因很简单，这些设备根本不是中学课程的必需品，教师不懂，学生不会，考试不考，为了装门面而使用，聘请高校研究所的专业人员来业余指导，学生只会选择极少数感兴趣的课来上，他们不能丢弃现有的功课，来此学习不过也是图个新鲜而已，不可能也没有多少时间来完成相关的新技术的学习。所以，这样的行为骗人骗己，脱离常态教育的大多都是功利性的做法，必然也将会失败。

这种面子工程、这种不务实效的风气不但在大城市蔓延，而且影响到经济不发达地区，人们急于追求设备器物的达标，但不关心达标的器物如何有效使用。

比如，湖南省怀化市几所农村学校的多媒体教室长期处于闲置状态，一个学期下来，除了公开课和教学比赛以外，其余大部分时间多媒体教室都成了摆设，甚至变成应付上级检查的道具（参见《中国教育报》2007 年 2 月 27 日第 4 版）。

说到底，这是一种好大喜功的浮躁心态在作祟，都是强调外部的硬件现代化，忽视了内在本质的现代化，忽略了人的现代化。教育的现代化绝不仅是器物的现代化，教育的现代化的核心是办学思想理念的现代化，是学校文化精神的现代化。

二、校园环境的现代化

目前基础教育在学校环境建设上有一些不切实际的追求：一种是盲目求大，一所中学占地面积 200 亩、300 亩、500 亩，越造越大，成为巨型学校；一种是追求豪华，学校建得富丽堂皇、美轮美奂，成为宾馆式学校。

这种奢华办学风气已经引起人大代表的强烈反映，据新华社 3 月 13 日电，"现在一些示范高中刮起奢华办学风，存在严重的教育浪费"。全国人大代表李莉在审议政府工作报告时提出，要制止这种教育领域的奢华浪费现象，让教育资源发挥最大效益（参见《文汇报》2007 年 3 月 14 日）。

把巨型学校、宾馆式贵族学校理解为学校环境的现代化，这也是不合理的。学校环境的现代化与占地面积大小无必然联系，大未必就是现代，小未必就是不现代，学校规模绝不是越大越好，而应该是有限度的，学校的规模经济只有在规模适度的前提下才能获得。巨型学校规模不经济是显而易见的。有专家认为，巨型学校使师生员工之间的关系变得疏远，学校的组织形态和工作程序变得臃肿、繁琐，行政管理僵化，校长深入教学第一线的时间越来越少，以至于越来越像官僚。中小学规模一旦超大，学校性质和管理方式就会发生变化。由此引发的后果之一就是学校组织目标的模糊、逆转、倒置，学校规模效益也随之下降。

学校环境的现代化与宾馆式与否同样也没有必然关联。教育原本就应该是朴素的，追求奢华背离了教育的初衷。这是一种伪贵族化现象。学校宾馆化，从外观到规模，从教室到卫生间，一切都以五星级宾馆为标准，看上去固然豪华，但与精英教育的本原相距越来越远，这样的伪贵族教育肯定将走向死胡同。精英教育应该平民化，应该培养的是平民中的优秀分子、领袖人物。

令人担忧的是，这股奢华之风刮起之后，学校之间相互攀比，比的不是教育的本质内容，而是比面积大小、比学校的豪华程度，有些地方政府的经济实力雄厚，动辄一掷三四个亿建上一所豪华高中作为官员的政绩工程，而对其他薄弱学校的投入只能蜻蜓点水。除了有国家和当地政府提供的部分经费以外，相当多的示范高中的建设都依靠向银行贷款，学校是举债建豪华高中，再通过向学生收取择校费偿还，这无疑是把负担转嫁到学生家长身上。而且，巨额贷款为一些示范高中埋下了金融风险。有的学校贷款几亿元，仅利息一年就要还三四千万元，学校拿什么去还？随着生源逐步减少，高中招生规模势必萎缩，尤其是现在国家大力发展职业教育，一部分学生开始转向职业教育，示范高中很可能面临更严峻的生源竞争。

当前我国教育资源还不充足，学生学费负担还比较重，将有限的教育经费用在什么地方才能真正发挥更大的效益，是我们必须认真对待并加以研究的问题。

对奢华环境的不懈追求使得我们的校长把筹钱作为第一要务，甚至几乎是唯一的事务。作为一校之长肯定要筹集经费，但筹集经费干什么却看出了我们的价值取向。艾莉森·理查德（Alison Richard）担任英国剑桥大学第344任校长后，就为自己制订了一项10亿英镑的筹款计划，其目的是用于扩大课程建设和设立奖学金。与之相比，我们校长用钱的地方，看出了我们的价值取向与剑桥大学的区别之所在。

而且建巨型学校、豪华学校大多都是就地拆建或异地重建，可以说完全抛弃了学校原有的形貌，学校成了没有历史的学校，成了失去记忆的学校。学校的文化历史无法体现在学校的建筑之中，学校几代师生的精神沉淀无法在校园中寻觅到。在更深的层次上说，失忆的学校将失去凝聚力，没有认同感。一所学校如果不能唤起师生员工的骄傲和归属感，就没有凝聚力，不值得留恋，这所学校就是一所人心涣散的学校，就不可能引进人才、留住人才，也就没有发展力。没有文脉就没有文明，没有学校文脉就没有现在的学校文化。一旦文脉被毁，文明也无法承继。学校建筑隐含着学校里的人的一种态度，学校的建设应该是一篇和谐的乐章。

环境固然重要，但首要的绝对不是环境。环境不能成为现代化标志的首要目标。2006年10月，山东省潍坊市对12所市属学校进行了深入的调查研究。这项研究以潍坊市9所重点中学和3所非重点中学的17名校长、90

名中层干部及职员、568 名教师、1067 名学生、900 名家长（共计 2642 人）为调查对象。调查的主题是"好学校的核心要素是什么？"，优良的物质环境和先进的教学设施是被调查样本认同的第二大要素，高达 62%。但是对这一要素的认同存在明显的差异，小学认同率为 69%，初中为 52%，高中仅为 48%。教师、学生、家长的认同率都在 50% 左右，而校长和中层干部的认同率较低，校长不足 10%，中层干部仅为 20%。而教师优良的业务素质是校长、教师、中层干部和学生家长、学生都认同的首要核心要素（参见《中国教育报》2007 年 3 月 6 日《现代校长周刊》）。

关于超大规模的学校、超豪华的学校建设，其实有着十分鲜明的时代原因。经济建设的突飞猛进，使得所有人的胃口都被调动起来，追求奢华大气象、大排场已经成了时尚文化，如张艺谋大片中所表现出的无节制。在《满城尽带黄金甲》中，王廷气象必须满眼金玉，王廷仪式必须齐整庄严。镜头所及，宫廷色彩华贵灿烂。流光溢彩的画面，不仅满足着人们的视觉，而且满足着人们关于国家盛世的铺排想象。张艺谋的这种美学追求不仅是一种个人风格，而且正在上升为某种程度的国家美学。在城市面貌上，视野宏阔的广场不断涌现，"再造一座新城"的宏大手笔见之不鲜，建设"景观大道""形象展示区"的风尚蔚然而成，显示着一种去除市民生活内容而追求大尺度视觉美感的唯意志论。大型仪式更是成了竞斗豪奢的良机，各地所办的节会红毯铺地、鲜花装点、人山人海都是家常便饭，好像没有这些就不足以"展示形象""以示富强"。

这是一个需要宏大场面以满足梦想的时代，于是自然影响到社会的方方面面，包括教育，也包括学校。缺乏现代文化创造，中国就不可能参与世界现代进程，不可能在重大世界问题上发出独特的声音，从而赢得全球的真正尊敬。

三、教育口号的现代化

当下基础教育是一个热衷时尚、不断追逐新潮的时期，教育理论界为基础教育的校长、教师们提供了众多教育理论思潮和教育流派，不少教育理论家们翻译、编译了许多西方发达国家的教育理论著作，许多"海归派"学者扮演了"学术掮客"的角色，他们从自己所在的西方大学课堂和图书馆里批发来大量的教育理论，兑上自己的口水，贩卖给国内的中小学教师。这一情形与20世纪80年代文学和美学新理论的大爆炸的情形如出一辙，学者们自己尚未消化，却让校长、教师们跟着暴饮暴食，结果当然是消化不良。许多有识之士指出，其实西方教育理论界一些学者的理论，也不乏空洞的内容，他们中的有些人也多半是苟安于学院空间内，过着养尊处优的生活，尽管他们依然还在不断地翻新他们的知识仓库、制造新的理论，但由于脱离中小学一线教学实际，又缺乏哲学大师的高度，因而他们所谓的理论原创性和现实指导意义正在严重退化。当然也不乏一些科学、有益的教育理论，但演变过来，是将这些理论抽象成一些形而上的空洞口号，甚至将之绝对化，既不合逻辑，也没有张力；既不能改变现实，也无助于学生学习。

西方主流教育理论所考虑的主要是西方社会本身，如果我们把自己的实际硬塞进不合适的理论框架中，一定程度上会产生理论与实际的悖论。中国近现代最基本的国情之一就是西化和本土化的长期并存以及两者的相互作用，缺少其中任何一个都会脱离实际。面对历史实际，我们更需要探讨的是两者的并存和互动，最为关键的是首先要超越非此即彼的二元对立语境，从两者共存的现实出发寻找出路。如果我们主要使用西方的理论来认识我们的社会，用西方的教育理论来解释并指导我们的国民教育，完全抹杀近一个世纪以来中西并存下所形成的新"传统"，结果把丰富多彩的教育实际当成不合适的理论框架例子，那么我们便永远也不能解释为什么竟然会有那么多看上去似乎是彼此对立，但实际上却并存和相互拉扯着的悖论现象。明确西方教育理论未必适应中国教育实际，自然应该提出：从中国教育实际出发，建立自己的教育理论体系，这是既能与西方教育理论对话，又能独立于它的教育理论体系。

冯增俊先生认为："教育现代化不是西方化。这是一个最重要的认识：

其一，任何国家的教育现代化都不是单纯照搬西方模式的结果，也不是单纯受某一先进国家作用而发生；其二，教育现代化往往引用西方发达国家的发展模式作为推进指标，制定相应的标准，但并非对这些西方教育指标的简单满足和机械套用，因而不可能具有统一的标准；其三，后发外生型国家教育现代化需要外力，但却决非为简单的外力推进的产物；其四，后发外生型国家教育现代化要重视借鉴作用，但并非为国外教育模式的直接移植。一句话，后进国家教育现代化不是直接外生的，不是西方化。亚太许多国家的教育现代化，往往都是在西方作用下启动的，并且借鉴了西方的许多经验和改革成果，但是从没有一次是靠照搬西方模式改革教育而取得成功的。"（参见冯增俊《论教育现代化的基本概念》，《教育研究》1993年第 3 期）不懂中国当下的情况，那是不可能真正构建教育现代化的大厦的。

我们不停地喊出与国际接轨的口号，但我们很少有人追问：有轨可接吗？接谁的轨？接得上吗？欧洲的学校不想与美国的学校接轨，美国的学校也不想与欧洲的学校接轨。许多人经常谈论一个观点：学校发展要建立一个国际参照系，把学校发展纳入国际教育发展的主流轨道。这种观点无疑是居高临下的，但是如果真的这样想、这样做，那么是不切实际的。中国的教育发展有着它自己的主流轨道，它与所谓的国际主流轨道是两条轨道，任何一条轨道后面都有很深厚的民族特性在支撑着，要脱离正在跑着的轨道跳到另一个轨道上去，在行驶过程中是办不到的，也是有危险的。

一个民族的教育可以且应该向另一个更为发达的民族教育学习，这是没有疑问的。但盲目崇洋而忘却民族的自我，则是十分有害的。在吸收外来传统的同时，也要注重保持自我。一旦我们取消本土教育的自我反思能力，以西方的需要为需要，以西方的反思为反思，长期压制本土教育的真实需要的表达，就会导致我们的教育成为西方的附庸。

深究我们的灵魂深处，可以看出有一种自卑感。因为我们的经济发展水平不高，不够现代化，所以我们对自身的教育缺乏足够的自信。我们的教育不够现代化，于是我们有了一个现代化的诉求，有了一种强烈的赶超愿望。我们希望与世界发达国家的教育接轨，希望尽快赶上世界发达国家，实现教育的现代化。在这样一种失去从容的心态下，我们往往不能正确认识世界各国教育的真实情况，而是把几个经济发达国家的教育做法看作教育现代化的象征，将之树为追赶的标杆，称作"世界潮流"。急于把中国基础教育拖入现代化的理论家们忙于"观念更新"与"体系再造"，往往把"理论体系"与"现代术语"视为生活本身，结果既误了自己、误了同样急切的中小学教师，更误了基础教育。在这样的背景之下，基础教育界出现一些莫名其妙的提法，却没有人思考、没有人批评，失去了基本的判断力。例如，2008年3月19日《新民晚报》A5版刊登了一篇荒诞的文章《"高精尖"学生能否用"模具"批量产出》，这篇谈论如何开发青少年、培养英才少年的文章，纯粹是把人当成物来看待，观点十分错误，居然会被作为新观点予以介绍。

这种用时髦的理论打扮的口号更具有伪装性、欺骗性。教育的现代化不是口号游戏，不能仅仅停留在口号的层面上，教育的现代化要体现在教育工作者的言语当中、行为当中、细节当中。

凌龙华说："办学规模化，管理全程化，教学模式化，考核频繁化。教育如此'现代化'，不是在'培根'而是在'拔苗'啊！齐刷刷站立的结果，是教师的个性不见了，个性的教师没有了。排排坐创造的奇迹，是只见座位不见面孔，只论名次不论学生。为分数学，为应试教，为名次、为排位而全员、全力、全身心投入。极端功利化和高度竞争性，让教育与生活背离，与理想（必要的乌托邦）作别，与梦、与诗、与星空无缘。"

教育走得太远、走得太急，以致忘记了出发的目的，以致停不下来、回不了家。绩效主义下的教育，很大程度上已异化为"数位化生存"和"类GDP生产"（参见凌龙华《让教育回家》，《教育参考》2009年第4期）。

何谓现代化？现代化的概念可以从两个层面解读：一是绝对意义上的现代化，即传统教育向现代教育转化的历史过程；二是相对意义上的现代化，即落后教育向发达教育转变这一相对关系上的现代化。

所谓学校教育现代化，就是与现代社会经济、政治、科技、文化发展变革相适应的学校组织形态的变化演进。换句话说，即从学校的文化精神、价值取向、行为方式、办学思想理念、办学模式、管理制度及运行机制到学校课程设置，都具有先进性、科学性和与时俱进的动态发展性特点与特征。

走出"虚概念"
——做一个真实的校长

　　为一所理想的学校而来，校长必须给自己定位，是做一个概念校长，还是做一个真实的校长。我的观点是：理想的校长必须是真实的校长。

　　教育部印发了《义务教育学校校长专业标准》（以下简称《专业标准》），很显然，这个项目是教育部组织专业研究人员研究制定的，从动议到出台，这中间倾注了许多人的智慧、心血，也算是基础教育的一项重要成果。出发点无疑是好的，想以此构建校长队伍建设标准体系，建设高素质基础教育学校校长队伍，体现国家对基础教育学校合格校长专业素质的基本要求，期望各地教育行政部门、有关高等学校以及校长培训机构，通过贯彻落实《专业标准》，加强基础教育学校校长队伍建设。

　　但我以为这样的标准是几无所用的标准，或者换一种说法，这是只有形式意义而没有实际意义的标准，究其原因，就是这个标准只有空洞的教条，它只是把一般原则运用到教育内容之上，并没有深入到学校的实体性内容中去。黑格尔对现实的理解是"本质和实存的统一"。实存就是一般所谓的事实，是可以通过知觉直接给予我们的东西。唯有深入到中国的教育现实中去，一切教育标准才有可能解决真正的中国教育问题和积攒中国的教育经验。真正有意义的标准，意味着能够正确表述并且真正抓住中国基础教育过程中的实质问题，并能够对它做出正确的理解、把握和阐述。然而现在这样的标准，我们看到的是抽象的概念，看不到活生生的校长；看到的是条条框框的说明语言，看不到有血有肉的校长；看到的是橱窗里的模特，看不到置身教育现场的校长。一言以蔽之，见词不见人，就像我们许多组织机构给人写的鉴定评语一样，认真读完之后，你不知道这是一个什么样的人，似是而非，绝没有似曾相识的感觉，也没有如见其人、如闻其声的感觉，恰似锯好的木条，而非活生生的大树，不是一个个的生命实体，而是概念实体。我们常听说工厂生产的产品是有标准的，因为那是物件；而校长是人，是活生生的人，我们不能把一个大活人肢解成几大块（一级指标），每一块再肢解成几小块（二级指标），还不解恨，继续将每一小块再继续切碎（三级指标），一个活生生的校长成了器物一般的组装件，最终按照一定的模板拼装成一个所谓标准合格的校长。美国著名社会学家米尔斯（Mills）在《社会学的想象力》一书中提到，社会科学的研究表面上是非常经验化的，但是很多社会科学家面对社会经验的时候，只会看某个小问题或者用某个抽象的概念去判断这个问题，这使得经验研究变成了抽象的经验研究，这种研究是糟糕的。校长标准的制定者们就是在做这样一种抽象的经验研究，其实他们对现实的经验毫无感觉，只是用观念的方法编织起他们对标准的理解，这种情况下编制出来的标准可想而知只能是虚概念，用这种标准去评价现实中的学校校长就像用一把尺子去丈量现实的全部世界，最后只能得到很狭窄的东西，也是无意义的东西。

我们已经是不止一次地做这种看上去很美的事情，不知道为什么，我们各级领导都喜欢这样的作为，摆出来似乎很好看就够了。我们有校长标准了，高中校长有高中校长的标准，义务教育阶段的校长有义务教育阶段的校长标准，但谁也不去往深里想想，它到底有什么用，有多少实际意义。把它放到教育现实中去，立刻就可以显出它"虚概念"的原型，空洞而无聊。不妨看看——

若以此标准选拔校长，则几乎无人可做校长。这样一个十全十美的标准校长，在现实生活中无从寻找。事实上，没有一个教育局长、组织部长会以这样的标准去选拔校长，他们在选拔校长的时候脑海里都是一个个具体的人，每个人都活在他们心中，反复比较，反复权衡，最终选定。以此为标准，没有选拔意义。

若以此考核现任校长，则几乎成为空洞考核。按照这样一个抽象的标准考核校长，考核结果出来后，考核者不知道这个校长和那个校长的差异在哪里，不知道优秀的校长之所以优秀是什么原因，不知道合格的校长之所以合格是什么原因，不知道合格的校长之所以没有达到优秀又是什么原因；被考核者也不知道自己的努力方向是什么，哪里可以做得更好，哪里需要进一步改进，哪里需要继续坚持下去。这样一个看上去很全面的标准，却让人不明究竟。以此为标准，没有考核意义。

若以此培训校长，则培训出来的只能是"概念校长"。殊不知，现实生活中我们确实有不少所谓的专业机构、大学在干着这种吃力不讨好的事情，耗费了不少人力、物力、财力，其结果就是让许多校长学会了说、写一些流行的时尚概念而已，并未根本改变教育现状。以此为标准，没有提升校长办学水平的意义。

这样的"虚概念"，很多人把它当作宝物，这与"皇帝的新装"其实仅有一步之遥。或许有人会说"人家欧美国家早就有校长标准了"，也许真的是这样，但是我们同样也应该知道"人家欧美国家早就有垃圾了"，我们是不是也要把垃圾引进过来？事实上真的有人已经把欧美垃圾引进中国，而且产生了很坏的作用和影响。

我否定"虚概念"，否定"概念校长"，但我不是否认校长提升自我，而是希望鲜活的校长讲述真概念，讲述有意义的理想校长生活，讲述校长的真实修为，做一个有血有肉的校长。

我心目中理想的校长应该是什么样的？换句话说，一个优秀校长的核心素养是什么？

我曾经做过10多年的学生，作为学生，我希望校长是一个和蔼可亲的邻家大伯。他总是微笑地望着我们，从不厉声呵斥我们，从不跑到家长面前告我们的状，从不把期中、期末考试的分数挂在嘴边，从不把我们的分数排名张榜公布，从不把处分开除作为手段对待我们这些顽皮的孩子；我们实在无所事事，可以找他聊天；我们心有烦恼，可以找他倾诉；我们遇到困难，可以找他帮忙；我们若有心仪的人，可以请他参谋；我们若有开心的事，愿意与他分享；每天早上上学的时候，我们都能看到校长在学校迎接我们；每天傍晚放学的时候，他总在目送我们；当我们偷偷养的小宠物不被妈妈所容、被赶出家门，带到班级被班主任发现赶出教室的时候，校长看到了，二话不说就让宠物在校园里安了家，并让生物老师指导我们如何养好宠物；当我们在初中阶段成绩遥遥领先，而步入高中却每况愈下的时候，校长会把我们领到海边，看波澜壮阔的大海，看一浪高过一浪的海水，看远处高远的天空；当我们毕业很多年之后，还盼望着回到学校，看看校长的白发是否平添了许多，额上的皱纹是否深刻了许多，脚步是否依然矫健，身子是否依然硬朗，声音是否依然宏亮。这就是让我们终生牵挂、永远难以忘怀的校长。

我曾经做过 30 多年的教师，作为教师，我希望校长是一个经验丰富的智慧教师。当我刚刚走上讲台的时候，他总是默默地坐在教室的最后一个空位上，听我讲完课之后，他总是把我叫到一旁，和我回顾这堂课的过程，一起分析切磋，善意地提出批评和建议，让我感动许久，真盼着他明天再一次走进我的教室；当我是一个中年教师的时候，因为进入瓶颈状态不知如何是好的时候，校长总是给我现身说法，回忆他当年的情形，讲述他曾经有过的烦恼，以及如何找到新的生长点；当我踌躇满志准备申报特级教师的时候，他一方面很欣慰，一方面善意地提醒我答辩过程的注意事项，一时兴起还会充当临时答辩委员，来一次模拟考试、模拟答辩，让我信心百倍地走上人生重要的考场；当我们几个老师取得了一点小小的成绩，受到肯定或表彰，只要校长知道，他一定会在第一时间向我们贺喜，向全校老师报喜，从他灿烂的笑脸上，可以看出他是由衷的高兴；当我们步入老年，记忆力大不如前，一不小心也会在课堂上犯一些低级错误，学生在"教师评价问卷表格"中毫不客气地提出批评，自己很不以为然的时候，校长会很诚恳地和我聊他自己一次次的过失，一次次的遗憾，一次次的反思，直到我最终明白他的苦心；当我们退休之后，想找人聊天时，会不约而同地想到校长，我们一起把盏喝茶，说起当年一起教书的那些细碎琐事，那些让人忍俊不禁的轶事，一起开怀大笑……

我曾经做过 10 年校长，作为校长，我希望校长是一个身正为范的同行知己。我希望我们的校长正直、公平地对待每一个老师，公平地对待每一个学生，身上有正气，做事有原则，从不巴结上级领导，从不欺压教师、学生，也不在各种场合无端贬损其他校长同仁；我希望校长同仁不要做那些毫无意义的升学竞争，你的学校高考升学率或许高出一个或几个百分点，主要的原因是你的学校占有了更多的资源，你的老师和学生在你的领导下把这些资源在狭窄的应试领域效率最大化了而已，没有必要把自己的升学率夸大地到处炫耀；我希望我们的校长同仁应该是言行一致的人，不要在公开场合大谈素质教育，而回到学校加班加点大搞应试教育，周周练，月月考，次次考试排名；我希望我们的校长同仁共同营造一个真正和谐的校际生态空间。

我曾经做过 3 年的教育发展研究院的院长，作为院长，我希望校长是一个学高为师的学者校长。校长是书生，身上应该有书卷气。爱因斯坦说：人的差异在于业余时间。我希望在图书馆、书店里经常看到校长的身影，校长不应该经常出现在娱乐场所里。我不希望校长一定要有诸如市级课题、省级课题或教育部课题，因为我深知今天的课题研究已经充满了泡沫，但校长一定要有问题意识，而且要经常找老师聊聊，找学生开开座谈会，知道自己学校管理的问题在哪里，知道制约教师发展的问题在哪里，知道自己学校的课程问题在哪里，知道学校的课堂里出现了什么普遍性的问题。我不希望校长一定要出版所谓的专著，因为我知道现在的校长用公款买一个书号或者出版一本包销书实在太容易了，因为我见过一些校长的专著除了作者名字是自己的，其他基本都不是他的——或者是复制粘贴来的，或者是找"枪手"代写的。当然，如果完全是自己的作品，没有占用学校的公共资源，按照正常的出版程序出版自己的专著，那还是应该肯定的。我不希望校长有很高的学术水平，但多少要有一些理论修养；不希望校长满嘴跑理念，经常喊口号，但希望校长对自己学校的课程有自己的理解，知道自己学校课改的切入口在哪里，并有切实可行的具体思路；不希望我们的校长门门课程都精通，事实上也不可能做到，但希望校长应该精通自己本学科的课堂教学，并且触类旁通，能够走进所有学科的课堂，听课、评课，说出自己切合实际的意见和建议。或许作为校长的你曾经是一个学科的名师，甚至是特级教师，但是时过境迁你已不再熟悉课堂，毕竟你把很多的时间、精力用在了管理上，为了保持你对教学教育的敏感，除了要经常走进课堂，最好能亲自执教一个班的课，这样你就能够感知当下学校教育教学的实际情况，你就能在一定程度上填平你和青年教师之间的代沟，你就能缩短你和学生之间的距离，你就能发现当下学校的问题所在，从而做出比较切合实际的决策。否则，一不小心你就会犯刻舟求剑的错误，事易时移，你却浑然不觉，那么决策失误将在所难免。

我曾经做过一年的教育局副局长，作为教育局长，我希望校长是一个勇于担当的领军人物。一说领军人物，不要立刻就把自己当成官员，一个校长不应该有官气，动不动就把自己当作一个政府官员，而且很是荣耀，甚至常常颐指气使地对待老师、对待家长、对待学生。作为校长，希望你把学生安危、学生成长放在首位，学生在你的学校里是否有安全感，学生在你的课堂里是否有收获，学生在你的学校里是否健康成长？这是校长的职责，你责无旁贷！不要学生安全出了问题，你立刻找到十分合理的理由诿过于他人，推得一干二净，须知作为校长的你有不可推卸的责任，你必须担当起来。政府把你放在校长的岗位上，就是要你勇于担当，担当属于校长的责任。何止是出现问题时才担当，更多的是激流勇进的担当。当下社会的发展急需教育的变革，而教育界因循守旧、固步自封的现象还是非常严峻的，一个对社会发展有高度责任心的校长理所应当地承担起勇于改革、破除陈规陋习的责任——组织教师进行课程改革，针对学校、学生的实际情况，大胆而严谨地进行国家课程校本化实施，实实在在地提升学生的综合素质。不希望你的学校编写了多少门校本课程教材，但希望你的学校课程真实地服务于学生成长；不希望你的学生一夜之间分数提高多少，但希望你的学生学会面向生活，学会分析社会问题并解决实际问题；不希望你的学校三两年之内升学率提高多少，但希望你的学校管理以人为本，希望你的学校教育教学具有一定的文化品位，校园里弥漫着人性的文化氛围。这就要求你作为校长要基于国家的使命，基于民族的发展，基于孩子健康、阳光、智慧的成长，凝聚起一个学校的人心，集聚众人的智慧，领军破浪，扬帆远航！

我以为，走出"虚概念"，校长应该是一个有思想、有情义、有气质的活生生的人。

弃学校核心竞争力，取学校核心发展力

一、学校核心竞争力批判

"核心竞争力"这个概念源于企业，核心竞争力理论是当代经济学和管理学相互交融的产物。"核心竞争力"一词最先于 1990 年由美国经济学家普拉哈拉德和哈默（Prahalod & Hamel）在《哈佛商业评论》上发表的文章中提出。他们指出："核心竞争力是在某一组织内部经过了整合的知识和技能，是企业在经营过程中形成的不易被竞争对手效仿的、能带来超额利润的、独特的能力。"

进一步分析，核心竞争力可以表述为是企业长期形成的、独特的并不易被竞争对手效仿的，蕴涵于企业内质中的，支撑企业过去、现在和未来的竞争优势，是使企业长期在竞争环境中取得主动权的核心能力。

对于企业来讲，核心竞争力已经成为当今企业市场竞争成败的关键因素，是企业能否控制未来、掌握未来市场竞争主动权的根本。企业是在竞争中体现自身价值的，其竞争激烈的程度不亚于政治、军事等任何一种竞争，竞争直接关系到其生死存亡，企业在竞争中失败可以在瞬间倒闭、死亡。企业竞争的目标指向是发展自我，全面超过对手，或以智谋机巧战胜对手（巧取），或以雷霆之势压垮对手（豪夺），最终取而代之，实现行业垄断，或接近行业垄断，实现效益最大化。

功利是企业本质的特性，企业资本自有其拜金的天性，并带有军事竞争——战争那种嗜血的天性，所以几乎所有雄心勃勃的企业都有一个永恒的追求——做大做强。著名的历史学家布罗代尔（Braudel）在《反市场的资本主义》一书中提到：资本主义并不意味着自由竞争，而是形成垄断（往往是通过资本和权力的结合）以赚取高额利润为特征，因此是反市场的。现在企业界流行一种说法：一流企业做文化，二流企业做规模，三流企业做品牌，四流企业做产品。可见，企业在产品过关、品牌做成之后，就开始扩大规模了，这是它的根本诉求。

学校之间也存在竞争，但学校之间的竞争更多的应该是柔性的，一般不会那么激烈，不会出现你死我活的直接后果。学校竞争的目标指向不是压垮对手，最终取而代之，实现行业垄断，或接近行业垄断，不仅做不到，也不想做。牛津不想吃掉剑桥，剑桥也不想吃掉牛津，他们同样都不想吃掉弱小的学校。弱肉强食在学校之间不是定律。

学校的本质就在于"文化育人"。通过文化的传承和创新，实现个体的个性化与社会化的完美统一。正如曾任教育部部长的袁贵仁所说："所谓教书育人、管理育人、服务育人、环境育人，说到底，都是文化育人。"文化育人的关键是学校自身的文化建设和文化力的形成。因此，学校的目标指向是发展自我，沉淀自我的文化含量，提升自我的文化品位，成就自我的文化特色，培养造就有限多的优秀人才。学校一定程度上是超越功利的，从根本上说学校要的不是竞争，学校要的是发展；如果说企业更多的是强调外延的扩张（他们特别强调市场份额），那么学校更多的是强调内涵的发展。

从学校的自然属性来说，它并不希望把所有的学生都抢到自己的学校来，更不愿意兼并薄弱学校导致稀释了自己的文化含量。从这个意义上来说，学校的扩张兼并其实是违背它的天性的。兼并其实是社会需求、政府需求，而不是学校需求。

杜威在1921年即将离开中国之际发表演讲，他认为有两个障碍妨碍了中国教师的职业发展。其中之一就是学校与学校之间、教师与教师之间"竞争太甚"，"此心一动，则学校与学校、教师与教师间的联系的精神，往往因之破坏"（参见杜威《教师职业的现在机会》）。杜威所言切中时弊，直到今天仍然没有得到改观，学校之间围绕升学展开竞争——分数竞争、升学率竞争，进一步延伸下去就是招生竞争。学校有限的经费用在无序的招生竞争之中，完全背离教育的本真诉求。所以，学校核心竞争力不可提，提核心竞争力就是鼓励当下的应试教育，就是鼓励升学率的竞争，这将导致严重的后果。

以建平中学为例。世纪之交的建平中学有过成功与失败，可以说从策略选择上就已经注定建平中学的成功在于内涵发展，建平中学的失败在于过度扩张。具体来说，建平中学的成功在于其教育改革，这一内涵发展使建平中学走到了全国基础教育的前列。成功之后的基本策略就是扩张，不断地办分校，开始的成功导致雄心的膨胀，一度的理想目标是办 1000 所建平分校，结果，在上海以外所办的分校无一例外地全部以失败告终，寿命最长的不超过五年。

同样，全国各地的"南洋学校"也在短时间内以失败告终。我预计，与此相同或相近的办学模式都将以失败告终，包括北大附中的各地分校。原因很简单，这样做违背了学校自身的天性。中国如此，外国也是这样，学校过度扩张终究要导致败局。据共同社报道，日本最大的语言学校 NOVA 眼下负债 439 亿日元（合 3.85 亿美元），过度扩张和管理不善招致眼下败局。NOVA 自 1981 年成立以来，采用巨资投放广告与快速扩张的策略，占领了日本约一半的外语培训市场。NOVA 为学生提供英语、法语、德语、西班牙语、意大利语和汉语培训。学校大量雇佣外籍教师，声称可以为学生提供类似海外的语言环境。2005 年，NOVA 在校学生达到创纪录的 48 万人。NOVA 动画广告中的吉祥物小兔子风靡一时，公司也赢得"麦当劳式语言学校"的称号。但扩张过快导致管理混乱，NOVA 近年来发生因学费返还问题遭起诉等事件，形象遭受重创。失败是必然的，因为违背了学校的自然属性。

随着时代的发展，学校在一定程度上要逐渐扩大规模、增加招生以应对形势发展要求，这本无可厚非，但是这种扩大是自然的而不是强求的，这种增加是渐进的而不是冒进的。强求、冒进的结果必然会导致教学质量的下降。《文汇报》记者曾经采访过普林斯顿大学校长蒂尔曼（Tilghman）。

记者：我们注意到，你们大学没有商学院、法学院和医学院，既然你们这么有钱，为什么不扩大专业和招生？中国的大学现在不断扩张，校园和学生规模迅速扩大，普林斯顿大学有没有扩张的想法和计划？

蒂尔曼：我们已经在扩大学校规模，近年来我们的本科生规模增加了11%，研究生和博士的数量也有所增加。但是我们不愿也不可能成倍地扩大，因为我们学校成功的重要原因之一在于长期专注于两件事：一是本科生教育，二是学术研究。这是我们大学吸引学生的力量所在。我们提供的教育耗资很大，2/3的大一新生进校后都是12人一个班上课，我们为他们配备最资深的老师，如果扩大学生数量，就会降低教学的效率和质量。"

普林斯顿大学校长的做法是十分理性的，数量不能影响质量。事实上不是学校规模越大，学校的办学特色就越明显；当然也不是学校规模越小，办学特色就越明显。世界一流大学中没有哪一所是因为规模大、学生及教师多而著名的，质量高才是这些大学闻名于世的根本原因。美国排名在前一二十名的一流大学多为规模较小的私立大学，这些院校规模不大，却办得很有特色。麻省理工学院已有160多年校史，发展到现在教师也只有900多名；在国家科学研究委员会对全美大学的41个研究领域的排名中，该校在34个领域名列前三名，总的领先领域数位居第一名；其学生总数不足万人，但每年的新生中有93%是来自高中毕业班的前10%。不少优秀学校不求大而全，但求小而精，美国加州理工学院只有2000多名学生，规模只是其他一些大学的1/10，可它却是名扬四海的大学，因为这里的师生都是世界上最优秀的。截至2006年，加州理工学院已经摘取了32个诺贝尔奖。有记者曾经采访过院长夏莫（Chameau）。

记者：院长先生，我一直有这样一个问题，你们学院正式建立于1891年，你们有足够的资金、资源和名气，但你们为什么一直保持小而精的传统，始终没有扩大师生编制和学院的规模？

夏莫：我们从办学第一天起就决定选择最重要的科学领域，力争做得最好，我们不求大而全，但求小而精，重点集中在几个最重要的科学领域。最近 20 年来，我们学院因为小，相互之间的跨学科交往密切，这意味着我们要选择最好的学科，让最好的教员来工作，不能犯过多错误。我们学院招聘一名教员（指教授、副教授和助理教授）需要花很长时间，有时要讨论和审查好几年时间，因为我们要保证找到最好的教员，能与不同学科和不同分工的同事开展合作。

加州理工学院注重内涵发展，这种战略和策略保证了学校始终处于领先位置。相反，国内的某些大学片面追求"做大做强"，这其实是违背了教育规律。麻省理工学院现在还叫麻省理工学院，要是在中国早就改成什么大学了；波士顿还有一个波士顿学院，200 多年了一直叫这个名字。曾任中国科技大学校长的朱清时说："我们的高校，首先都想变成大学，而且要名称响亮，像专科、职业学校都变成了大学，学院也升格为大学，变成大学以后又都想变一流大学。现在中国教育观念的误区在于太单一化。"（参见《教育不能老折腾》，载《人民日报》2009 年 3 月 25 日第 11 版）

因此，我提出概念转换——与其说"学校核心竞争力"，不如说"学校核心发展力"。依据原点思维，回归到学校的自然属性，也就是从学校的天性上来思考问题，不再扩张，理性化办学。建平中学不与其他学校竞争，但与自己竞争，就是不断地发展自我、超越自我，走学校内涵发展的路子。于是我提出，"批判学校核心竞争力，建构学校核心发展力"。

二、学校核心发展力建构

1. 内涵发展就是提升学校的核心发展力

我们主张"注重内涵发展，办好优质学校"，就是要提升学校核心发展力，确立符合教育发展趋势的现代学校文化的战略规划；制定切合学校实际的以课程文化建设为抓手的战术策略。

学校的价值在于其深厚的文化底蕴、鲜明的品牌个性、名师效应、名人效应、特色的教育模式和特色课程等。

首先是有深厚的文化底蕴。比如清华大学的"自强不息，厚德载物"，北京大学的"思想自由，兼容并包"，这不是可以简单模仿的学校精髓，而是学校的核心力量。综观当今世界著名大学，都有好的研究传统，都有自由探索的学术氛围。丁学良教授认为，世界一流大学都是伟大的大学。"伟大"主要是就它的精神气质而言，既要挑战世界，而又包容世界；立足本国，而又面向全球；传承过去，而又超越过去；把握未来，而又脚踏实地。大学从诞生的那天起，其精神气质就是一种"普遍主义"。一流大学的普遍主义精神体现在普天之下都是我的领地、世界人才为我所用的气质之中，这就是学校的文化。

成就其深厚文化底蕴的首先是其一以贯之的鲜明的办学理念。牛津大学800多年发展中，形成了献身学术的精神，求实、辩证和以人为本的教育理念构成了牛津大学文化底蕴的基础，成为其文化底蕴的有机组成部分。斯坦福大学的"实用教育"理念从一开始就影响着这个学校的成长，斯坦福研究园区的成功与这种办学理念有着直接的关系。耶鲁大学的"教育不是为了求职，而是为了生活"的教育理念，是该校实施教育目的多重性和坚持人文主义精神及"自由教育"原则的理论基础。

其次是有鲜明的品牌个性。这种个性集中体现了学校的品质和品格，是学校知识体系和价值体系的形象特征。比如美国的哈佛大学、英国的牛津大学等，这些学校都是优秀学生的向往之地；芝加哥大学的"研究工作是学校的主要工作"的办学方针和以"哈珀计划"为代表的服务社会的品牌效应，与"芝加哥学派"的形成及该校师生有69人获得诺贝尔奖有着必然的联系。曾任中央教科所所长的朱小蔓教授在其报告《学校品牌管理：一种道德模式》中提到"学校品牌的发展战略是多样化、特色化，以生态原则为基础，珍惜独特性，这种独特性又是可共享的"。叶澜教授在其报告《文化生态的复杂性与中国学校文化的发展》中提到"学校在共同背景下所保持其独特性，这种独特更美丽"。朱、叶两位教授的提法有异曲同工之妙，不约而同地指向学校文化，指向共同背景下的独特学校文化。学校文化就是学校的个性所在，是学校的特色所在。学校文化反映了一个学校内部隐含的主流价值观、态度和做事方式。这种价值观、态度和做事方式可以使一个学校保持相对长期的繁荣，也可以使一个优质学校停滞不前。优秀的学校文化引领并影响着学校发展。

再次是名师效应和名人效应。哈佛大学大师云集，培养出的人才出类拔萃，历届经济学诺贝尔奖获得者中有 1/4 来自哈佛大学，有 2/3 的世界 500 强企业的总裁毕业于哈佛大学，还有六位美国总统毕业于哈佛大学。牛津大学的教师队伍是世界一流的，培养出来的学生也是世界一流的，如《英国名人录》中有 1/4 即 5000 多人是牛津毕业的，近百年中的英国首相就有四位毕业于牛津大学，现有教师队伍中大部分都是位于学术前沿的世界一流学者。巴黎高等师范学院引人注目，主要是由于这所学校培养出像阿尔都塞、德里达、萨特、福科、迪比等一批享誉世界的作家、哲学家、社会学家、历史学家和众多诺贝尔奖得主，还有一大批包括法国总统、总理在内的政界要人。

最后是特色教育模式和特色课程等。英国的牛津、剑桥，美国的哈佛、耶鲁、麻省理工、伯克利这些堪称世界一流的大学往往是在某些学科领域处于世界的最前沿，形成自己的特色课程，产生广泛的社会影响，从而提升和确立了学校的国际地位和知名度。

学校是全息的生命体，是有生命活力的文化主体。它是靠文化成就自我，实现学校价值的。学校核心发展力就是学校发展的根本要素，学校发展的原动力是一种扎根于学校组织内部，能够促使学校成为自主、自为、自律、可持续发展的文化主体的能力，是一种促使学校充分开发办学资源、积极利用办学资源，并使学校资源转化为学校文化，实现教育功能的能力，可以说就是学校这个生命体的 DNA。

为什么要建构学校核心发展力呢？

就理论来说，建构学校核心发展力具有战略价值，为学校带来长远的发展空间。核心发展力具有集合性、延展性，它是一种基础性能力，是其他各种能力的统领，可以使学校向更有生命力的方向发展。学校要可持续地健康发展，就必须培育学校的核心发展力；没有学校的核心发展力，就没有学校的可持续地健康发展。

就现实来看，当前教育界存在两种重要缺失。第一，教师个体动力缺失。虽然教师培训搞得如火如荼，但是培训囊括了教育理念、教育思想、教育伦理、教学资源、课程教材、教育方法、教育模式、教育技术、教育评价等方面，但唯独忽略了教师个体的内在动力，这几乎是世界上所有国家的中小学教师培训共同遭遇的问题。教师培训是政府行为，是领导需要，是有识之士的见解，但没有成为教师们普遍的内在需求，接受培训是任务，是不得已而为之的事情。这样当然影响了教师个体的文化素养，影响了学校团队的文化精神，影响了教师个体的发展，弱化了学校的核心发展力。第二，学校主体性矮化。其一是在不少地方，教育局长决定着学校的一切，校长围着教育局长转，教育局长掌控学校的办学大权，支配着人、财、物许多方面，而且还决定着学校的发展方向、发展规划、发展措施，甚至决定着学校订什么教材、教学参考书、教辅读物、练习册，教育局长成了"大校长"。其二是局长通过不断开会和校长培训，通过对学校和校长的检查、督导、考评、评比、评审、评选，无休止地给学校和校长下达没完没了的任务，校长成了完成局长任务的工具，学校也成了一种工具存在，所谓学校自主办学成了一句空话。外在力量的格外强势，导致学校主体力量的弱化。学校是文化主体，如果其主体性矮化、学校成员的主体意识弱化，那么当然就缺失了学校核心发展力，所谓学校的自主、可持续的发展将无从实现。

2. 如何提升学校核心发展力

学校应该回归他的本体存在，也就是主体存在、文化存在，那就要重建学校核心发展力。学校核心发展力的要素首先是人，学校发展需要具有理想的高素质的文化人，既包括个体，也包括团队，既需要个体的文化素养，也需要团队的文化精神。其次是课程，学校是通过课程来实现自我价值的，所以课程里面凝聚了学校主体的文化素养和文化精神，其课程品质直接反映了学校的核心发展力。同样，要提升个体的文化素养，团队的文化精神，课程改革当然是必由之路。

第一，激发教师理想，提升教师文化修养。

有理想、有正确的价值取向、有先进的教育哲学观、有人文情怀、有深厚的文化修养的文化人，既包括师生个体，也包括师生团队，既需要个体的文化素养，也需要团队的文化精神。

学校的教师应该成为憧憬未来的追梦之人。优秀的教师心中有梦：将学校建成教师、学生、社区、家长共同向往的精神家园，真正实现美好愿景。

教师作为知识分子，应该具有这样的文化素养：开阔的视阈、独立的见识、宽广的胸怀、自由的心态。教师应当有一种优游的气度、自由的情怀、人文的理想、追梦的执着，努力追求美丽的教育乌托邦。没有文化的教育是可怕的，学校里纯技术、纯事务、纯分数的行为，都在消解教育的人文含量，使教育以功利化的行为表征呈现。当教师"目中无人"，仅有分数，仅会提高学生分数的时候，就到了校长、教师该自我反省的时刻了。学校没有理想、没有精神、没有文化，就如同法院没有公平一样，是十分可怕、可悲的，学校教育将完全变味。

我们要提升的既是教师的个体素养，同时还有学校团队的整体素养，既团队精神和团队文化，在学校相对纯净的狭小范围里建立一种共同的价值取向、共同的教育哲学思想，营造一种学校精神氛围、文化氛围。学校精神是学校向心力、凝聚力、责任感和使命感的集中体现，是一所学校在其发展过程中形成的代表全体成员心愿、意志，并成为激发全体成员积极性和创造性的无形力量，是学校哲学、价值观念和道德观念的高度概括，反映了全体员工的共同追求和共同认识，是学校文化的灵魂，是学校的旗帜。

在学校这样的精神家园里，师生有着共同的价值观，有着共同的理想愿景，校长最重要的角色就是学校文化的领导者。学校文化就是学校大部分人的共同价值观和行为模式，是学校风范和学校精神。制度是对师生的外在约束，文化是对师生的内在约束。校长是学校文化的领导者，教师是学校文化的传播者，要使教师、学生认同学校文化，以发挥学校文化对师生精神成长、对学校发展的推动作用。学校既要培养学生专业技能，更要培养学生的伦理道德、人文精神，使之对历史与文化有感情、对传统与伦理有温情、对乡土与社区有热情，使之学会社会关怀、人文关怀。这样的学校是具有意识的生命体，精神文化活动非常丰富。教职工具有共同的意识和价值观念、强烈的责任感和使命感，学校因而具有强大的原动力。

曾任上海北郊学校校长的郑杰说："到北郊学校上任的第一天我就对教师们讲，我们一起来做一个梦，把北郊学校变成人类精神文化的寄居地。今天，我们每个北郊人仍然在为这个梦努力着，学校文化也正在慢慢形成之中：文化凝聚人心；文化缓解了各类冲突；文化是个'场'，这个'场'可以起到人治、法治所起不到的作用，而这个'场'的最终作用可能正是'还学校本来的样子'。教师很大程度上应依靠一种精神气质和经验开展教学。现在教师最欠缺的是教育理想。如果教师没有这种理想，如果连想象中的教育应该是什么，要培养什么样的人都没有考虑，那要专业化方面的技术知识干什么？如果教师没有给学生特别的爱，为学生带来人生幸福，即使拥有再多的师生交往技巧，却不能用心来贴近学生，那这个技术有什么用？所以我觉得现在教师队伍中主要存在的问题在于精神缺失，这是个很大的问题。而我们要做的就是给教师'补钙'。在我的理想中，教师应是有个性的，教育应该是多元化的，我甚至反对一所学校用同一种教育教学方法来教授某一门学科。如果教师是一种职业的话，它应该是一种准自由职业。太强调统一反而平息了教师的灵气、创造力和个性。我决心把学校文化制度建设好，因为学校文化是学校的基因。如果一所学校的文化已经积淀到一定程度，那么任何一个新校长来到以后，不出一两个月，就被这所学校同化了。我非常相信文化的力量，而且它能产生持久的影响力。"（参见沈祖芸、陈骁《这样的改革"另类"吗》，载《中国教育报》2003年5月13日第3版）

曾任悉尼大学校长的盖文·布朗（Gavin Brown）教授说："大学的发展基础是很多浪漫的理想。"没有理想的学校是没有未来的，理想和理念是学校核心发展力的本质和精髓所在。教育者应该是憧憬未来的追梦之人。

第二，建设富有文化特色的品牌课程。

学校主体主要是通过课程来创造学校文化的。从学校目标的实现途径来看，学校是通过课程来实现自我价值的，所以课程里面凝聚了学校主体的文化素养和文化精神，其课程品质直接反映了学校的核心发展力。同样，要提升个体的文化素养、团队的文化精神，课程改革当然是必经之路。

通过建构课程来高扬并传承人类积极的精神文化，创造师生的精神家园。学校是人类精神文化的寄居地，以严格的要求规范学生，以优良的校风影响学生，以高尚的师德感染学生，以优美的环境陶冶学生，以崇高的典范激励学生，以扎实的课程发展学生，以丰富的活动提高学生，以现代的观念武装学生。曾经培养出了 19 位首相的伊顿公学很显然是一流学校，他们的选修课设置得非常多，可以说只要学生有需求学校就争取开设，没有老师就请辅导员，比如让警察来教防卫知识，让医生来教紧急救助等，即使是一个学生想学，学校也会开课。像伊顿公学这样的一流中学，他们是把先进的教育理念体现在教与学的行为中，把平凡的教学行为做得出色，把出色的教学行为变成日以贯之的常态化。亚里士多德曾经说过："我们每一个人都是由自己一再重复的行为所铸造的。因为优秀不是一种行为，而是一种习惯。"

在这样的精神家园里，师生的生活质量得以提高，师生在校园里具有愉悦感、充实感、成就感。他们身心愉悦、心灵舒展，没有疲惫感，也没有压抑感，身心放松和舒适；他们内心充实，有丰富的精神生活，没有空虚感和无聊感，而有日渐明确的生活目标；他们能够体验到成功的喜悦，感受到成长的快乐，有一种积极的自我评价。

在这样的精神家园里，充满着开放、创新的气息，这样的学校是一个创新型的开放环境，是适宜培养和造就创造性人才的优质土壤。"精英人才的脱颖而出，不在于学校教给他多少知识，更重要的是为他创设一个优质的环境。"在这样的学校里，学生能够从校园生活中获得乐趣，能够以学习为乐；教师能够让他的学生分享自己的精神愉悦、精神享受。

"千校一面，万人同语"

——基础教育学校同质化现象批判

经过近 20 多年的教育教学改革，中国的基础教育有了很大的发展，取得了有目共睹的成绩。但我们也清醒地看到，各个地区、各个学校发展极不平衡，于是教育均衡化的理念及其推动措施不断现实化，很显然这是针对薄弱地区、薄弱学校所采取的措施。而发展较好的一些地区和学校也出现了不少值得我们深思的问题，比如在许多学校之间存在的同质化现象，千校一面的办学理念导致学校文化趋同、课程趋同、教学模式化，丧失个性。具体说来，就是"千校一面，万人同语"。

一、千校一面

"千校一面"也就是校与校之间差异不大，基本雷同，无论是办学目标还是教育理念，无论是改革目标还是具体措施，无论是课程设置还是活动安排，学校与学校之间缺少差异，学校个性日益模糊，表现为学校日益趋同。究其原因，与现行的主管部门行为和学校自身行为有密切关系，如由主管部门推动的各种教育达标工程，实验性、示范性学校评审，各级相关部门的监督、检查、督导，而且检查标准统一，验收内容统一，加上各种宣传、经验介绍，客观上导致学校逐渐趋同。

初中学校搞达标工程，高中学校搞实验性、示范性高级中学评审，为此制定了相关的标准，所有参评的学校必须严格按照标准去落实，这个达标工程和示范性高中评审对基础教育影响很大，历时五年，经过了四个阶段：第一个阶段是督导，第二个阶段是规范评审，第三个阶段是中期检查，第四个阶段是总结性评审，校长们都是经过专家的反复考问，学校都是经过专家的认真检查。通过这样的评审，学校有了脱胎换骨的变化：过去学校办学都是凭经验办学，校长凭着自己对教育的理解，按照自己的工作习惯办学；现在的实验性示范高中走向了规范化办学，学校有了一定的教育理念，制定学校发展规划，按部就班，规范严谨。很明显，不论是初中阶段的达标过程，还是高中示范性学校的评审，整个过程既是一个规范化的过程，同时也是一个标准化的过程，是科学化的过程。与过去经验性办学相比，可以说是一个进步。

我的观点是，当一所学校在没有规范的时候，必须首先建立规范；但一所学校已经形成规范的时候，超越规范就是必要的。从没有规范到建立规范，从建立规范到超越规范，这是我所理解的学校办学规范的辩证法。没有超越规范，学校就没有发展；都停留在规范性办学的基础上，学校就没有个性，没有发展。为什么要超越规范、实现个性化办学？曾任浙江大学校长的杨卫说，这就像一个生物的种群，要想发展，一定要保持自己的多样性（参见《中国大学，如何迈向世界一流？》，载《人民日报》2008 年 5 月 6 日第11 版）。曾任复旦大学党委书记的秦绍德也有类似的看法：一是不切实际竞相追求"升格"的现象愈演愈烈。专科升本科，成了本科院校再争硕士点，有了硕士点又要争博士点。学校间不分类型、不分层次，互相攀比，都向综合型大学发展，千篇一律，全然不顾原有的基础和特色。生态学中有一个概念叫"生物多样性"，趋同化的结果必然导致高等教育生态的破坏，不利于高等教育的可持续发展（参见《办大学，莫违"生物多样性"》，载《人民日报》2009 年 2 月 19 日第 11 版）。个性化办学，学校才能各具特色，才能保持多样，学校这个种群才能发展。

在建立规范之后，学校应该超越规范，超越规范就是指学校办学要个性化。曾任英国剑桥大学校长的艾莉森·理查德教授在复旦大学的讲演中提到："大学之所以卓尔不凡，不仅因为这些大学具备了在世界范围内使它们成名的一致性，还因为它们各有各的独特性。这些独特性使我们很难根据一个泛泛的标准对它们进行排名，甚至这种排名本身很有可能毫无意义。"（参见《差异与优势：对杰出大学的反思》，载《文汇报》2006年5月28日第6版）2006年11月底，英国召开了特色学校大会，时任英国首相的布莱尔在会议上发表演讲，他指出："当今教育的要旨就是个性化学习，要充分认识不同的儿童在不同的科目有不同的能力。但是，个性化学习不仅事关每个儿童走出独特的道路，还事关每一所学校都走出独特的道路。"（参见《静下心来教书　潜下心来育人》，载《中国教育报》2007年10月16日第6版）走个性化办学的道路，办出学校的特色，是全球共识，是基础教育也是高等教育的共识。

那么，如何来超越规范？个性化不是高考升学率高，不是奥林匹克竞赛金牌多。有些学校引以为傲的是它的高考升学率很高，然而高考是学校一个方面评价终端的呈现，以一个方面代替整体，显然是以偏概全，以终端代替整个过程同样也是错误的。有的学校奥林匹克竞赛金牌比较多，因此号称金牌学校，但是竞赛的金牌也不是它的个性，竞赛只是学校工作的一个方面，而且任何学校参与竞赛的老师或学生都只是少数。如果把金牌当作学校的个性，我以为这样的理解显然是简单化了。还有一种情况是把口号当作个性，据老教育家吕型伟先生统计，各种各样的"××教育"有658种之多（参见《教育：我最近在想什么？——吕型伟访谈录》，载《教育发展研究》2005年第18期）。现在口号太多，经过多年的校长培训之后，所有的校长都能喊几句口号，什么快乐教育、责任教育、人格教育、愉快教育、挫折教育等，但是如果口号只停留在口号的层面上，那么它也不能成为学校的个性。

学校的个性是学校的文化个性，是学校的文化内涵，是学校的办学特色，是学校的精神积淀。学校的文化个性是这所学校十几年、几十年、上百年的校长、老师、学生沉淀下来的精神风貌、工作习惯、学习风气，它弥漫在整个校园之中，它体现在学校的方方面面，它通过师生的言语、教育的细节、活动的内容呈现出来，它通过校园里的一花一草、一桌一椅述说着这个学校师生员工的价值追求。学校文化说到底就是这所学校的师生员工对教育的哲学思考、价值取向，是他们的言语方式、思维方式、行为方式，在这些方面呈现出来的特征就是学校的文化个性，也就是学校的个性。我们走到清华，走到复旦，走到耶鲁，走到哈佛，扑面而来的感觉是不一样的。也许你未必能够说得清楚清华的文化、北大的文化，但是你分明感受到这两所学校是不同的；走到剑桥，走到牛津，你分明感受到这两所学校的文化风格是不一样的。

清华"自强不息，厚德载物"，北大"思想自由，兼容并包"。两所学校的文化特色深深地影响了生活在这个空间里的教师和学生。北大提倡"兼容并包"，有"民主""自由"之风；清华提倡"厚德载物"，有"严谨""认真"之风。

所谓学校个性，绝非一朝一夕自己贴上标签，或者被别人贴上标签，也绝不是一时广告宣传和媒体炒作的产物。所谓个性化办学，不是心血来潮的一次临时决策，不是追赶时尚而做的短期行为。学校的文化个性是不可能一蹴而就的，它是指一所学校在长期的个性化办学过程中逐渐形成的比较持久稳定的发展方式和被社会公认的、独特的、优良的办学特征，并具有与时俱进的时代性和相对稳定性。它有明显区别于其他学校的办学风格或优良特点，而且这种区别成为被广泛认同的优势，这种优势达到其他学校短时期内难以企及的程度时，才构成一所学校的特色。它可以是人无我有、人有我优，也可以是人有我无。比如，美国纽约国际银行在刚开张之时所做的广告：一天晚上，全纽约的广播正在播放节目，突然间，所有的广播都在同一时刻向听众播放一则通告——听众朋友，从现在开始播放的是由本市国际银行向您提供的"沉默时间"。紧接着，整个纽约市的电台同时中断10秒钟，不播放任何节目。于是，"沉默时间"成了纽约市民茶余饭后最热门的话题，国际银行的知名度迅速提高，很快就家喻户晓。学校教育也是这样，别人补课，我不补课，大家都提"××教育"，不提的学校就是特色。因不标榜而显得卓尔不群。

学校个性集中体现在学校的办学理念和学校的课程以及课程文化建设方

面，其表现为与众不同的校风、学风、师资水平、学科专业、制度规范、教学与研究方式，并具有以此确立学校的地位和影响，带动学校整体的可持续发展的特性。

二、万人同语

所谓"万人同语"是指老师们、校长们的话语内容、话语方式的趋同性。例如，一开始说"以人为本"，大家都说"以人为本"，后来改为"以学生发展为本"，大家都说"以学生发展为本"；"校本"概念一出现，一系列"校本"概念相继出现，校本培训、校本管理、校本课程、校本教材应声而起；一提研究性学习，从幼儿园到高中，整个基础教育的各个阶段、各所学校、各个学科都在表明自己在进行研究性学习。

很显然，校长、教师们在追风逐浪。风从何来，浪从何来？我们可以看到，"风浪"来自于教育理论家们，是教育理论家们在"兴风作浪"。他们通过发表论文、出版著作，通过各种教师培训、报告，在传播他们的声音。再进一步追问下去，他们所兴之"风浪"，又从何而来呢？仔细研究可以看到"西风紧，满地黄叶飞"这样一种现象。不少教育理论家翻译、编译了许多西方发达国家的教育理论著作，用他人的思考来代替我们自己的思考，用他人的理论来作为我们自己的理论，用他人的实践来代替我们自己的实践，甚或用他人的实践来规定我们的实践，那就有问题。这些理论著作直接影响了我国教育界，而我们不难发现其中隐藏了一种话语霸权，这就是西语霸权。

应该说，这样一个阶段是必经之路，赵毅衡先生说："就一个世纪的中西文化交流而言，基本态势是：西方文化人来中国，是当老师；中国文化人去西方，是当学生。一百年来，这个格局基本上没有改变。"中国学生是从西方文化人身上学到了不少东西，西方发达国家的教育思想冲击了我们的陈旧观念，开阔了我们的眼界视域，使我们在长期的摸索中豁然开朗，看到了一片全新的天地，于是我们开始模仿别样做法。

同样，这种现象也是值得我们反思的。我们也应该清醒地看到，这中间有一种"贴标签、换概念"的现象存在，基础教育界几乎是万人同语，流行什么概念，就群起而说之。

第一种表现是不读原著，不问含义，拿来就用。例如，《第五项修炼》一炒作，于是自上而下都在谈"学习型××"，从学习型城市到学习型班组。但事实上很多人根本连《第五项修炼》这本书都没有认真读过一遍，对学习型组织的概念根本不清楚，就大谈学习型组织。他们以为鼓励大家学习就是"学习型组织"，他们不知道彼得·圣吉（Peter Senge）强调学习型组织的本质特征是"创新""成长"，即知识创新、学习方法创新，组织成长和员工成长；他们不知道判断学习型组织的主要尺度就是看你这个组织的知识创新能力，看你能够进行创造性劳动的高素质管理者和员工队伍的质量与数量，看你的管理者、员工学习力和创新力的提升以及全面发展的成果。"学习型组织"的内涵，已经不是一般地强调个体学习和组织学习，而是要能够不断主动学习，持续创造，真正与时俱进，与信息社会发展相适应的那种创造性学习；已经不是一般地强调学习的必要性、重要性，建立一般的学习制度，而是要形成一套推动全体员工不断学习、终身学习的学习机制，促使从领导到员工不断更新知识、更新观念，形成反思、反馈、共享、互动的那种有活力有效益的学习；已经不是一般地倡导某种学习方法、制定某种学习纪律，而是培育与知识经济发展相适应，与系统论、控制论、信息论和先进管理理论相匹配的一整套学习技术和方法，不断提高创新力、领导力、执行力的那种变革式学习。"学习型组织"所指的学习不同于一般人理解的吸收知识或获得信息的学习，这种真正的学习涉及"人之所以为人"这一意义的核心，透过学习，人们重新创造自我，能够做到从未做到的事情，重新认知世界及人与世界的关系，扩展创造未来的能量。

第二种表现是为时髦而时髦，不论有无用处。这几年的基础教育界，一波又一波的概念潮流不断涌现，什么研究性学习、合作学习、教师专业化发展，时髦什么就赶什么，流行什么就追什么。李镇西老师曾经提到，国内一些学校把苏霍姆林斯基当作包装的标签，把学习苏霍姆林斯基当成炒作，当成提升学校档次或知名度的招牌。过去他在一所学校担任副校长的时候，就跟乌克兰基辅苏霍姆林斯基实验中学签订了建立友好学校的协议。但实际上由于语言不通、交通不便，两校之间很难有真正的交流，所签的协议书不过是一纸空文而已。

第三种表现是追逐时尚却错误地运用别人的理论，或者说就是偷换概念。加德纳（Gardner）到上海之后，与记者有一番对话很有意思。加德纳问记者："你能否解释多元智能理论在中国成功的原因？"记者回答："美国人喜欢多元智能理论，是因为美国人突出个性，认为每个孩子都是独一无二的，每个美国人都想知道自己孩子的基因突出了哪种智能。而在中国，家长和教师们希望每个孩子都能开发出这八种智能。"由此可以看出记者已经敏锐地看到，起码在一部分教师、家长眼里，多元智能理论已经被误解了，和加德纳的原意不同了。他们借用多元智能理论要把自己的孩子培养成全才，甚至不惜牺牲孩子的自由生活，"偷窃"孩子的假期。南京一名五年级学生小汤通过考试获得了44份各种各样的证书，她从三岁开始拼搏，失去童年，而家长却浑然不知，反而引以为自豪。事实上，这种不惜以牺牲孩子幸福童年为代价来换取知识技能的现象，在亚裔父母身上比较突出，美国亚裔父母眼中的好孩子有10条标准：（1）高考得满分；（2）会拉小提琴或弹钢琴，而且要达到能在音乐会上演奏的水平；（3）申请报考20多所高校，并且全都通过录取线；（4）考入全美名校，而且能获得足以支付学费的高额奖学金；（5）有四样爱好，第一是学习，第二是学习，第三还是学习，第四是喜爱弹钢琴或拉小提琴；（6）喜欢古典音乐，不喜欢"煲电话粥"；（7）考取有高额奖学金的博士研究生；（8）立志成为一个脑外科专家；（9）与一位亚裔美国医生结婚，儿孙也非常成功；（10）喜欢听父母亲讲述他们过去的故事，尤其是他们赤着脚走20多里路去上学的艰苦经历。这些标准很可能就是这些亚裔孩子们编撰的，但是也的确反映了家长们的真实心态。

英国教授约翰·怀特海（John Whitehead）说：人类根本不存在多种智力，现有的智力划分是一些人无中生有的观念；教师以这种理论"哄"学生以非传统的方式学习，在一定程度上是对孩子天性的人为限定。加德纳在2004年北京多元智能的国际会议上十分认真地指出："多元智能本身决不能成为教育的一个目标。"（参见田友谊《多元智能热的"冷"思考》，载《上海教育科研》2006 年第 3 期）这些话语有助于我们做出正确的选择。面对时髦，我们首先应该问一问它的含义是什么，它是正确的吗，它适合我们吗。我们必须保持足够清醒的头脑，应该有理性的判断。

潮起潮落，大浪淘沙。殊不知，在潮起潮落的过程中却淹没了校长的个性、学校的个性。如果 50 年后的校长要查看今天校长的办学思想，会吃惊地发现：他们怎么说的都是一样的话啊？中国的教育学是"进口的教育学"。

其实，任何一所学校都是具体的、独特的、不可替代的，它所具有的复杂性是其他学校的经验所不能完全涵盖的，也是理论所不能充分验证、诠释的。追风逐浪、大浪淘沙的过程却淘尽了校长的思想，淘尽了教师的原创能力，使我们的教育界患了可怕的"教育失语症"，我们的校长、教师不会说话了，不会说自己的话了，以致在自己的领域里失去了话语权。

我们说教育界失语，仅以校训为例即可看出。校训是学校对办学理念、人才培养要求和学校特有精神的一种表征形式，是对其人文传统、治学精神、办学风格的理性抽象，是学校展示给社会和历史的一张"文化名片"。校训在形成学校精神、促进学校发展、铸造师生灵魂中起了独特的不可替代的作用。校训作为价值原则的集合，在校园生活中，犹如春风化雨，以其无形的控制力、感染力、凝聚力规范着师生的思想作风与行为倾向，从而形成学校的历史传统，外化为生动的人文景观，营造出独特的学校文化。校训不在调子高、气派大，而在于有特色和个性，融古通今，辞精义达。但是现实的情况是，学校的校训惊人的雷同。据陈桂生研究校训的情况看，现行的学校校训在句式、用语上十分雷同。句式：在 207 则中等学校的校训中，以"四言八字"句式表示的有 122 则，"二言八字"的有 17 则，共占总数的 67%。用语：中等学校"四言八字"句式 122 则，共用 133 个词语，常用词 5 个，即求实（64 次）、勤奋（60 次）、团结（55 次）、创新（38 次）、严谨（31 次）。高校也是这样的。句式：在 99 则高校校训中，以"四言八字"句式表示的有 68 则，"二言八字"的有 13 则，共占总数的 82%。用语：在高校"四言八字"的 68 例中，共用词语 50 个，其中有 5 个常用词语，即团结

（48次）、勤奋（48次）、求实（37次）、创新（37次）、严谨（20次）（参见陈桂生《漫话"学校形象设计"》，载《教育发展研究》2000年第12期）。

词语的雷同，反映出语言的贫乏，校长、教师失去了话语能力之后将会导致多么可怕的后果！教育的失语将会导致我们整个民族患上"民族失语症"。据《解放日报》报道，2005年7月30日，由国内15所名校中文系联合发起的"第二届全国语文之星夏令营"落下帷幕。在为期五天的活动中，来自全国各地的200多名高中语文爱好者接受了15所名校的文学院院长或中文系主任的"零距离"考核。考核的结果令教授们失望，学生用语高度一致化，缺少个性化的语言，几乎成了目前中学生作文的一个通病。"痛，并快乐着""将……进行到底""一道亮丽的风景线"等语言的泛滥，无异于一种新八股。据《2007年中国语言生活状况报告》分析，带有"门""族"等后缀的词族化词语在新词语中占据了27.55%，这种过度使用折射出国人语言能力的贫乏（注：以"门"做后缀的词语，最早出现在美国的"水门事件"中，之后冠以"门"字的词基本都是指影响力很大的丑闻）。有着几千年活力的汉语言，为何在现代化的今天变得如此干瘪无味、面目可憎？作为教育工作者，作为校长、教师，难道不应从中进行反思吗？

吴建民曾经说过，在他担任中国驻法国大使的时候，每年光副部级以上的代表团就要接待200多个。"很多代表团在介绍他们那儿的投资环境时，都喜欢使用一个令外国人感到莫名其妙的词——热土（hotland）。还有，不少国内去的官员喜欢大嗓门讲话，念稿子念得满面通红，还喜欢长篇大论。""有的代表团，万里迢迢到国外招商，请了很多人，介绍自己的省份或者城市时，一上台先说天气：'在这个春暖花开的季节，我来到美丽的巴黎，巴黎人民有光荣的革命传统……'好不容易讲到正题了，又是一大堆让人云里雾里的话语，把大量时间浪费在充满套话、废话和空话的无效交流上。一些官员喜欢一上台就是'尊敬的××、尊敬的××……'，八个'尊敬的'下来，三分钟就没有了；还有的官员讲话喜欢滥用'世界领先''国际水平'等形容词。有些话自己人听了也许很高兴，但外国人听了就不一定了。"

上述官员都是近30年的教育培养出来的，教育界的话语能力直接关系到整个民族的话语能力。

一个民族如果失去了自己的语言，就失去了自己的文化，失去了个性特征乃至一种精神，从人类文化整体上说，也就失去了其文化个性。话语能力实际上又是一个民族创造力的直接外化，语言的贫乏反映出思维的狭隘、创造力的弱化。

我们强调教育的本土经验，目的不是去验证西方理论的对错，而是为了更好地理解和把握中国教育，解决中国教育的问题，促进中国教育的发展。我们反对西方教育话语的霸权，争取我们的话语权，正是要打破话语霸权的封闭，在教育本土化的过程中推进话语权的重构，使我们的教育话语获得开放性以更好地面对中国教育的实际。

三、全能制度

基础教育界与其他行业一样，也在热衷于谈论建立现代制度，并进而将制度全能化。所谓全能制度，亦可说是制度万能，即相信制度、机制、体制能够解决一切问题。具体表现为将任何问题都归因于体制、机制、制度问题，这是一种单一归因的方法。其实不仅是教育界，当今中国社会几乎在任何一个领域都出现了这样一种状况，把所产生的一切问题都归结到机制、体制、制度上面。面对教育方面的诸多困惑，教育界的解困药方就是建立现代学校制度。亨廷顿（Huntington）指出："所谓制度是指稳定的、受到尊重的和不断重现的行为模式。"制度是人制定的，然而制度一旦制定之后，人就要受其约束，不能轻易改变了。或者说制度是人们共同约定的行事规则，它不是一种弹性的、脆弱的东西，而是一种刚性的、坚固的东西。规则对事不对人，既然已经制定，就得共同遵守，除非事先对规则做出更改。

建立现代学校制度无疑是必要的，其作用在于理顺关系：理顺外部关系，理顺学校与政府、社会、家长之间的责、权、利关系；理顺学校内部的关系，理顺学校三方面主体——校长、教师、学生的责、权、利的关系。同时还具有规范作用——规范流程，规范学校管理流程。

同样，对这种现象我们也要予以反思，这种单一归因的方法是人心急切的表现，也是心态浮躁的表现。这种试图"毕其功于一役"的想法、做法，未免失之于简单化，不论制度多么全面，总有达不到的地方，也总有不能起作用的地方，制度达不到、不能起作用的地方是文化在起作用。而且制度的背后、制度的执行是文化在起作用，制度背后还有更深层的文化问题，即组织成员的内隐规矩和内隐概念。文化是一个民族也是一个团队生存和发展的本质性力量。内力丧失必然缺乏反思，缺乏反思必然趋同。况且制度只能界定人的工作底线，而只有文化才能开掘人的潜能。有些学校忽视现代学校文化和以此为基础去建设现代学校制度，导致校内各人群难以形成普遍认同的教育核心价值观、办学核心理念，使学校的发展缺乏强劲的持续力。

文化是制度的根，现代学校文化建设是现代学校制度的基础。只有深刻体悟现代学校文化，然后根据学校的情况把它变成制度文本，并用各种方式让它融入到全体教职工的血液里去，这样，现代学校制度建设才有很好的基础，才有可能形成好的机制。在这个基础上，构建民主管理制度，搭建学校内部治理结构，再进行现代学校发展性评价制度的建设，才会有一个很好的"根"。

在当下的学校管理中，何为中心？有两种情况，其一是以工作为中心的学校管理，其二是以"人"为中心的学校管理。以工作为中心的学校管理认为学校是一个理性的组织，强调学校组织的权威性、等级性以及各种行为的规范性；主张用行政手段推动工作，采用自上而下的管理方式，强调实现组织目标是至高无上的，学校中所有的人、所有的事都是为目标服务的。在这种管理理论的指导下，校长要搞好管理，必须建立和完善相应的规章制度，用制度管人，而不是用人管人。整个过程必须偏重于检查、评估和量化管理。在以工作为中心的学校管理不断推广深化的同时，人们的怀疑、问题也在逐步增加。依靠以工作为中心的管理是管不出优秀教师的，更管不出一个真正对学生产生巨大影响乃至终身影响的教师，依靠制度约束的教师，充其量只能成为一个合格的教师。

而以"人"为中心的学校管理，在具体学校管理实践中，越来越强调校长要注重教师和学生的中心地位；依据学校的共同价值观、文化、精神氛围进行人格化的管理，强调人性解放、权力平等和民主管理，从内心深处来激发教师的内在潜力、主动性和创造精神。这种管理方式有利于建立柔性、和谐的气氛，最大限度地激发被管理者的热情与忠诚。但既然是人情化管理，被管理者就可以选择不接受或不报答管理者的人情，因此这种管理方式的主动权掌握在被管理者手中，是一种丧失了主动权的管理模式。有人批评这种模式过于书生气、学院派，很多工作根本推行不下去。

我们得出的结论是，要善于舞动"制度"与"人文"的双色舞带，把"制度"与"人文"协调统一起来，做到刚柔相济、严爱相济，领导管人，流程管事。

四、外力制动

由政府推动的各种教育达标工程，实验性、示范性学校评审，各级相关部门的监督、检查、督导，从"十佳校园""百佳校园"到"平安校园""和谐校园"，从规范收费到体育先进，从特色校园到绿色校园，从关心下一代示范校到教师专业发展示范校，从达标校、示范校到优秀校，步步升级，层层推进，层出不穷；而且检查标准统一，验收内容统一，这种政府通过评比、评审来推动学校建设的方式，本质上是外力制动。

所谓外力制动，是通过外在力量来推动发展的一种方式。这种方式具体表现为各级各类的评比、评选、评审，所有的评选都有荣誉称号在后面，所有的评审之后都会有不同级别的挂牌在后面，而这一切都与利益有关。利益是诱饵，因而也成为动力。

应该说，借助政府、中介机构的力量是必要的，是有作用的，因为借助外力有助于推动课改、推动达标、推动发展。评审是有作用的，但不能过度评审，不能重复评审。曾任中国科技大学校长的朱清时说："近年来，国家给高校投了不少经费，给你钱、给你人、给你基础设施，当然要知道你干得好不好，给你钱值不值，于是就要评估，就要量化考核。然而，如果评估过于频繁，考核过于量化，就会出现泡沫化，甚至冲击学术诚信的底线。"（参见《中国大学，如何迈向世界一流？》，载《人民日报》2008年5月6日第11版）教学评估陷入了形式主义，也是常被诟病的一点。所有学校都是一刀切，评估一样的东西，包括检查你的讲义、讲稿、上课的测验卷子。朱清时又说："这些东西有些时候是不用写的，有经验的教授就不需要写讲义。但检查时又很认真，达不到形式主义的硬性要求就要扣分，所以学校不得不造假讲义来应付。我在麻省理工学院的时候，他们也搞评估。来了几个科学家，跟老师、校长、学生们谈话，看教什么课，每堂课教什么，社会对毕业生的评价。他就是要让你保留自己的教学作风、教学个性，不是要你保留每堂课的教学笔记。那次评估，静悄悄工作两天，没有横幅标语，没有大会，大多数师生都不知道，评估就已结束，既取得了实效，又没折腾学校。"（参见《教育不能老折腾》，载《人民日报》2009年3月25日第11版）

曾任人大校长的纪宝成炮轰高校评估：第一，评估太多太滥，缺乏总体设计，什么都要评估，什么都在检查，学校里一年到头评估不断，今天财务大检查，明天审计大检查，后天物价大检查，而且还是交叉检查；教学要评估，学科要评估，"211"要评估，"985"要评估，社会科学研究基地要评估，科研立项要评估，党建要评估，等等。第二，教育评估体系、方法单一，拉不开差距。有的高校办学质量明明比较差，社会上反映的问题也很多，但最后评出来的结果可能还相对很不错。这就会直接导致群众对评估的不信任，认为评估的结果并不能实事求是地反映高等教育的现状。这就源于评估体系、方法过于单一僵化，可能还有其他原因。评估的方法基本差不多，评估结果自然也差不多。而且如今什么都要量化，这实在有些不合适。如果太注重形式，许多评估也就都流于形式了。第三，评估造假，敷衍了事。这也是最容易引起社会不满的地方。学校是培养人才的地方，是最该讲诚信的地方。结果，这些年少数学校的商业味道似乎浓了一些，有的学校扩招的主要动力其实就是为了挣钱。由于有的学校扩展得过快，结果教学和管理都跟不上。要它培养出合格大学生，要它的教学评估是优秀，其实是有困难的，甚至有很大困难。为了应付评估，它就造假，例如假造各种会议记录，实在是很恶劣。如果是坑害学生，那事情就更大了。（参见《大学评估太多了》，载《人民日报》2008 年 3 月 26 日第 11 版）

　　大学如此，中小学更是要接受来自各方面的检查、评审。学校工作是否做得好，不能凭自己说，得由上级来评判，这样问题就转换成了工作如何得由检查评比的结果来确定，评判的标准就是这些来自教育局及局属各职能部门、中介机构的检查评比，检查评比也因为政出多门而成倍增加。"上面千条线，下面一根针"，政府所有教育职能部门的工作最后都集中到学校，由学校来贯彻，所以最后也都要检查到学校。在平行分工、各司其职的部门化体制下，各个部门都会强调自己那一份工作的意义，更有那些涉及检查评比一票否决的规定，就更是不得轻慢。重工作痕迹导致了"材料风"。一些评估验收倡导"工作要留有痕迹"，以学校过去一年甚至三年五年的工作材料定成败，材料的多少和制作质量成了决定各类验收输赢的关键。现在的政府管理都已经进入到数字化时代，上级的检查要抓数据，于是迎检也要与时俱进，将迎接检查提升到数字化水平。数字化管理本身有一个特点，即层层加码、越做越细、愈益繁复，所以上级的检查不仅要搞，还越搞越多，越搞越细，越搞越精明。基层学校工作的草根性很强。所谓草根性，也就是非制度、非文本特性，许多工作，做就做了，却未必有时间、有精力去文本化和数据化，这种状况势必在实际的工作方式与制度性规定之间造成一定的距离。这样基层学校就无法招架，严重影响了学校的正常工作，学校校长不堪重负，学校自主办学成了一句空话。

　　现在办学过程中这种不断评审、不断检查的现象，是一种无休止的循环外力。循环外力导致学校依赖外力、扼杀内力，长期不断地接受检查，导致学校习惯于眼睛向上，盯着上级，乐于"创建"。于是，今年验收什么，全校师生就忙什么、练什么，各校都使出浑身解数，全员参与，全体动手：验收"书香校园"的，班班有阅读兴趣小组，人人背古诗；验收"书法校园"的，人人拿毛笔，满校飘墨香……学校只能围绕政府运转，即只能公转，不能自转，外控式管理模式使校长不能自主办学、自主管理，其积极性、创造性受到压抑，不能真正履行自身的职业职能，难以形成本土化、个性化的办学思想和办学理念，难以形成校本化的办学特色。评审更多地应该在初级阶段进行，在不达标学校进行。

学校应该回归本体，借助政府的力量、中介机构的力量，是为了激发自己的内在力量，学校应该由工具性存在转化为本体存在，即文化存在。学校是自主、自为、自律的文化主体，是自主发展的文化主体。英国制定五年教育规划，原则之一就是在学校管理方面给予教师和校长更大的自由度，使他们免受官僚作风之害。学校应该自主办学，首先要确立学校自主办学的法律地位，要界定学校和政府的关系，没有这一条学校就无法建立现代制度。因为当学校是政府的附属机构的时候，它就建立不起一个完整的制度体系。所谓自主办学的法律地位，就是说学校不是行政机构，不是政府的附属机构，而是独立的办学实体。

时任上海市教卫党委书记的李宣海说：学校发展要防止跟风模仿、千校一面，必须将基础教育的基本要求、统一规范与学校特有的办学传统、办学条件结合起来，凝练各自的办学理念，打造各自的办学特色，体现各自的办学水平。要形成办学特色，不能急功近利，不能以为叫响几句口号、开展几项新的活动就是特色学校。

学校办学应该先求大智慧。古人做学问，讲究先乎其大，要有大志向、大气象、大智慧。所谓大智慧，体现为对真理、世态的一种洞察力，一种穿透力和透视力，一种融会贯通、实现原创的能力。

办学的雷同、话语的雷同，从根本上反映了我们校长、教师思想力的弱化，思想力的弱化是思想深度缺席的表征，办教育无论如何不能缺席思想，这当成为我们的共识。

补记

本文被《中国教育报》读者推评为十大人气文章，理由为这篇文章极具现实意义，是颇有火药味儿的檄文，呈现的是普遍存在于基础教育领域的同质化现象，"办学的雷同、话语的雷同，从根本上反映了我们校长、教师思想力的弱化，思想力的弱化是思想深度缺席的表征，办教育无论如何不能缺席思想，这当成为我们的共识"等观点给人一种震撼，必将引起教育界人士更多的反思。文章对基础教育的同质化现象的批判，可以说是鞭辟入里、发人深省，但作者在本意上又是善意的，这从作者所提的建议中可以看出来。如此分析透彻，建议切中肯綮，实为不错的文章。——《中国教育报》2006 年 2 月 21 日第 7 版

教育治理的应然与实然

　　教育治理体系变革的初心是改变单一管理主体的局限性，实行体制、机制变革，更好地发挥新体制、机制的优越性，充分调动社会各界力量积极支持、参与学校办学，充分发挥专业人士的办学智慧，实现多元主体办学，提升办学质量，以解决越来越复杂的多元化、多层次的教育问题，以满足人民群众日益增长的教育需求，实现教育善治。

　　但现实是复杂的，教育治理的应然状态并不能完全实际转化为实然状态。一方面，教育治理的理论构想本身当然也有理想成分，有乌托邦的成分；另一方面，教育治理模式的变革说到底是权力的再分配，制度的本质是权力，建立新的治理模式就是要扩大办学主体的自主办学权力，涉及放权、赋权、用权，权力的让渡是和一般人的本心相悖的，让政府有关部门放弃习以为常的权力，让相关机构将到手的权力转而交付给他人，这无论如何都不是一件容易的事情，在实践中必然遇到许多难以克服的困难，理论设计的应然状态并不能真正转化为实然状态。因此，教育治理比较现实的是在理想的应然状态和客观的实然状态之中达成一种平衡，即在理想的远景与现实的情境之间寻找一种平衡。但是，这个平衡是不稳定的，学校的教育治理也必然是不完善的，从治理改革的一开始就注定了这样一个结局。这并不能否定治理改革的意义与价值，至少在治理改革的进程中通过研究和实践，可以更加清晰地描述现实的实然状态，可以更加务实地探究教育治理的规范性，可以勾勒出一种未来的发展趋势，表达出一种可能的应然状态。这虽然有乌托邦的成分，但确实也对教育治理、学校发展起着积极的引领作用。现在教育治理的研究和实践是处于特殊历史时期的一种研究探讨、实践摸索，以确定不同治理方式之间的关系，并建立处理这些关系的合理程序这样一种过渡性的方式，自有其积极的意义。

教育治理改革的第一步是政府放权给社会机构。我国教育管理体制看似发生了中央向地方放权的变化，但这种教育管理权的重新配置并没有从根本上改变政府的教育管理模式，各级教育行政部门仍然习惯于行政审批、计划指标、比例控制等一系列与计划经济相适应的管理手段和管理工具，因此抑制了学校的办学活力，这也是教育领域全面深化改革时面临的根本性的体制障碍。理论上教育治理必须首先实现政府充分放权这样一种应然状态，这样可以实现学校办学自主权，治理体系变革设计的主要优势就在于实现办学自主，体现在"用人自主""用钱自主""课程教学自主"。其一，学校用人自主，实行契约型教师聘任方式，独立招聘教师或解聘教师，自主制定教师薪酬制度和奖励方案。不再受公办学校招聘教师繁琐流程的约束，不再受公立学校用人固化的影响，不再受公立学校平均主义大锅饭的影响。优秀教师进得来，不合格教师出得去，打破公立学校进得来、出不去的现状，避免公立学校教师队伍死水一潭的状况。实现教师多劳多得，优绩优酬，将极大地调动教师队伍的工作积极性。其二，学校用钱自主，政府的财政拨款按照生均经费的标准拨付给改革学校。学校在董事会的指导下建立财务章程，按照董事会、基金会通过的财务章程、采购流程自主使用办学经费，财务章程向政府财政局、教育局报备。理论上政府审计局应该根据学校的财务章程审计学校的经费使用，这样才能实现规范加效益的双重效果。反之，如果政府审计局按照一般公立学校所应遵守的一切标准、规则来审计改革实验学校，那么学校就不能自己制定教师的薪酬标准，所谓的用人自主就无法实现；学校经费自主支配的权力被剥夺，那么改革的初衷就无法实现，改革的意义就悄然中止。其三，学校课程教学自主。校长如果拥有充分的教育教学领导权，那么以校长为首的管理团队在国家课程标准的前提下，就可以带领教师大胆实施新课程改革，课程重构、学科重组、课堂重建，构建适合于学生发展的课程系统，建设全新的课堂，建立全面的评价体系。这里又涉及点与面的关系，是否允许并鼓励改革实验学校先行改革，还是一定要受制于当下政府所有的政策规定。如果是前者，那么学校将以全新的办学模式实现教育治理改革的目标；如果是后者，那么改革只能是带着镣铐跳舞，修修补补，局限性很大。

实然状态常常并不理想，这与政府机构相关人员的素养有极大的关系。刘易斯（Lewis）认为，好政府需要统治者的明智和被统治者的满足相结合，"政府的质量取决于统治者的质量，而不取决于政府的形式"（参见阿瑟·刘易斯《经济增长理论》，上海三联书店1995年出版）。国家治理如此，教育治理亦然。从纵横两个方面看都是这样，纵向看，改革的创始者都有一定的格局和能力，然而政府机关人事变动之大之快，也会影响后续改革是否得以持续；横向看，即使教育主管部门（教育局）的管理理念开放，主张改革，但其他政府部门如人力资源保障局、财政局、审计局、发改委等是否秉持改革思想，是否支持改革，也直接关系到教育治理改革的成功与失败。就现实情况而言，政府机关习惯于掌权，不习惯于放权；习惯于统一化、规范化管理，一管就死，不习惯于个性化管理，一放就无所适从。这为体制内的公务人员，尤其是领导者的治理能力带来前所未有的挑战——原来是从上到下的官僚等级结构，现在是平行的网络结构。传统的管理是命令型的，政府凌驾于其他一切组织之上，通常以指挥者的身份向学校发号施令，它与学校是上下级关系。政府发指令，学校无条件服从，学校处于被动状态，这与传统政府是唯一的管理主体有关。教育治理改革之后，教育行政部门其实是把原本属于自己的权力交出来，让社会机构办学，这是第一步，无疑是最困难的一步，也是制约教育综合治理能否实现的关键一步。没有这一步，教育治理无从谈起。

教育治理改革的第二步是由董事会赋予学校管理团队的权力。理论上以社会机构为主，联合政府相关部门代表、社区代表、社会贤达代表、家长代表、教师代表组成校董会。一般情况下校董会的实际运作权掌握在机构手里，董事会的权力边界应该是明晰的，董事会负责审核学校发展规划、高级管理人员选聘、财务状况预算决算审核等。副校长、校长助理由校长提名，董事会负责考察，建立以校长为首的学校管理团队，并赋予实实在在的学校管理权。董事会派出专业人员指导学校制定并审核学校财务章程和学校采购流程，年度审核学校的发展规划、重点项目、财务预算、决算，聘用专业会计事务所审计学校经费使用情况，同时也审计人事制度及相关流程。学校的其他权力交给以校长为首的学校管理团队，这是应然状态。如果这样运作，与其他公立学校相比，进行教育治理的改革学校的办学自主权得以实实在在的体现，人权、财权、教育教学管理权，即包括学校发展规划制定权、学校环境改造与文化标识的确定权、常规教育教学的安排权、课程改革的自主权、教材读本的自选权、教师聘用与奖惩权、学生毕业的批准权、学校与社会的合作权等得到了充分的赋权，这是理论设计的理想模型。

但实然状态并不是如此简单，这之间也有一个重要的变量因素需要重视，即采用了董事会、基金会这种管理形式并不一定能够实现学校自主办学，就像"政府的质量取决于统治者的质量，而不取决于政府的形式"一样，关键在于管理者的质量。一般来说，董事会、基金会的主要领导是改革的初始参与者，他们积极、主动改革，支持学校自主办学，本着帮忙不添乱的心态。但是有些具体的日常管理人员自以为掌握相关权力，也要对学校行使一定的管理权，干预学校的行政管理，这就影响了理论构想是否实现或者实现的程度，也直接关系到董事会、基金会是否真正赋予以校长为首的学校管理团队的管理权，影响到学校是否具有真正意义上的自主办学权。权力是个好东西，它能帮助我们实现自己的主观意志，给人以成就感，喜欢权力，喜欢使用权力，几乎是管理者与生俱来的特性，所以一般情况下权力的无条件让渡是不太可能的。

教育治理改革的第三步是学校管理团队规范而高效地使用权力。教育治理改革，学校实施内部治理，理论上通过实体建制明确权力边界，通过程序建制明确权力程序，通过行政问责明确权力约束，真正建立权力自律。这种管理机制非常科学，体现重心下移，学校直接面向董事会；企教结合，学校吸收企业现代化的管理方式，提高效率，注重社会评价，突出社会认可度，从而实现学校治理的现代化，极大提升学校的办学质量，这是应然状态。但这里有一个重要因素就是校长的个人素质，校长如果具有教育信仰，具有很高的职业操守，具有高水平的学校领导力，具有很强的自律意识，就能保证规范而高效地使用权力，从而产生积极的效益；反之，则学校管理绩效不佳，行政管理不规范。在现实情况下，实然状态常常并不理想，一个重要的原因就是校长权力的边界意识没有真正确立，什么时候、什么场合、什么问题校长有权行使自己的权力，什么时候、什么场合、什么问题校长无权行使相关权力，一般的校长常常搞不清楚。面对权力一不小心常常会自我迷失，甚至私心膨胀，无原则地使用权力，进而导致滥权，这就与初始的构想背道而驰了。

　　教育治理体系变革最重要的是分权，因为权力不能由某个团体或个人所独占，而应当属于教育事业的利益攸关方，他们之间的关系是平等的合作伙伴关系，每个主体按照既定的规则办事，使每个人的行为高度透明，具有可预见性，这也体现了民主的一般精神。分权的意义在于明确政府的权力边界，激活社会的活力；赋权的意义在于明确社会机构的边界，激活学校的活力；用权的意义在于明确校长的权力边界，激活教师的活力。教育治理的实质就是在教育系统的动态演化、发展过程中，持续地激发相关教育主体的活力，使其发挥最大效能和作用，而其中第一个关键就是要充分下放权力，包括人权、财权、事权。权力下放不充分，则抑制发展活力，财权、人权与事权不匹配，则制约学校自主办学。第二个关键要素就是各级各层领导者、管理者的职业品质及其站位立场，是从长远的、根本的利益出发，还是从狭隘的、短视的甚或自私的利益出发；是站在促进教育改革、促进学校治理模式多元化、促进教育事业创新发展的立场上，还是站在维持现有一切权力关系，维护现有一切制度、规则的立场上。如果是前者，改革实现的力度就比较大；如果是后者，改革就难以实现原初的构想。

内循环：走不出自我封闭的圆

回顾中国基础教育体制机制改革走过的路径，优势在哪里？问题在哪里？看清问题的实质是改革的第一步。

教育均衡化是一个重要的教育政策，让优质教育进入寻常百姓家是政府和名校致力实现的一个重要教育目标。

1996 年，中国基础教育诞生了第一个集团学校——上海市建平教育集团，用优质的建平教育资源带动更多的薄弱学校，改变局面，赢得发展。成功之后，在浦东新区全面推广。20 年过去，国内许多地方都采用了这样一种模式——或兼并薄弱学校，或创建新的分校，扩大优质教育资源，促进教育均衡化。现在集团化办学已经成为上海市教育均衡化主要的政策策略。

2005 年前后，上海市浦东新区创造了一种新的模式——委托管理。由政府委托一个教育机构管理薄弱学校，即委托"上海成功教育管理咨询中心"管理位于浦东新区的上海市东沟中学，从此开启了一种教育"管、办、评"分离的崭新模式——政府管理教育，机构负责办学，第三方评价学校。这一举措影响很大，已经成为教育部推崇的一项重要的战略措施，对于推进教育均衡化起了非常积极的作用。

经过一段时间的实践检验，我们既看到了上述两种模式的积极意义，也日益清晰地看到它的问题所在。第一种模式：集团化办学。从简单的校名粘贴换取老百姓的认可，到复制名校办学经验，让更多的老百姓认可、接受这些学校，进而形成更多的优质学校。但问题也随之产生：其一是学校同质化现象非常明显，复制名校经验，既发扬了名校的长处，也继承了名校的明显弱点——热衷于追求分数、升学几乎是与生俱来的特征。第二种模式：委托管理。委托教育机构办学，引进成熟的教育办学模式、成熟的管理经验、成功的教学方法，改变薄弱学校的薄弱局面，提高学校的办学质量。但委托管理更多的是"老人管理"，即教育机构基本上是所谓成功的教育人士承办的，而成功的教育人士基本上都是过去的成功人士，也就是说，委托管理几乎就是委托退休老校长、退休老教师来管理学校，他们既带来一段时间的教育成功，也带来"老人治校"的缺憾，面向未来也存在着较大的隐忧。

上述两种模式还有一个突出的共性特征——都是在教育内部进行的资源循环，输入与输出都是在教育内部进行的，权且称之为教育内循环。教育内循环不可避免地带上了内循环的问题：内循环只是教育资源的内部调剂、内部周转、内部挖潜，内循环没有真正产生资源增加。内循环往往是同质循环，不能有效地产生新质资源、异质资源。内循环依然是在教育局的统一领导下的办学，无论是集团化办学，还是委托管理，过去是，现在仍然是接受教育局的一元化管理，校长基本上都是教育局长任命的，客观上都必须接受教育局的管辖，校长的主体意识很难真正建立起来；新老校长长期以来接受教育局的管辖已经成为习惯，主观上根本不敢也几乎没有意愿与教育局"分庭抗礼"；那么所谓的学校自主办学几乎就是一句空话，所谓的"管、办、评"分离也只能是一厢情愿，因此不能从根本上改变教育过度行政化的局面。

如何改变这种局面？答案只有一个——开放，去除封闭，去除教育界的内封闭。教育界的内封闭是教育界进步的最大障碍。有人说教育界是最保守的地方，我以为保守就是表现在封闭，而封闭的最主要表征就是人的封闭。我们一直以来都认为以下现象是天经地义的：学校教师应该是专业的，校长应该是专业的；而所谓的专业就是教师的主要来源甚至是唯一来源就是来自师范院校的毕业生，在职教师接受来自师范院校或教育学院教授的专业职后培训；校长来自于一线的优秀教师，校长接受来自师范院校或教育学院教授的专业培训；而且更荒诞的是"既来之则安之"，凡是进入学校岗位的就一劳永逸地成为"一辈子的教师",既然当了校长基本上就是终身的学校领导,直到退休。

放眼看去,世界上没有哪一个职业是这样狭隘,没有哪一种职业是这样封闭!所谓的专业化,几乎等于是教育自我封闭最好的借口、最顺当的理由。

放眼看去,世界上有许多学校是全然开放的学校,日本的职业经理可以担任校长,美国的工程师可以担任教师,英国的警官可以担任教师。唯有开放才能搞活教育,唯有开放才有生命力,唯有开放才有发展,这不只是经济界、社会各界发展的真理,同样也是教育界发展的真理。

教育多年的内循环导致教育的自我封闭,自我封闭一定带来教育的固步自封,一种内循环的教育改革永远走不出封闭的圆,当然就无法适应现代社会的迅猛发展。

有办法突破这种怪圈吗?答案是肯定的。

基础教育课程改革的不同样貌

既然要做创校校长，那就要给学校一个基本的价值定位，不妨先观察一些国内的课改学校，再决定自己的办学思路。

国内的基础教育课程改革发展到今天，已经非常清晰地呈现出各种样貌。

一、课改的不同价值取向

第一种取向是平稳至上，这是好听一点的说法，其实这类课改基本上是迫于无奈。教育行政部门领导的反复要求、反复督查，左邻右舍也都在课改，整个基础教育课程改革形势形成一种无形的压力，所以不得不改，本质上是被动的，因此他们的课改标准定得比较低，只要不被领导批评责备就可以了。其课改的内涵也非常模糊，不知目标是什么，不知课改的方向是什么，也没有具体的课改内容规划。也就是说，一些学校相关负责人虽经多次培训，了解了一些课改的概念，但与自己学校联系起来，他们并不知道到底应当改什么、怎么改和为什么改，只是按照上级的部署或者参照同类学校的一些做法，象征性地做点表面文章。因此，这类学校不可能有多少变化，改革效果与发展前景也十分微小。

第二种取向是效率至上，这种课改基于本学校的问题，学校负责人热切希望通过课程改革迅速改变学校面貌。他们的课改标准定得很实，内涵单一，就是想方设法提高教育质量，而他们所谓的教育质量基本上就是中考升学率、高考升学率。他们也切实研究了影响学习效果的多重环节，尝试着在教学环节上做出比较大胆的改革。比如，在教学顺序上颠过来倒过去，或者在教学内容上增加一些减去一些，或者在教学模式上固化一种严密的步骤并且让所有学科一以贯之，或者在教学管理上实行类似企业化的精细管理，课前如何，课中如何，课后如何，堂堂清，日日清，月月清，效率意识贯穿始终。这些学校管理严格，其结果是教师教学效率明显提高，学生学习见效非常快，分数、升学率上升明显，学校排名迅速提升，很快赢得广大人民群众的喜爱。人民满意率高，领导满意度自然也高。但是这种课改充其量就是教学技术层面上的课改，其本质是功利至上的。他们追求的目标只是高分升学，对分数有影响的教学方面就关注，无关考试升学的就基本不闻不问，视野非常狭隘，教学非常局促。这类学校关注最多的是眼前利益，基本忽略了学生未来能否可持续发展。更有甚者，有的学校打着课改的名义，变本加厉地搞应试教育。

第三种取向是发展至上，着眼于学生的发展、教师的发展、学校的发展。此种教改立意高，课程改革所定的标准也高，课改的内涵丰富且多维，课程目标、课程内容、课程实施、课程评价校本化，试图实现具有学校特色的课程文化变革，真正促进学生的个性化发展。但这样的课程改革无疑是很难实现的：既要升学率提升，又要学生素质全面发展；既要教师会抓应试技巧，擅长提高学生分数，又要教师学术修养高，研究能力强；既要强调效率，又要重视终身发展。实事求是地说，这样的课改意义重大，但实施起来见效慢，效果并不明显。有些学校有时候一不小心升学率不升反降，其学生的分数考不过一门心思只抓中考、高考的学校，人民群众立刻由开始的赞同变成坚决反对，领导也立竿见影地站在群众一边。这样的课改常常中途夭折，应试教育回潮现象比比皆是。

二、课改的不同主体

第一种是政府主导下的课程改革。基于树立典型、创造课改政绩的需要，他们抓的是属于精英教育体系的重点中学、重点小学。其目标是大改，范围从体制、机制创新到人才培养、目标创新，从课程教学创新到技术手段创新，从评价方式创新到管理模式创新。如果实现，其结果与意义也是非常明显的。但是这样的改革成本大，经费投入大，如果没有政府的强力支持和高额投入，全面实现目标几乎不可能。在现实中可以看到有些地方举全市之力，或者是举全县之力，政策支持、经费支持，个别学校占有了大量资源，有的学校甚至还明目张胆地抢挖其他学校的人力资源，抢夺别校的特级教师，不择手段地争抢优质生源。这种课改即使获得成功也丧失了全面推广的意义，因为它是非常态的改革，甚至是损人利己的改革。

第二种是以校长为主导的课程改革。经过多年的校长培训，很多校长已经充分意识到课改的必要性，基于学校当下生存、未来发展的需要，学校课程改革迫在眉睫。他很希望全面改革，但苦于学校自身无优势，又无明显潜力，资源有限，政府虽然支持，但财力支持十分有限，其改革基本停留在表面上。此种情形下校长只好选择重点突破的策略，目标不大不小，可以说是中改，其经费投入也不多不少，课改过程也只好有虚有实，其结果与意义只能是虚虚实实，它可能部分实现课改目标，但毕竟虚实参半，意义有限。

第三种是教师自主的课程改革。这类教师一般都有自觉的课改意识，责任意识很强，他们一般都是抓住学科教学的具体问题进行课改，针对性强，效果明显，学生的学习成绩稳步提升，教师的自身素质也有所提高。但此种课改基本局限在本学科内，范围有限，与其他学科的教师无法沟通，不能打通学科壁垒。教师常常孤军作战，不能实现更大范围的变革，因而其课改深入程度也是有限的，虽不能说是小打小闹，但无法实现整体变革。这类课改迫切需要组织起来，学科与学科贯通。政府和学校都应给予应有的支持，促进其更加深入、更加广泛的课改，从而取得更大的意义。

三、学校课改的外在形象

第一种是"亮丽型"的，出发点是满足不断高涨的社会需求。鉴于社会各界对教育普遍满意度不高，批评乃至批判之声不绝于耳，有改革思想的校长很想彻底改变教育备受诟病的面貌。他们热衷于颠覆，一些人尤其喜欢"教育革命"，一会儿是课程的革命，一会儿是课堂的革命，一会儿是教室的革命，一会儿是技术的革命。这些所谓的革命最容易打动一部分不谙教育实情的新闻记者、媒体编辑。这些改革看似热热闹闹，但实事求是地说，有点浮躁，有点急功近利。

第二种是"务实型"的，出发点是基于问题的，基于学校自身发展的问题，同时也是立足长远的。这类改革者并不希望一夜之间彻底解决问题，也实实在在知道世界上本没有如此高明的妙招，其中大多数能静心低调地工作，不断反思，不断改进，他们的眼光是向内的，不期望媒体热评，也不在乎别人的冷漠甚至无视，他们更关注每天的小变化，虽然不起眼，但却是真实的效果。

第三种是"亮丽加务实型"的，他们既是基于问题的，也是不甘寂寞的。他们虽不热衷于新闻效应，但也比较喜欢，起码不拒绝正面的曝光。他们的眼光有时是向内的，有时也是向外的。他们做了一些真正的课改，但所得到的热评多半超出了实际效果。

校长的概念政绩
——校长政绩谈（上）

　　中小学校长是官吗？校长原本不是官，校长是读书人，校长是教书人，校长是教育人，校长是教师的教师，甚至是出类拔萃的教师。但是今天看来校长好像也是官，是国家事业单位的一个领导者，管了从几十号人到几百号人不等的教职工队伍，享受着相当于从副科级到正处级不等的官员待遇。既然是"吃皇粮"的官，于是也就必须行走在官员的轨道上，重视政绩是十分自然的事情。

　　校长们拿什么东西作为自己的政绩？校长不是市长，不能招商引资广开生财之路，不能拆房建楼大兴土木工程。但是在数字化的时代，校长和市长也有共同的数字化追求，市长追求 GDP，校长追求升学率，这已经成为了普遍行为，引起了诸多问题，受到了上自国家教育部下到普通有良知的百姓广泛、多次而深刻的批评，在此不再赘述。

　　除此之外，现在校长还有两种政绩。一种是概念政绩，用概念粉饰自己从而形成政绩；一种是工程政绩，将工程方式用于办学从而形成政绩。

　　先说概念政绩，通过引进时尚概念打扮自己从而形成炫人耳目的政绩。君不见今天校长的总结报告、经验介绍充斥着许多时髦的概念。过去我们常常说校训、班规、守则，说严肃校风、严格教风、严谨学风，说教师一桶水，给学生一杯水。后来课改了，我们说必修课、选修课、活动课、隐性课程、显性课程、研究性学习，说校园文化、学习型组织、现代学校制度、发展愿景。现在我们还常说学校课程建设，说基础型、拓展型、研究型，说校本课程、国家课程校本化实施，说有效教学（先学后教，以学定教）、高效课堂，说个性化办学、特色化发展、精细化管理，说教师专业发展、校本教研，等等，不一而足。

时下"幸福"就是一个热词，一个特别热的流行词语，于是就有经验呈现："在某某中学的教师眼中，幸福是舒心工作的校园环境；幸福是和谐、关爱的人文情怀；幸福是公平阳光、合作进取的民主；幸福是对劳动成果的认可，是专业成长的提升……某某中学以'尊重人、激励人、关爱人、发展人'为前提，打造出了和谐、民主、勤奋、平安的校园文化，让全校教师提高了幸福指数。"以什么来说明教师拥有所谓的幸福？以什么来证明教师幸福指数的提高？是华丽的语句，是一堆数据的组合，是笼而统之的问卷调查，还是电视台式的校园采访？我认为不是不可以谈幸福，不是不可以用时尚概念，但我反对照搬概念、套用概念；反对似是而非、似做非做；反对看起来好像成果辉煌，但其实就是蜻蜓点水；反对看起来好像煞有介事，但其实就是借用概念粉饰包装。现在我们有一些校长拥有这样的本事：只要流行什么，就能立刻编造出什么；只要领导喜好什么，就能立刻制造出什么。有的校长或许没有这种本事，但是他能找到拥有这种本事的语文老师或是记者来操刀。美国著名教育家弗莱克斯纳（Flexner）说得好："大学不是一个温度计，不必对社会每一流行的风尚都做出反应。"中小学校也是这样，不必对教育的每一种时尚都做出反应。中小学校长不必从逻辑到逻辑，从概念到概念，不必从别人的逻辑到别人的逻辑，从别人的概念到别人的概念。

又如，领导强调文明习惯的重要性，立刻就有经验产生。一所学校开展了一项活动，结果很快出来："活动的开展，使学生养成了良好的语言文明习惯、行为文明习惯、学习文明习惯、卫生文明习惯、礼仪文明习惯，培养了高尚的思想品质和道德情操。"开展了一项活动，就产生如此大的效果，稍有常识的人立刻就会产生疑问：这可能吗？没有具体做法，没有过程解剖，没有原因分析，纯属自欺欺人。

这样一来，教育界的虚假繁荣由此产生，剥去这些包装外在的概念装饰，一些学校其实没有什么变化：校长教师的价值取向没有变化，依然是以升学率、分数为唯一选择；学校的道德思想没有变化，仍然是成王败寇；教师的教学行为没有根本改变，仍然是题海泛滥；学生的学习体验没有根本改变，还是机械操练，苦不堪言。

那么这些炫人耳目的经验总结，充其量就是概念游戏、文字游戏而已。大凡游戏都是短暂的，你方唱罢我登场，来也匆匆，去也匆匆，就像吹泡泡，短时间里固然可以吹出一个个美丽的泡泡，但必然在短时间内破灭，这就是其基本特性。这些年我们已经看惯了教育界的泡泡政绩，不断涌现，又很快破灭。

哈佛大学教授塔克森·伦迪警告美国教育界：策略只是文化的早餐，再好的策略都抵不过文化的力量。仿照这种说法，我说：概念（语辞）只是文化的躯壳，没有明确而有力的核心价值，文化便是一堆没有灵魂与精神感染力的概念。

我以为校长更应该关心：学校给人温暖的是什么？学校让人心寒的是什么？学校留给学生什么记忆？学校留给教师什么回想？……

校长的工程政绩
——校长政绩谈（下）

　　所谓工程政绩，就是以工程的施工方式来解决教育问题从而产生的政绩。实事求是地说，这类校长还是想做事的校长，他们也看到学校教育出现的一些问题，主观上也想解决这些问题，改变学校面貌，快刀斩乱麻，真抓实干，立竿见影。

　　时下研究课堂是一个热点，我在报刊上读到了这样的经验："为充分创设高效课堂，学校领导班子因势利导，乘势而进，在落实上狠下功夫。建立校领导挂包教研组等管理制度，不断完善教学工作事前、事中、事后督察机制。大兴研讨交流之风，组织'4+2'教研组赛课、课堂开放周、青年教师研磨课等多项教研活动，构建专家引领、校本研修、互助交流、自主研习的教改共同体，细化信息化条件下的新授课、复习课、讲评课的操作流程，引入分层授课、分层作业、分层评价的分层教学思路……"初初看来，文章节奏很快，"因势利导""乘势而进""狠下功夫""大兴研讨"，一组力量语辞排叠而下，很有气势，洋溢着一种工作激情。但仔细品读，也可以从中读出急促的脚步、急迫的心态，当然也读出急躁的情绪，像是在工厂里，像是在抗洪救灾的大坝上，唯独不像在学校里。实话实说，这样的案例绝不止一个，可以说常常见到。究其根本原因，就是把教育工作当成工程项目，希望短时间内立刻改变学校，产生立竿见影的效果，短期出政绩。教育工作中确实有项目，但教育项目毕竟不是工程项目。教育是人的事业，而不是物的工程；教育是慢的事业，而不是快的项目。这是教育工作的本质特征。想解决问题的心是好的，愿望是好的，但方式方法绝对是错的。

还有一些校长知道学校的问题在哪里，但是常常苦于没有办法，束手无策，一旦得知某一种先进典型、先进经验，不假思索，不加分辨，装进篮子里的都是菜。把学习先进经验也当作一种工程项目，而且常常是短平快的项目，快速引进，果断立项，短期实施，即刻见效。

再看这样的经验介绍："高三（23）班的英语课上，学生们正分为几个小组围坐在一起。他们时而互相争论，时而鼓掌欢呼。昔日'一言堂''填鸭式'的教学方法已成为历史，取而代之的是'331高效课堂模式'。××中学主创的'331'高效课堂模式，让学生成为课堂的主人，成为自主发展的个体。课堂教学，小组合作，你来我往，滔滔不绝；上台展示，争先恐后，落落大方；老师点拨，唤醒了师生对幸福课堂的美好追寻。"应该说本文的作者还是比较聪明的，列举典型案例，说明课堂面貌的改变，一段话中出现了诸如高效课堂、课堂主人、小组合作、自主发展、幸福课堂等新潮概念。新潮固然新潮，漂亮固然漂亮，但掩盖不了举一反三的乏力，脱不出以偏概全的嫌疑。文章虽然没有一句提到××中学，但在字里行间我们仍然可以看到××中学的影子。

近几年来，我们看到全国先后涌现不少先进典型，名气最大的是江苏的东庐中学、洋思中学及山东的杜郎口中学，毫无疑问这些学校一定有许多可取之处。他们的导学案、教学模式、课时控制都有很多成功之处，但很显然他们之所以成功，必定是基于自身情况所做的探索，基于自身教师的水准、学生的素质、学校的办学条件，是针对自身的问题所采取的解惑之策，绝不是放之四海而皆准的道理，绝没有人人拿来即可用、用后即见效的神奇功能。否则，我们不会说"教育是科学，教育还是艺术"。

同样，毫无疑问的是这些成功的探索也都存在相应的问题，他们自身也存在否定之否定以后的发展。杜郎口中学校长崔其升在《校长》杂志发表文章《杜郎口中学为何取消导学案》，谈到他已决定在杜郎口中学放弃使用他赖以成功的法宝之一——导学案。我十分钦佩崔其升校长的勇气和果断，我更赞赏崔其升校长自我批判的眼光，认识到使用了多年且一度产生效用的导学案今天已经出现了新的问题。作为学习者，我们对待所谓先进经验，既要知其然，知其因何然，知其如何然；还要知其不然，知其因何不然，知如何规避其不然。立足自我，透彻地分析自我的情况，基于自我的主客观条件，创造性地解决问题，这才是一种正确的学习态度。

议论了概念政绩、工程政绩之后，我们再来追问一下何以会这样。很显然，这不仅仅是教育的问题，整个社会都是急功近利的，工具理性的大行其道，就是功利性、实用性、目的性需求对我们的支配。一个工具化了的世界已然形成，我们都生活在一个急功近利的社会环境之中。教育的问题其实是整个社会的问题，教育出了教育界无以自救的问题，那一定是社会出了一时难以解决的问题了。没有政绩，学校无法生存；没有政绩，学校无以服人；没有政绩，校长连自己的"官职"都无法保住。楚王好细腰，所以宫中多饿死。当社会的价值取向发生扭曲的时候，违规的追求方式就自然产生，这是客观原因。主观上我们还是要端正一下价值思想，什么是我们应该追求的政绩，评价学校的科学标准到底是什么？英国学者费兰克·富里迪（Frank Furedi）说："定义知识分子的，不是他们做什么工作，而是他们的行为方式，他们看待自己的方式以及他们所维护的价值。"

我一直以为，孩子的欢乐就是学校的欢乐，孩子的成长记忆就是对学校教育的评价。

教育有"密码"吗

近读某国家级报纸，居然发现同一天该报纸有两篇文章标题都用了"密码"这一概念，异曲同工，基本可以断言这是一个热词。

文章一是《找准办大学的"通用密码"》，其副标题是"××大学'科教融合'人才培养模式透视"（注：本文对事不对人，所以涉及具体校名、人名、报刊名的地方都用"××"替代），行文中提到"密码一：整合一切资源为培养人才服务""密码二：立足实际特色办大学""密码三：实战中培养学生动手能力"。

文章二是某知名大学附小特级教师、正高级教师、教育学博士的校长写的一篇文章《创建管理学校的价值密码》，文章中的密码指的是学校办学的行动纲领，原文是这样说的：

> 我从价值观的塑造与认同入手，以学校百年来"××教育"的精神特质为引领，拟定了《××附小办学行动纲领》（以下简称《纲领》）。从自己任校长的第一年开始，通过学一学、议一议、改一改、测一测、评一评的方式，逐年与全体教职员工、家委会成员以及少先队大队委一起进行纲领的修订、学习、反思和内化。例如，对党员和40岁以下教师进行闭卷考试，40岁以上则是开卷考试，之后评一评，青年教师五四青年节赛一赛，考试内容入口、入心、入行。目前在我校形成了朗朗上口的50条金句，我说上半句，教师就能接下半句。例如，不做漏

气的发动机，学校第一；心往一块想，话往一块说，劲往一处使；事情的发生不重要，重要的是我们的反应；部门合作要"拧麻花"，结果还要敢于"拧螺丝"；讲大是大非，不讲是是非非；情绪是本能，而控制情绪则是本领；等等。至今，我们的《纲领》已修订了八年，成为全体××附小人共同的价值追求和语言密码。

何为密码？所谓密码，其本义就是特别编制的秘密电码，它是按照特定法则编成，隐蔽了真实内容的符号序列，一旦破译，就真相大白。其引申义指包含了内在规律的隐秘的信息。据此我们来考察上面两篇文章里的"密码"是否能够成为"密码"。

文章一提出"密码一：整合一切资源为培养人才服务""密码二：立足实际特色办大学""密码三：实战中培养学生动手能力"。这三者都不能被称为密码，首先，因为所谓密码是隐秘的，而这三者都是人所共知的，几乎是所有校长都知道并频繁说到的常识。其次，所谓密码一经发现，即刻就可以实现破译的目标，而人才培养绝非如此简单，也就是掌握了这三个如此泛泛而谈的所谓的密码并不能真正实现破解科教融合的人才培养难题的目标，这里面还有许多内在的、真实的、起作用的规律并未被发现。

文章二中，校长针对学校教师流失问题，为了留住教师，起草了学校办学行动纲领，教师、家长代表、学生代表参与修订了行动纲领，然后要求教师考试，要求教师对纲领入口、入心、入行，校长说上句，教师必须对出下句，这个纲领就是密码。且不说这种大白于天下的纲领与密码的隐秘性意义完全相悖，单说这样做真的能立竿见影地解决教师流失的问题吗？教师流失跳槽是由多种原因造成的，有通过教学实践发现自己不适合当老师的，有自己志趣发生变化的，有觉得工资待遇过低的，有看不到自己的发展前途的，有人际关系难以相处的，等等，非常复杂。这样一个复杂的问题，用一种制定行动纲领、背诵行动纲领、考核纲领的方法就能加以解决，这难道不荒唐吗？况且让老师背诵行动纲领里的金句，并加以考核，这种做法实属荒唐，完全把老师当小学生对待，用这种对句的方法来折磨教师，实属对教师进行精神洗脑，完全是不人道的。作为校长，你可以倡导一种先进的教育思想，你可以弘扬一种改革创新的精神，你可以描绘未来发展的美好图景，激励教师努力奋斗，但绝对不能用这种强硬灌输的方式把自己的主观意志强加于人。为什么如此荒诞的做法还会出现在改革开放已经 40 年的今天，还会出现在名校的实际管理过程中，出现在名校长的文章中，出现在国家级的报刊上？

　　实事求是地说，教育界使用"密码"这一概念的人还是比较多的，我很想问一问：教育有"密码"吗？如果有立竿见影解决教育各种难题的密码，那么我们发动一切可以发动的力量，调动一切可以调动的资源赶紧去发现密码，去破译密码，以求迅速解决困扰我们多年的教育难题，振兴教育，振兴中华。

　　寻找密码的心态，我们可以理解为急于解决教育问题，出发点是好的。但是教育是十分复杂的社会现象，既有教育内部的问题，也有社会的问题，立竿见影地改变现实，是不切实际的，这样的心态也是急功近利的心态。我们总是幻想毕其功于一役，我们总是幻想发现一种密码，发明一种模式，发布一个文件，就能立刻彻底解决问题，这可能吗？稍有教育常识的人就应该懂得，教育是培养人的，人的培养是十分复杂的，每个个体都是独立的、有自己特殊性的人，他们千差万别。教师培养学生与工程师制作一种具体的物件不同，工程师掌握了相应的规律技术，就能生产出相应的器物，但人的培养是不可能的。人的可变性、差异性太大了，人本身太复杂了，需要我们教师去除浮躁心态，静心研究，努力实践，没有一步登天的事，没有一蹴而就的教育改革，要的是锲而不舍、循环往复、持之以恒。

深深浅浅的灰

年轻的时候看世界总是很绝对，坏人就绝对是坏人，好人就绝对是好人，世界在我们眼前非黑即白，十分清晰，而且鲜明。同样，看学校是这样，看校长也是这样，看到好的，那一定是绝对的好，有意无意地忽略其不好的地方，甚至会不自觉地为其开脱；看到不好的做法，就基本上彻底否定其校、其人，即使有好的地方也十分不情愿承认他，视而不见，听而不闻。我曾经写过一些很激烈的文章，批评乃至批判教育界一些不好的现象，旗帜鲜明，斩钉截铁，常常也是抓住一点不及其余，也曾经被有些教育大咖冠名为"愤青"。

随着年岁增长，自己在教育行当里摸爬滚打将近40年，见的人多了，看的现象也多了，不再是单一角度地看人看事。其实也是因为人也好、事也好，本身就有多个维度、多个侧面，时间流逝，这些侧面都会慢慢地暴露在你面前，你就会发现原来人与事其实本身就是多元的、多维度的、多侧面的，这才是事情和人的本来面目，这才是真实的存在。教育真的很复杂，不能简单地彻底否定，同样不能简单地一味赞美。

有人问我，教育界许多名家对河北衡水中学提出过尖锐的批评，而华为的任正非提出向衡水中学学习，这应该如何理解？三四线城市的孩子，尤其寒门学子，高考大概是他们唯一可能改变命运实现阶层跨越的相对公平的方式。而大城市里成长起来的精英人士很难体会普通家庭甚至更加底层大众的疾苦，不能体会他们艰难起步的艰辛。衡水模式和我们所提倡的素质教育就真的是对立的吗？

存在自有存在的理由。确实，出生寒门的子弟，要通过高考这一途径改变命运，而要想达到目标，拼命学习是一条行之有效的路径，苦是自然的。学校为满足学生、家长、社会的需要，从严治教、治学，升学目标达成度很高，这样的学校至少有效，至少是认真办学的，至少比那些不努力办学的学校强很多……如果再进一步分析思考，我们还可以看到衡水中学在追求高考升学的过程中，也有一些有效的教育方法、教学方法、管理方法，并不都是错误的做法，甚至于从素质教育层面上、精神层面上看也有值得肯定的地方。至少这样的学习体现出一定的奋斗精神，体现出严谨的求学之风，体现出吃苦耐劳、力争上游、不达目的不罢休的精气神，这无疑对学生的人格影响也是有其积极意义的，尤其是对学生意志品质的影响是有积极意义的。任正非就说过："衡水中学至少把孩子们的意志提升起来了。"

但这样的学校确实也有值得反思改进的地方。面向未来，对学校的培养目标的理解还有可以丰富的地方，学校还可以进一步反思改进自己办学的价值取向。对于那种不遗余力、不惜一切地执着于高考目标，也需要考虑不是每个学生都要如此，更不是每个学生都应如此。教育教学方法、考试评价方式也有进一步开拓的空间。如何兼顾每个学生的需求，如何开阔学生的眼界，如何开发学生的想象力与创造力，如何培养跨文化的技能，如何培养多样化的人才等，都有改进的空间。至于教育管理是否要把每一个学生的每一分钟都充分使用，完全可以讨论质疑，因为毕竟面对的是未成年人，毕竟是孩子，每个孩子都有他们特殊的心理特征、身体特征、学习特征。又如招生过程中不遗余力地要把每一个优秀学生都抢到自己学校来，这都是会引起质疑的。衡水中学作为一个被社会许多人都认可的名校，管理团队有待反思，反思自己对社会所应当承担的责任……

至于任正非为什么要提出向衡水中学学习，这自然也有其道理。中美贸易战，美国极力打压华为，华为以一家公司之力在对抗强大的美国的过程中更需要凝聚人心，更需要上下团结一致，齐心协力，更努力把科技研发搞上去，把先进技术搞上去，所以他们要向衡水中学学习，他们学的就是衡水中学围绕一个目标，不达目的不罢休的精神。任正非说过："应对美国的制裁，我们最好的方式是做好自己的事，我们要学习衡水中学，我们改变不了环境，我们可以改变适应这种环境的胜利办法。"其实企业和学校有很多相似的地方，其中一个相似的地方就是任何非凡的业绩都需要拼搏而来，世上绝没有轻轻松松获得成绩的。一位衡水中学的毕业生说："有一位老师，白天上课，晚上在自己病危的父亲的病房旁改作业。还有很多年轻的老师都是在自己的婚礼时才请假。"拼命的教师带出拼命的学生，才取得高考突出的成绩。华为的"狼性文化"其实就是一种团队拼命精神，所以才取得杰出的成绩。

任何一种社会现象，其实都是复杂的，教育也是如此，学校也是如此。今天中国的学校其实或多或少都存在着一定程度的问题，诸如招生违规抢跑、实际培养目标过于单一化、视野狭隘、教育教学方法相对陈旧、单纯反复地刷题、不停地考试排名等现象或多或少地存在。当下学校一个很大的问题就是同质化，学校与学校之间没有本质的区别，学校面对不同的学生，围绕一样的目标，依据一样的标准，实施一样的课程，采用一样的教学、一样的课堂、一样的作业、一样的考试、一样的要求。于是，学校类似于工厂甚至等同于工厂，标准化的流水生产线把一个个差异比较大的学生都塑造成一样的所谓优秀学生，这是成就人呢，还是残害人呢？

没有绝对的白，也没有绝对的黑，更多的是深浅不一的灰。今天的我更喜欢用相对的眼光去看这些现象、这些学校，既需要一定的理解，更需要一定的反思、一定的质疑，还需要批评乃至批判……

学校是进化的，进化确实需要一个过程。进化是有阶段的，有些阶段是必经的、不可跨越的，但我相信它们一定会慢慢改变的。其实，我已经看到了它们在质疑与赞美交织的声音中有所改善。

有多少事可以重来

年终岁末，我们常常会做些反思，反思的过程中我们经常会发出感叹：有多少事可以重来？这句话常常有两个含义：其一是时间流逝，不可再来；其二是如果再做一次，效果要好得多。

今天我用这句话做标题是想说，过往的时间里我们做了许多没有多少意义的事情，甚至是无效的事情。

置身于教育，我们都感受到工作很忙、很累、很辛苦。我们有许许多多的教育行政官员都希望做一番事业，我们有许许多多的校长都希望跟上时代潮流把学校办成现代学校，我们有许许多多的教师都希望自己成为名师，我们有许许多多的教育专家都希望自己的知名度进一步扩大。既然如此，我们就要努力工作，努力做事，忙忙碌碌成了必然的生存状态。所以置身于忙碌的工作中我们已经习以为常，我们浑然不觉，甚至是麻木不仁。我们不去考虑什么是该做的，什么是不该做的，什么是有效的，什么是无效的，什么是高效的，什么是低效的。毫无疑问，过往的时间里我们做了不少没有多大价值的事情。

其实我们应该想想：我们有多少会议可以不开，我们有多少高峰论坛可以不论，我们有多少讲座可以不讲，我们有多少现场会可以不设，我们有多少考察可以不去，我们有多少口号可以不提；我们有多少不切实际的课改可以不改，我们有多少校本教材可以不印，我们有多少课程内容可以不讲，我们有多少练习可以不做，我们有多少考题可以不考，我们有多少报纸版面宣传可以不做；我们有多少培训可以不开，我们有多少检查可以不检，我们有多少验收可以不验，我们有多少考核可以不考，我们有多少课题可以不做，我们有多少论文可以不发，我们有多少专著可以不出，我们有多少报刊可以关门，我们有多少比赛可以不赛，我们有多少奖励可以不奖，我们有多少荣誉称号可以不颁。

其实我们应该想想：我们做了多少无用功，我们做了多少折腾自己同时也折磨别人的事情。比如，教师让学生不断做题，不断模拟考试，周周练，月月考，既折腾教师自己，也折磨学生。比如，政府部门及中介机构的各种考核评审，我们让学校准备并出示一大堆材料，文字的、图片的、影像的、网络的，一级目录、二级目录、三级目录、四级目录。有多少是反映学校的真实情况，又有多少是突击整出来的；有多少是反映教师的真实想法，又有多少是无中生有制造出来的；有多少是反映学生真实要求的，又有多少是被逼无奈编造出来的。这一堆堆的材料审查组里有多少专家去认真阅读、仔细斟辨？每一次考核我们有多少审查人员是深入学校、深入课堂、深入学生、深入教师的？每一次评审我们的考核专家和几个学生交过心，和几个教师谈过话？

其实我们应该想想：做应该做的事情才是首要的，领导者的主要职责就是决定做正确的事情，这是领导者智慧的体现。而眼下我们很多人却恰恰缺乏这样的智慧，我们很多的行政领导是跟着文件走，只要是上级文件要求的我就做，否则就不做，而不考虑我们这个地方的实际情况、实际问题、实际需求。我们很多校长是跟着时尚走，比如别的学校在搞校本教材，我也搞校本教材，劳师伤财，编制一堆印制精美却没有多少老师用也没有多少学生学的校本教材，除了哄骗他人，顺带也骗骗自己之外，可以说是几无用处。我们很多教师是跟着名师走，名师的理念就是我的理念，名师说把课堂还给学生，我也说把课堂还给学生；名师的模式就是我的模式，名师搞导学案，我就搞导学案；名师教什么，我就教什么，名师的教案就是我的教案，照葫芦画瓢，临摹复印。这些做法说到底就是将自己的大脑格式化，腾出空间把别人的东西装填进去，心甘情愿让自己的大脑成为别人思想的跑马场，不切实际，不由自主，不假思索。如此一来，可想而知，做再多的事情，往好里说是事倍功半，往坏处说可能就是得不偿失，甚至是劳民伤财。教育有钱了，毫无疑问是好事；教育人不会花钱，起码是不太会花钱，这又是一件众所周知的事情。人力、物力、财力投向哪里，哪些值得投，哪些不值得投，需要用心思考。否则，我们在浪费纳税人的钱的同时，也在浪费生命。

智慧源于思想，思想源自现实，现实基于问题。区域教育的问题在哪里，学校的主要问题是什么，教师的缺失在哪里，学生的需求是什么，这是我们的出发点，也是我们所有工作的前提所在，撇开这些，就根本不可能有智慧的决策。

何必都要龙头课题

　　经过一年又一年的专家培训，今天的中小学校长们大都知道了学校要设立一个龙头课题，并以此覆盖学校的各项工作。围绕龙头课题，设立各项子课题，纲举目张，这样做以示校长有科研意识，以示学校有名校风范。

　　顾名思义，龙头课题就是在众多课题之中起主要作用的课题，它具有两个显著特性，其一是统领性，即它主要起引领作用、统帅作用，统领学校其他各项子课题。其二是全局性，一般来说，龙头课题的设立是以学校整体发展为依托，试图全面带动学校整体工作。在一线办学实践中，有效地运用龙头课题推进学校课程改革，推进学校特色建设，确实也能起到一些积极作用。但是，毋庸讳言，现在有些学校的龙头课题研究也出现一些机械套用的现象，值得我们关注。

　　有些学校从概念入手，选择时尚新概念作为学校的龙头课题。流行愉快教育，我就以愉快教育为龙头课题；流行和谐教育，我就以和谐教育作为龙头课题；流行特长教育，我就以特长教育作为龙头课题；流行生命教育，我就以生命教育作为龙头课题。这种做法常常会导致生搬硬套，比如为了紧扣愉快教育这一龙头课题的题旨，就不顾一切地把学校所有的工作都包上愉快的外衣，教师的教育是愉快的，学生的学习是愉快的，后勤的服务是愉快的。再进一步展开包装，学生的课堂学习是愉快的，学生的拓展学习是愉快的，学生的社团活动是愉快的，学生的社会实践是愉快的，举凡学校的一切，师生的一切皆是愉快的。这样的龙头课题只要看题目就可以知晓其一切内容，毫无意义。不妨试问：这可能吗？这现实吗？稍有学校生活常识的人都知道学校里的生活酸甜苦辣样样皆有，既有令人快乐的事情，也有令人烦恼甚至痛苦的事情；学校里的教育，既有愉快教育，也有不那么愉快的教育，甚至痛苦的教育；如果我们的学校教育一味强调愉快，一味给予学生愉快的情感体验，很显然这是要出问题的，过于纯粹的愉快情感体验会把学生变得十分脆弱，经不起大的痛苦，经不起大的打击。所以我说这种课题纯属自说自话、自娱自乐，自己骗骗自己，同时顺便骗骗别人。这种龙头课题的研究方法不是基于问题的研究，而是基于概念的研究，其实质是概念先行。任何课题研究其生命力之所在就是基于问题的研究，而基于概念的研究其思维方式是演绎思维，或者是从概念到概念，或者是用概念套现实，都从根本上忽视了教育实践的意义，背离了学校教育研究的初衷。其目标指向不是解决学校实际问题，而是追赶时尚潮流。

有些学校借鉴他校经验，直接套用他校做法，进而包装成自己学校的龙头课题。凡是先进经验就拿过来为我所用，人家搞小组合作式学习，我也搞小组合作式学习；人家搞翻转课堂，我也搞翻转课堂；人家搞导学案，我也搞导学案。亦步亦趋，生吞活剥，生搬硬套，不论是否适合本校实际。这种做法表面看起来也是来自实践，但并不是自己学校的实践。邯郸学步，鹦鹉学舌，照抄照搬，机械套用，解决不了自己的问题，一不小心落了个东施效颦的结果，贻笑大方。学习他校经验是可以的，也是应该的，但是一定要基于自己学校的实际来学习借鉴。如果是学校研究，那就要以我校为中心，以我校为依据，以我校为立场，以我校为方法；如果是教师自己的研究，就要以我的学生为中心，以我的学生为依据，以我的学生为立场，以我的学生为方法。返回校情，返回班情，返回师生的实际情况，以"我们到底是如何"为判断基础，返回实证。我们并不排除学习他校经验、他人经验，但我们的视角应该是由己及人看，由内而外看，由下往上看，这样你就抓住根本了。

有些学校将一个局部特点演化成全局特色，并将此设立为学校龙头课题。比如，学校有一个美术特级教师的教学很有特色，于是校长以美育为龙头课题覆盖全校，覆盖各个学科教学。各科教学全部冠之以美育，这样做很显然是削足适履，很多学科根本无法以一个美育涵盖全部。比如数学，当然有美育的成分，但数学绝不可仅仅以美育概括，数学更多的是思维能力的训练和培育。比如语文，它有很多的美育成分，但语文绝不止是美育，语文重在培养学生语言文字的理解能力和表达能力，你一定要套用美育，那必然就是削足适履。

上述几种做法，它们有着共同的问题：概念先行，而不是问题先行；重视别人的经验，而不是重视自己的实践；思维方式是演绎思维，而不是归纳思维；常常是抓住一点不及其余，最终以偏概全。章太炎曾经说过："不应从一个事实来推演，而应由无数事实来归纳。"胡适也批评过观念的教条化，说"一切主义，一切学理"，"不可认作天经地义的信条"，"不可奉为金科玉律的宗教"，"不可用作蒙蔽聪明，停止思想的绝对真理"。学校的教育研究，应该回到自己学校的生活，回到自己的课程，回到自己的课堂，回到自己的教学，回到丰富多彩的教育生活中。学校的教育研究，应该面向此时此地我们所遭遇的问题，这是我们学校教育研究的出发点。

不要向中小学生乱摊派

　　某地传来这样的信息，要让中小学生参与反诈骗宣传活动。事情是这样的，由当地共青团组织牵头，召集当地政协委员开会，就"关于建立反诈骗科普志愿者 e 站的建议"进行研究讨论。他们的办法是由当地政法委牵头，公安分局做主推手，在社区、学校及企业成立"反诈骗科普志愿者 e 站"。其中就要从学校招募志愿者，招募那些喜欢或热衷反诈骗信息的中小学学生，组建"反诈骗"小天使科普志愿者服务队进行系统培训。围绕"反诈骗"科普知识普及，"反诈骗"科普队伍优化，"反诈骗"科普服务拓展及"反诈骗"志愿者组织交流，在学校建立推广"地方公益小天使"反诈骗志愿者服务队，努力打造"反诈骗"志愿服务品牌，清污驱浊，构建健康社会氛围。并组织"十佳科普小天使"评选，通过开展"新闻发布会""启动仪式""反诈骗科普一日游""反诈骗科普知识大 PK"等主题活动，提升"反诈骗"科普志愿者的服务品牌形象，引领广大市民参与公益志愿服务。据说是向某个著名的海滨城市学习的，他们在这方面很有经验。

　　听到这样的消息，作为教育工作者，我十分忧虑。我们怎么能把这种反诈骗的特殊社会公共事务向中小学生摊派，搞得不好，不但没有正面意义，而且会带来恶劣的负面影响，直接侵犯了青少年的人生权利。

　　诈骗获财古已有之，然今日社会愈来愈盛，且诈骗方式日益现代化。信用卡诈骗、短信诈骗、电话诈骗等各种电信诈骗方式不一而足，更有网络诈骗大行其道。诈骗之所以越来越多，是因为诈骗得逞率越来越高，导致骗子越来越多。之所以得逞率高，不外乎两种原因：一是人们原本就有的贪便宜心态在作祟，二是老年人的电信技术、网络技术操作不在行，于是被骗子加以充分利用，所以得逞。

社会发展过程中出毛病了，这很正常，找到病因，对症下药，方能药到病除。比如，进一步提高网络安全技术，让骗子不能轻易得逞；让中老年人接受相关的教育，特别是让曾经上当受骗的人现身说法，以提高大家的警惕性；让公安干警加大惩治的力度，使得骗子不敢行骗，凡此种种都是应该做的。

但我们的相关部门领导竟然打起了中小学生的主意，要让他们参与到反诈骗的行动中，保护青少年的意识太淡泊了，怎么能让学生去防止诈骗？诈骗很显然是犯法的行为，这个理应由公检法来解决的问题，怎么能把孩子派到和罪犯做斗争的最前线？这样做至少是违背了《中华人民共和国未成年人保护法》的。

也许相关提案的提出者出发点是好的，说到底是希望借助学生的力量，来普及相关的知识，减少诈骗的得逞率，最终减少诈骗的现象。而且与社会其他人士相比，毕竟学生比较好领导。况且，从冠冕堂皇的理由看，这好像也是让学生深入社会，了解社会，培养他们的公益心。但这样的思维显然太简单了一点，殊不知让中小学生承担这样的工作实际上已经超出了他们所能承担的范围，他们还在成长期，他们对社会的认识还比较单纯。

这样做的负面影响至少有如下三点：其一，让这些孩子知道了如何进行电信诈骗、网络诈骗，知道了骗子是如何行骗的，正面的期望导向是避免受骗上当，但其同样存在着负面导向，即等于在教一些学生如何实施骗术。中小学生年纪较轻，人生观、世界观、价值观并不成熟，我们凭什么说孩子就一定能把握住自己呢？其二，让孩子知道了如此多的诈骗现象，了解如此多的社会阴暗面，对中小学生的成长真的有利吗？难道不会过早地给孩子蒙上一层黑色的阴影？他们毕竟还太小啊！能不能给他们更多的阳光，而不要给他们更多的黑暗。诗人惠特曼说："一个孩子向前走，他最初看到的是什么，他终将成为什么。"惠特曼的这句话虽然有点绝对，但也是有一定道理的，至少说明应该给孩子更多阳光的东西，而不是黑暗的东西。其三，让孩子走向社会做防诈骗的宣传，社会是由各种各样的人组成的，有愿意倾听并支持孩子们"科普宣传"的人，肯定也有不愿意倾听甚至本身就是诈骗犯的人，谁来保证这些孩子不受伤害？学生毕竟应以学习为主，无论如何不能让他们承担成年人的工作，更不能让他们承担公安人员的职能。

从这个意义上说，我们相关职能部门是不是欠考虑，是不是缺乏基本的保护青少年的意识？让人更加不好接受的是，有些学校的领导也缺乏这样的意识，有学校领导居然会无原则地支持。长期以来的习惯使他们总是认为，凡是领导说的就是对的，凡是上级要求做的就绝对服从，甚至积极申请成为试点学校，完全置学生的利益安全于不顾。这是值得我们警惕的，千万不要以"一切从娃娃抓起""小手牵大手"等种种借口向中小学生胡乱摊派。

让学校真实地发展

近年来，教育界的有识之士都在谈论让学习真实地发生，这无疑是一个很切合实际的话题，因为当下教学存在着"学习并没有真实地发生"的现象。以此类推，教育界其他方面同样存在一些"没有真实地发生"的现象，值得深思。教育科研并没有真实地发生，教师培训并没有真实地发生，学校课改并没有真实地发生，学校发展并没有真实地发生，诸如此类，确实部分地存在于当下学校的教育之中。

有些地方的有些学校的教育科研没有真实地发生。现在许多学校都会通过申请区级课题、市级课题、省级课题来彰显自己学校的教育科研成果，但事实上我们也常常看到有些学校的课题研究仅限于开题和结题两个环节，课题本身并没有进入实质性的问题研究，多半是资料的拼凑、他人经验的嫁接，得出的所谓研究结论都是人所共知的"通识"，说了跟没说一个样。这样的科研基本停留在填写表格的阶段，表格填写通过了，一切研究事实上就结束了，这样的教育科研就是一种面子工程。各级相关组织几乎没有多少人力、物力成本来实施有效的监管，与其如此，不如实施课题瘦身，砍掉大量的课题项目及其相关评审。那些华而不实、虚而无用的课题研究项目，本身就不是冲着研究教育教学的实际问题而去的，而更多的是冲着课题背后的外在目的而去的，是为了课题虚荣，为了课题经费。而真正热爱教育、研究教育的人，即使没有各级课题评审，依然执着地去研究教育的真实问题，去真实地分析存在的问题，去实质性地解决问题，因为他们是基于内在需求而去做真实的教育科研。

有些地方的有些学校的教师培训没有真实地发生。教育界各级领导都高度重视教师培训，设置了各个级别的培训，国家级培训、省级培训、市级培训、区级培训，耗费了多少相关经费，不能说没有一点作用，不能说没有一点影响，但事实上关键在于教师自己是否有内在的发展动力需求。如果教师自己没有内在的动力需求，一切培训只能是流于形式，殊不知我们各级组织设置了各种形式的规范管理，这些管理集中体现在表格管理和经费管理上：表格填写越来越细致，也越来越无聊；表格填写越来越繁琐，也越来越荒诞。所有的环节都要按照规定来填写，于是弄虚作假只能是唯一的选择，区别只是虚假的成分多少而已。至于经费管理可以分成两种情况：对公立学校的管理越来越规范，确实有其正面的意义，但问题是规范到几乎没有多少可以使用的空间，于是上缴用不完的经费成了普遍现象，这不能不说也是一种遗憾；对私立教育培训公司的做法则完全走向了另一个极端，一些地方教育局年终岁末把即将到期没有用完的预算经费（少则几百万，多则几千万）直接打给相关教育培训公司，特别是有大牌名人领衔的公司，这些公司由于是民营机制，以赚取最大利润为唯一目标，加上没有严格而规范的管理，于是他们组织的所谓校长培训、教师培训，真的是天晓得质量如何！教师的成长关键在于内在的动力需求，这个至关重要的核心问题却几乎无人问津，那么，所有外在培训的形式大于实质就成了必然！

有些地方的有些学校的课改没有真实地发生。课程改革已经成为基础教育界的普遍共识，但这个共识并非真正意义上自发形成的，很多学校的校长、教师是在上级组织的领导管理之下，在教育时尚的裹挟之下，不得已而形成的所谓"共识"。参加课改是不得已而为之的事情，是环境使然，非内在需求，于是课改就成了堂而皇之的标语、口号。在一些地方、一些学校，课改只发生在论坛、会议、文件、经验介绍、论文之中，唯独没有发生在课堂之中。课堂依然是教师主导一切，传授型教学独占天下，依然是考纲为纲、考题为本，依然是刷题训练充斥教学始终，依然是将分数排队、高分为王作为单一的评价方式。这样的学校教育生态确实堪忧，表面一套，实质上是另一套；说的是一回事，做的是另一回事。这种人格分裂的教育文化生态直接对下一代产生极其恶劣的示范影响，在这样的文化氛围里，耳濡目染，学生自然也会习得这种双重人格，甚至于发展更甚，弄虚作假就是十分自然的事情了。

有些地方的有些学校没有真实地发展。如果学校教育科研没有真实地发生，学校教师培训没有真实地发生，学校课改没有真实地发生，那么学校怎么可能真实地发展？但事实上，在今天的环境下，我们却有许多学校在编织发展的假象，在创造学校发展的外衣。主要策略就是宣传，各级各类的宣传，各种形式的宣传，纸媒的宣传，网络媒体的宣传。特征就是广告式夸张，明明只是一个想法而已，就一定夸张为现实；明明只是一个设想，就一定夸张为影响巨大；明明是一个缺憾，却硬生生说成是功效；明明只是一个人的个别现象而已，就一定会夸张为所有人的普遍行为；明明只是一个班级而已，就一定夸张为整座学校；明明是毫不相干的成绩，一定夸张为某种课题的研究成果、某种课改的成绩；明明是一张白纸，却一定要涂上五颜六色的油彩。宣传的目的一方面在于制造一种社会假象，糊弄家长、糊弄大众，另一个目的就是欺骗领导、升官提薪。

学校教育科研要真实地发生，校长、教师就要直面当下学校教育教学真实的问题，真真切切地分析研究问题，寻找问题之源，探求解决问题的办法，不断地在实践中去试错，不断地去改进，最终促进学校的发展。学校教师培训要真实地发生，各级领导就要以激发教师内在动力为核心，淡化外在功利的目的，让一部分真正热爱教育的教师留在岗位上，让一部分对教育了无兴趣的教师重新选择职业岗位，培训更多的是提供各种资源，让教师主动选择，积极进取。学校课改要真实地发生，各级领导就要促进校长、教师产生内在的真实需求，因此评价学校的标准和方式要发生变革，不要只看外在的宣传，应该深入到学校、深入到课堂、深入到师生的内心深处去感受。学校是否真实地发展取决于课堂是否真正向好变化，取决于学生是否在学校里进行了真实的学习并在学校里有真实的成长，取决于教师的师德修养和教学水平是否得到真实的提升。

谁在开会，开谁的会

　　基础教育界的校长、老师们喜欢开会，开会有许多作用，分享办学理念，交流教育经验，研讨现实问题，培训校长教师。参加了多次会议之后，我也发现了不少问题。

　　会议过多、过滥可能是各地教育界的通病，有高峰论坛、尖峰论坛，有恳谈会、现场会、动员会、总结会，有贯彻落实教育家办学会、学习新课标会、新教材研讨会、新高考应对会、中外校长对话会，有国家级、省市级课题的子课题招标会，有各个级别的教育学会及其各个分会的学术年会，有校庆大会、表彰大会，有某某教育模式发布会、某某学校办学经验交流会、某某新书发布会、某某教育思想研讨会、某某从教几十年庆祝会，还有一系列的打着各种漂亮旗号的培训会议，名目繁多，不胜枚举。开了这么多的会，我们有必要反思一下，有必要问一些基本问题：谁在开会，为谁开会，开谁的会？这之中是有关联的，知道了谁在开会，谁在讲话，就知道是为谁开会，开谁的会。

　　基础教育界的会议，当然是基础教育界人士在开会，一般主要是校长、教师为主，当然还有政府官员、高校教授、研究人员，等等，这是所谓的应然状态。但是会开得多了，你会发现一些重合度比较高的现象，比如讲话人员重合度比较高，在会议上经常亮相的、经常发言的、经常做报告的、灯光聚焦率比较高的，这些人就是所谓教育界的大佬。他们有比较大的影响力，他们有决定教育走向的权力，他们有引领基础教育发展的名分，他们有评价学校办学的资质，他们有衡量校长、教师教育水平的资格。认真仔细地分析一下这些有影响、有教育话语权的人物，可以知道他们是由几类人构成的。

第一类就是政府分管教育的官员，或者是退居二线的政府官员，甚至是已经退休的前任官员，他们把持着话语权，经常发声。他们常常在解读中国教育的发展走向，经常在解读教育部的政策文件，经常在解读省市教育主管部门的新政策、新精神、新思路。实话实说，他们讲的基本都是正确的，但也基本都是人人皆知的。当然我们不排除在众多的官员当中也有少数有个性话语能力的人，他们的话语方式独树一帜，这样的人极为少见，属凤毛麟角。

第二类人物就是高校教授，尤其是师范大学的教授和各类教育研究机构的教授、研究员。这些人得益于国家课程改革而成为名人，先是为课程改革出谋划策，为教育部、省市教育厅起草文件，制定规划，制定课改项目，获得了诸多信息，然后面向教育局长、各级校长、各科教师进行培训。他们的话语方式原本是学院派的，动辄就提美国教育、英国教育、德国教育，教育界的时尚概念几乎都是来自他们的传递、传播。通过论文、著作、演说、培训，他们承担起了二传手的角色。他们重要的缺陷在于脱离实际，他们中的大多数人不愿意长期在中小学一线去做观察分析研究，更愿意组织或出席论坛、对话会、报告会、评审会、评价会，因为这种指点江山、裁判他人的居高临下的感觉还是挺不错的。他们更愿意躲在大学的书斋里搞翻译、搞编译、搞项目、搞专著。他们笔下的教师是抽象的教师，而不是有血有肉的教师；他们口中的学生是概念的学生，而不是具体的、个性化的、生动活泼的、调皮捣蛋的学生。当然我们也不排除，其中也有一些教授、研究人员长期坚持在中小学一线生活，既是观察者，也是引领者，更是实践者，将理论和实践相结合。

第三类就是中小学名校长、名教师。他们是基层中小学校涌现出来的佼佼者，他们或者在学校办学过程中取得了很好的成绩，或者在课程改革中做了一些校本化的建设，等等。于是他们有了资本，可以在同行面前大肆介绍经验，但他们的问题在于把复杂的教育现象简单化，片面夸大自己的经验，以为放之四海而皆准，避而不谈他们所拥有的大量优势条件，不恰当地放大了个人作用。久而久之，他们还会以权威自居，动不动喜欢评价其他学校，这个不对，那个不妥，这个思想不正，那个路径错误；动不动喜欢评价其他校长、教师，这个没水平，那个不规范，这个野路子，那个太感性。当然我们也不排除其中有些优秀的校长、教师始终保持谦和、理性的态度，实事求是，冷静客观，既不居功自傲，也不唯我独尊。

就是上述三种人直接组织或间接组织了大多数会议，是他们在开会。无论组织与否，他们几乎都把持着绝大多数教育会议、教育培训的话语权，甚至有些人就是以开会为自己的生活常态。他们反复出现在各类会议当中，不断在重复着一遍又一遍看似正确的政策、理论、经验，可以说他们决定了基础教育的会议生态，开谁的会，已然很清楚，就是开他们的会。而且这些人许多并不完全明了一线教育教学的现实生态，并不知道一线教师的具体感觉，不知道他们的压力、他们的负担、他们的困惑、他们的无奈。所以他们的讲话内容、话语方式对一线老师来说常常是隔靴搔痒，其根本问题就是单向度。这些会议往往是传递，是传播，甚至是灌输，而不是对话，不是碰撞，更不是批判。单向度的会议源于单向度的思想，单向度的价值取向，既不可能根本解决问题，也极容易导致单向度的教育，造就单向度的人。

谁在参会，为何参会

上文我们说了主宰会议的人，现在再看参会者。由于会议的性质不同，我们可以将其分成两类，一类是官方会议，一类是非官方会议。

先说官方会议。这些会议是由教育主管部门直接召开的会议，作为校长、教师必须参会，而且有严格的考勤制度，不敢不去。这类参会者是被动参会，这样的会常常是领导做报告，参会者听着，开这样的会，也不需记录，因为常有文件同时下发。时间长了，有些校长、教师也觉得这类会议实在有些无聊，开始溜了。有些校长还会让人代其开会，老师有课，不能让老师代开会，于是就让办公室没有课的人开会，甚至让油印工、驾驶员开会。可想而知，他们开会就是签个名、点个到、占个座而已，至于会议内容几乎是一问三不知。有人开了先例，就有人仿效，次数一多，细心的领导就会发现，于是出台更加严厉的会议规定，现在我们常常看到很多会议规定必须正校长出席，校长无奈只好出席。会议一多，校长就无暇顾及学校，学校就交给副校长，校长就成了开会校长。

还有教育业务主管部门组织的会，这类会议常常有与学校具体工作关联度比较大的信息。比如教研室的会，常常与考试有关，现在发达地区不说"考试"，而说"评价"，说"考试"显得老土了，但在实际工作中很多一线的校长、老师还是会认为二者其实是一回事。比如教育学院的会，常常和师训有关，老师们必须参加多少培训，才能获得多少课时的学分。这类会议的组织者一般不敢要求正职校长必须到会，所以参会的多半是教务主任。这些会不能说没有作用，但基本上是具体事务居多，且参会的不是学校主要领导，所以对促进学校整体改革意义不大。

再说非官方会议。这类会议的参会者有不少是主动参会，甚至有些人是逢会必到，深究起来大概也有几种原因。其一是真心想了解教育信息、课改信息，真心想知道领导在想什么，专家在研究什么，同行在实验什么，以便自己回去之后学习做点什么，这是值得肯定的。其二是把开会当作休息，如果是校长，则暂时摆脱学校各种繁杂的事务；如果是教师，则暂时有几天清闲。明知会议内容几无所用也要参会，到会之后也不认真开会，以放松为主。如果是异地开会，就顺便旅游，会议期间溜号旅游的并不少见，他们完全把开会当作一种生活福利。其三是带着功利目的开会，参会是为了建立各种人脉关系，比如与专家建立关系，日后在各级各类评比、评审中能够获得较好的评价，诸如此类，不一而足。

正是因为开会者、参会者有这些心态，导致我们的会议越开越多，这样下来，会议不滥才怪！很多机关就是以开会为主要工作，不断地被人开会，不断地找人开会。很多半官方的协会、学会、理事会，甚至把开会作为唯一的工作方式、唯一的生态模式，或许是因为他们的机构名称本身就带着"会"。所以，现在有专门以办会为目标的公司，新增了会务经济，有很多客户来自教育界。很多人成为职业会议人士，草拟会议计划，制定会议方案，邀请讲话领导、报告嘉宾，征召与会校长、教师，然后把会议的其他会务工作一股脑儿统统交给基层单位，成了这些人的工作生态。下面基层学校之所以愿意劳民伤财承办会务，主要是基于搞好上级关系、扩大学校知名度等动机，所以很多会议都是和基层学校的校庆、院庆、园庆搅在一起。

为开会而开会，是现在会议泛滥的本质特征，正如一首打油诗所说："开会再开会，不开怎么会，本来有点会，开了变不会。有事要开会，没事也开会。"因政策而开会，比如政府出台教师人事、职称评审改革新政策；因文件而开会，比如政府发布相关文件；因学校而开会，比如学校建校多少年；因个人而开会，比如重要人物出版一本书开的是新书发布会，重要人物从事教育多少年开的是庆祝会。

开会的原初意义是什么？我以为是人们以思想碰撞来解决问题。首先要聚焦问题，人们应该是为问题而来开会，聚焦问题才能最终解决问题；其次要有思想，会议组织者要有思想，会议发言者要有思想，会议参与者要有思想；再次要交流，所有与会者带着思想来，来了就要表达，表达就有不同，不同就会碰撞，碰撞产生火花，深度交流碰撞最终产生解决问题的办法。

误读美国教育：中国英才教育批判

——访美国托马斯·杰弗逊科技高中

一、背景

2011 年 4 月，中国国务院国务委员刘延东与美国国务卿希拉里就中美人文交流达成协议，中美双方将启动教育、文化、青年、妇女等多方面的交流。7 月 19 日至 8 月 1 日，作为此项目的第一批赴美考察团，由来自北京、上海、浙江、山西等地的 78 位优秀校长、优秀教师组成的教育考察团，在国务院参事、人大附中刘彭芝校长带领下，赴美国芝加哥、波士顿、华盛顿深度考察，访问美国最优秀的公立、私立高中。

我们可能一直在误读美国的教育。

误读美国教育，我们以为美国的基础教育还在为基本的阅读能力、计算能力不过关发愁，并不关注英才教育，因此会有"不让一个孩子掉队"的总统令；

误读美国教育，我们以为美国的基础教育总体质量不行，比如在国际学生评估项目（PISA 测试）中，美国学生的阅读能力、计算能力、科学能力排在中下游，只是因为美国的高等教育比我们的强，所以美国科技发达；

误读美国教育，我们以为美国的基础教育都是杜威的"生活即教育"，在玩中学，轻轻松松上学去，基本没有负担；

误读美国教育，我们以为美国的基础教育特别不重视学科教学，他们的学科教学远远不及我们，不及我们深，不及我们广，不及我们扎实；

误读美国教育，我们以为美国的科技教育取得成功一定是政府投入的资金雄厚，所以要搞精英教育一定要由政府投入相当多的经费。

2011年7月28日上午，我们访问了托马斯·杰弗逊科技高中（Thomas Jefferson High Schonl for Science and Technology），亲眼所见、亲耳所闻的一切颠覆了以往我们自以为是的错误认识，反思中国基础教育的英才教育，即以前叫重点中学、今天叫实验性示范性高中的教育，与美国存在巨大差距。

我们到访的是一个以美国第三任总统托马斯·杰弗逊的名字命名的学校。学校就坐落在马路边，与所有美国学校一样，学校没有围墙，在紧靠马路的地方，有一个学生设计的雕塑，是由两个圆形、两个三角形、几个方块、一个人组成的不锈钢雕塑，作为学校的纪念碑，代表教师帮助学生开启科学大门，象征着这个学校的办学宗旨。

这所学校是美国国家创办的四所科技高中之一，始建于1985年，2007年被美国《新闻周刊》列为美国最好的精英型公立高中，在《美国新闻与世界报道》所做的"美国100所最佳公立高中排名"中，连续三年位列榜首。一个只有25年历史的公立学校，获得如此殊荣，的确有其不同凡响的做法。

校长伊万·格雷泽接待我们，这是一个相对年轻的校长，看上去也就是40岁出头，虽然背有一点驼，但仍显得身体健壮、英俊，他向我们详细介绍了这所学校是如何培养科学技术的精英人才的。然后是学校的校长助理、各学科优秀教师向我们介绍学科教学、课题研究，最后由一个高三年级学生带我们参观学校。

托马斯·杰弗逊科技高中一共四个年级，从9年级到12年级，学生从十三四岁到十七八岁，主要是来自北弗吉尼亚州的优秀学生。学校属于弗吉尼亚州，是一所"磁铁石学校"，即有专长的学校。美国的"磁铁石学校"是在办学过程中有非常鲜明的特色课程的学校，因为可以吸收其他学校的学生来选修他们的一些课程，因而有了这一称呼。一般公立学校的选修课必须有20人以上选修才能开设，"磁铁石学校"可以聚集当地周边学校的学生，每周过来上半天的课。美国的"磁铁石学校"不仅有科技特色学校，而且也有文科特色学校、艺术特色学校、体育特色学校，"磁铁石学校"常常与相关科技公司、研究机构、大学、社会团体密切合作。

托马斯·杰弗逊科技高中的办学宗旨是：特别注重学生能力培养，包括思辨能力、解决问题的能力、好奇心、社会责任感。学校的办学理念贯穿在学校课程之中，学校提供充满挑战性的课程，各个学科相互交融，共同创造一种创新的文化氛围，这种氛围是建立在伦理道德基础上的。

二、暑假学校：独特的招生育人模式

托马斯·杰弗逊科技高中的教育从暑假学校就开始了，暑假学校招收一些想报考这所高中的初中学生。在这里，每个学生每次只交200美元，就可以参加这所学校的科技课程，这些科技课程都是动手动脑的，比如物理学科，从加工材料做起，锯、剪、焊、接、电脑编程等，基本功就在这里学会，在短短的暑假学校学习期间，学生学会了许多技能。暑假学校的科技课程非常生动活泼，吸引学生热爱学校、热爱科学，比如以电视连续剧《解密》为话题，让学生参与破解一个个有趣的科学秘密，在破解秘密的过程中产生浓厚的科学兴趣、研究兴趣。针对学生需求开设课程，学校将参加暑假学校的学生分成若干个组，要求学生提问题，同时暑假学校给每个学生发放阅读材料，放相关电影，高年级带低年级学生讨论问题，然后每个小组集中向学校提出一个值得关注的问题，如科技化的时代如何保持个性、创造性？要求每个学生都参与投票，选出最受学生关注的问题，学校针对问题设计课程，教师指导学生学习。在整个暑假学校的学习过程中，每一个学生的志趣爱好、能力水平、情商、智商以及责任意识、合作能力，教师都可以真真切切地观察到，学校因此可以在这些初中学生里发现一些好苗子，介入早期的培养。

为了更广泛地发现人才，每年招生由这所学校自己组织考试，选拔一些在科技方面有志趣、有特长的学生。报考的人很多，每年的录取率就在20%左右，这些少数科技精英进入学校之后，就开始了科学的符合教育规律的培养。

三、大学先修：比我们更广更深的科技课程

托马斯·杰弗逊科技高中的课程设置重视基础、突出科技、文理并重。科技、工程、数学学科实力非常强大。除了理科课程，还有丰富的文科课程、体育艺术课程。学校特别注意文科理科结合，英语、数学、历史（包括各种历史，如美国历史、科技历史等）是每年的必修课程，教师重视教会学生用理科的方法解决文科问题。

主体课程有必选课。首先是数学，学生每一年必选数学，必选微积分，80% 的学生在修完微积分之后会选修高等数学。学生至少要选修一年的电脑课程，大部分学生会选数学建模、电脑编程、人工智能等。英语和社会也是主体课程，学生必须选修四年的英语和四年的社会课程。学生必须选修三年的外语，主要有汉语、德语、法语、拉丁语、西班牙语等供学生选择。学生还必须选修两年的体育课、一年的艺术课。科技课程每年有所侧重，9 年级学生物，10 年级学化学，11 年级学物理，12 年级学地球物理。

学校课程设置当中一大特色就是 9 年级新生要学习复合型课程，即生物、英语、技术三门课的复合。技术课指的是动手实验课、计算机、焊接等实用技术。三门学科之间是有关联的，相关学科教师一起备课，把一年的计划设计好，根据教材设定主题，三门课的老师一起上课指导学生。比如环保主题，生物老师带学生看样本，指导学生研究基本原理；英语老师指导学生看文章，帮助学生提问分析；技术课老师带学生做实验，帮助学生掌握技术、器械。复合型课程一节课时间比较长，这样教学除了学科综合的优势之外，还有帮助学生形成团队精神的作用。中国是班级授课，美国一般学校都是学生走班，45 分钟或 90 分钟之后走班。学生进校之前都互相不认识，走班上课，学生没有一个团队概念，而复合型课程把学生分成几大组。该校复合型课程融合了走班制和班级授课制两种方式的优势，每一组学生相互了解，团体意识、团队精神由此建立起来。

该校学科教学的深度和广度都远远超过了中国高中，比如 10 年级学生学化学，暑假里就自学了化学课程，因此为开学后的课堂教学节省了大量时间，学习进度大大加快。必修课之余，有志于化学研究的学生还可以在选修课时选择大学化学课程，每个学生在某一志趣学科中所学的知识面、知识深度远远超过中国学生，不像中国学生那样面面俱到、人人一样。11 年级学生学物理，分为普通物理和 AP（Advanced Plalement，大学预修课程）物理两种，取决于学生是否学了微积分，学了微积分，就选 AP 物理，一般是数学成绩好的学生选 AP 物理。12 年级学习地球科学，数学非常关键，很多地方要用到数学建模，使用建模的软件来进行天气预测、地震预测。虽然每年科技课程各不相同，但教师每年都要指导学生回顾一下所学过的学科，使学生具有扎实的学科基础。

除了主体课程之外，还有大量的选修课程，10—11 年级学生选修 AP 的物理、化学、生物、纳米技术等课程，其他还有有机化学、神经生物学、地球生态学等。选修课程开设的是大学级别的课程，老师先讲授，再指导学生实验，有些课程如生物课要在户外获取大量标本进行分析。

该校还有一个很有意思的特色课程——"第 8 节课"，这是学生自发形成的，没有学分，学生根据自己的兴趣，自己找老师，除了科技研究，还有文化活动，或者到当地小学讲授科技，或者组织有意义的活动，有些学生也可以选择找老师补课，给学生相当大的自由度。

四、推动人类进步：每个学生的真研究

这所学校的另一大特色就是每一位学生都有研究项目，最后一年都必须提供研究成果。学校积极倡导推动人类进步的科学研究，每学年学校邀请科学家来校演讲，为学生做报告，激发学生为人类的科学事业而奋斗。

学生在四年高中生活中，其科学课题研究是有系统设计的，9 年级学生刚开始进入高中，先感受一下高中课程，同时要考虑自己的兴趣，思考自己的课题方向，全面规划计划自己的课程，把学校每个学年的学习和暑假学

校都纳入到学时之中。如对化学感兴趣，在各个年级选修什么，暑假学校学什么，把中学、大学的课程全部考虑进去，由广到细，由浅入深，最后第四年，12 年级学生必须选择科技项目的研究课题来研究。科研项目与课程紧密相连，先有学生的兴趣，学校再设计相关课程，比如有些学生对通过电脑读取人类大脑的脑电波产生很大兴趣，学校因此建立神经科学课程，建立神经科学实验室，不少课程是建立在学生课题基础上的。

学生选择的研究项目都是真实的、立足于解决现实问题的研究，有些研究非常高端前沿，因此对科学实验室的要求非常高，公立学校没有资金购买，就想办法寻求相关科技公司、研究机构、大学的支持。85% 的学生在学校进行研究，学校在相关单位的帮助下建立了神经科学实验室、能源实验室、化学分析实验室、海洋生物实验室等 13 个高端实验室，另外有 15% 的学生到外面的大学、研究机构做研究。所有的学生必须自己找研究方向，学生要读大量的科学文献，读学兄学姐的研究报告，与当地科学家讨论问题。有的学生特别有灵感，能够创造自己崭新的研究项目，如有学生研究人造卫星，在课内做研究，在课外寻求社会各界给予支持，找当地人造卫星公司给予支持。学校与公司、政府、大学、科研机构合作，这是学校成功的因素，公司会给学校提供很多的机会，进一步推进研究项目，学生提出研究报告给公司。

学校特别关注学生社会责任感的培养，组织各种活动，如环境保护、社区服务，组织高中学生为小学生服务，周末向当地的小学生介绍科学研究，帮助小学生培养研究精神，从而使自己的学生有一种自觉的社会担当。学校举行一年一度的科学研究大会，表彰优秀成果，将优秀的作品刊登在学校的杂志上。

五、中美对比：我们的问题在哪里

托马斯·杰弗逊科技高中的外在条件并不特殊，甚至远远比不上中国的高中，特别是不像北京、上海的实验性示范性高中那么豪华、那么漂亮，但是他们在科学人才的早期培养上远远走在我们的前面，走在世界的前面，让人震撼。由此可以得出结论，如果中国基础教育，尤其是高中教育不加以改变的话，未来的科学世界的高峰仍然是美国人的，我们很难赶上别人。大家都知道，谁占据了科学的制高点，谁就占据了全球经济的制高点，占据了整个世界发展的制高点。我们要想在科技创新领域里赶上美国，必须改变基础教育的英才培养模式，舍此，别无选择。

很少听到美国人谈论精英人才的培养，因为这个方面他们做得很好，所以他们根本不需要谈；他们最喜欢谈的是"不让一个孩子掉队"，因为他们在教育均衡方面做得不够好。因此，千万不要误读美国基础教育，不要以为他们只重视均衡，实际上他们特别重视英才培养。

当我们在痛批英才教育、着力解决教育均衡化的时候，美国人一边号召"不让一个孩子掉队"，一边悄悄把少数英才少年紧紧抓住，对高端人才进行卓有成效的早期培养；当我们的优秀学生在拼命做题解题的时候，他们在动手做实验；当我们的精英高中学生仍然在为分数、高考拼搏的时候，他们在做科学研究课题；当我们英才少年在搞奥林匹克竞赛的时候，他们在攻克癌症，他们在制造火箭，他们在开发新能源，他们在做火星探测器。这些年来，我们的重点高中也搞课题，但那多半是点缀；我们也搞研究性学习，但那多半是纸上谈兵；我们的学生也会写科研论文，但时常是老师帮忙，甚至是父母代劳；我们有些高中也有一些像模像样的所谓实验设施，但那多半是博物馆型的，观摩的意义大于动手的意义；我们的一些职业技术学校也有一些实验设施，但很可惜，这些学生只会操作，不习惯于创造，而英才学生只做题，不去研究创造，不去制作具体的东西，不出产品。但美国人是真抓实干，走进这里的 13 个实验室，每个实验室都是堆满了各种工具、材料和半成品，看似杂乱无章，但其实自然真实，他们是在做真研究，做真课题，做实实在在的科学研究，做推动人类进步的发明创造。接待我们的一个该校高三学生兴奋地告诉我们：托马斯·杰弗逊科技高中学生制造的火箭将于 2012 年春天升上太空。这样的真研究比比皆是，也是这所高中每一个学生的必修课。

他们将杜威"做中学"的思想，赫尔巴特的学科教学的思想，建构主义的研究探索体验的学习思想，把看似矛盾的各种学派教学思想全部整合在一起，形成了最有效的育人方式，培养了一批批真正的科学技术人才。他们会做，最基本的动手能力、实验能力远远超过我们的学生；他们会读，离开老师的时候，他们自学了大量学科教材、科学著作，形成了比我们的学生更加广博、更加深入的理论知识系统，为创造研究打下了深厚的知识基础；他们会问，不断地向书本发问，向教师发问，向科学家发问，向自然和社会发问，形成了他们质疑探索的可贵精神；他们会学，自主学习，自主研究，自我表达，将自己的研究成果用文字、用亲手创造的物品表达出来。相反，我们的学生多半只会做题。

今天中国最杰出的学校尚且基本停留在应试升学的准备上，国家的创新人才从哪里培养？中国高端科技人才的培养比美国整整晚了 10 年（我认为中国从初中四年到高中三年，再到大学本科四年，很少有真正意义上的科学研究）。而美国差不多是放掉了一大批中等人才、初等人才，让他们随心所欲、随行就市、顺其自然，能学到什么程度就学到什么程度（数学相当于中国初中二年级水平的高中生也能够高中毕业），想学什么就学什么（大量的非学科类的选修课程），但是他们抓住了极少数高端人才，从初中开始就进入到科学素养的培养上。从初中到大学本科毕业，这个 10 年是一个人一生中最容易接受新鲜事物、最容易产生新创意、想象力创造力最为活跃的 10 年。因此，我们的所谓均衡教育是以牺牲少数高智商学生为代价的，上海的学生参加 PISA 考试已经证明了这一点，低端学生不低，高端学生不高。让高智商的学生去重复做一些低层次的试题，浪费了大好光阴，错失了开发他们科学潜质的宝贵时光，让人痛惜，让人扼腕！

这里当然有我们民族文化的问题，我们相对更加功利，更加实惠，更加注重眼前，更加看重分数，就是因为分数能让学生上好的高校、好的专业。解决这个问题，当然不能指望即刻改变功利实惠的文化环境，但是可以改变政策，改变招生政策，对极少数高端科技人才，我们完全可以取消高考，代之以全面衡量学生的科学研究能力、科学素养，比如可以请大学教授们以集体质性考核的方式录取学生进入一流高校。要改变文化，首先要从改变政策做起，为什么不能解放优秀学生？为什么不能在教育均衡发展取得阶段性成果之后，抓紧培养高端优秀人才？

补记

《人民教育》2011年第17期载文《误读美国教育：中国英才教育批判》，是一篇有锋芒的文章。作者为程红兵，他与刘彭芝校长带领的中国教育考察团到访了美国托马斯·杰弗逊科技高中，所见所闻令他"震撼"。

程红兵用实际见闻修正了我们之前对美国教育的认识。我们容易接受这样一种定位：中国教育与美国教育各具特色，如同事物发展的两个面。我们总是认为，中国的教师严格督促学生读书，而美国的教师容易放任学生，其自主探究也有副作用。我们不接受的是，美国教育走向下一个形态，他们之前的教师也如我们现在的老师一样教书，他们之前的学校也类似于我们现在的学校。我们之所以不接受这个认识是因为接受就意味着要承认中美教育在发展上处于不同的阶段，中国教育的现实形态确乎存在发展和更新的必要。

这种思想就有些冲击力了，或许会触动大众的神经，而由此换来一顿批评。

可是读完全文，我们就能找到这种教育判断的原因了。一个有责任感的中国教师、校长，致力于发展中国的教育，而他的域外见闻让他彻底清醒，意识到我们存在着这么多的问题和不足，而有此清醒认识的人偏偏又是这么少。程红兵所在的学校曾经是中国学校的一个样板，也曾经享有很高的办学声誉，也就是所谓的示范学校。他大概也没有想到，中美两所学校学生做着完全不同的事情，有着完全不同的学习生态，甚至两所学校的价值追求也完全不同。

我知道一个内心澎湃着激情的老师、校长，看到这种对比，思想从沾沾自喜中冷静下来的时候，他的内心是怎样为了中国教育的图存和发展而感到忧心忡忡的。

不问程红兵是否说了过头话，这一刻我理解了他。因为与他一样，我在新加坡的德明政府中学看到他们的学生与中国的学生这样不同，他们的教育形态引发我自省。我意识到两种不同的教育培养了不同品格的学生，而我们的学生若在国际上参加竞争，无疑我们的教育为学生提供的准备不足。我由此感到震撼，甚至稍后转化为凄凉，似乎这么多年来，我为教育付出的未必是学生未来发展最需要的。我们的教育从内容到形式，还没有为学生终身发展做好准备。

程文言辞激烈，但是从情感和认识上我愿与他应和。有些话你可能不愿意听，可是也不妨听一听。

令程红兵最感慨的是，随队介绍的美国学生告诉他们：我们研制的火箭将升上太空。他由此想到如今在中国，学生将大部分精力放在做题上。两相对比，在教育的生成性产品——人的素养与品格上，存在如此巨大的差异。

如果你还能保持冷静，可以思考：美国教育的优点在哪里？充分尊重学生，学校教育的一切都是服务于学生发展的。学生需要不同的课程，我给你提供；不同的学生有不同的潜能，我给你提供发展的机会；学生的学习进度不一样，我不求你们同时同地学习同样的内容，你们根据自己的需要选择；学生不必为了考试而学习，可以在不同的课程内容的探究中找到乐趣，看到自己的进步。

如果我们是为学生办学的，我们的课堂还能是现在这样的吗？我们的学校还能是现在这样的吗？

（赵福楼，天津市教育教学研究室副主任、中学语文特级教师、

中国教育学会中学语文教学专业委员会常务理事）

现行教学方式中有碍创造力培养的几个因素

据报载，我国近年来涌现的发明家，绝大多数在 45 岁以上。他们的创造能力并非直接来源于我们的高等教育，而是以半个人生为代价，是在实践中摸索出来的。在恢复正规高等教育后的 10 年中，我国高等教育的规模已逾 400 万人，毕业生达 300 多万人。然而，以 1987 年为例，在当年 217 个国家发明奖获得者当中，19～39 岁的青年只占 7.6%。而科学史表明：科技人员创造的最佳年龄为 25～45 岁。一方面是产生几百万大学毕业生而发明家凤毛麟角，另一方面是大学生毕业后还需一二十年的磨砺（参见王伟群《晚成的能力——创新教育与学校》，载《中国青年报》1990 年 12 月 10 日第 4 版）。法国著名创造学学者德莫利说："学校应该是创造的摇篮。"日本著名学者乾侑的研究表明，9 岁以前是儿童创造力的启蒙阶段，9～22 岁是培养创造力的关键时期，而这正是我们学生在学校接受教育的阶段。从某种意义上说，我们的学校教育延缓了甚至是延误了学生创造能力的成长和发挥，不能不令为人师者汗颜！

反思一下我们的大学、中学现行教学方式中存在的不利于学生创造力培养的几个因素，可以看出产生这一现象的一些原因。

一、中学阶段

创造力是个性的重要品质，是个性的灵魂。它集中反映了个体的智能、性格、意志、情操等各方面的素质水平。这些素质的高质量的组合就体现出一个人的创造力。这是个性发展的一个极为重要的方面和具体表现，也是教学的一个重要目标。在教学过程中，保护学生的好奇心和异样行为，解除学生的恐惧心理，鼓励多样性，让学生拥有充分的心理安全和心理自由，是培养学生创造力的必要条件。一般来说，只有民主化的师生关系才能创造出这种条件，而我们现在中学阶段教学的终端验证是中考、高考。社会衡量、评价教师的标准是单一的，就连宣传模范教师都会带上较高的平均分和升学率这个尾巴。显然，很多人只认分数和升学率。在这样的社会背景之下，教师们所采用的一些教学方式，在一定程度上抑制了学生创造力的发展。

第一，教学目标的单一化。中学教育的目标只有一个，就是高分升学。一切教学活动都是围绕着这个中心，与此无关的学生言行、思想即为闲事、闲话和胡思乱想，遭到严加限制，学习之余的玩耍、幻想即在此列。这样一来，学生的行为集中在学习上，也许分数会有所提高，但是学生的想象力却受到很大的抑制。我以为，自由玩耍有利于创造，玩耍使得学生有机会发现许多事物的新特征，能刺激学生的幻想，从而使创造性行为有了出现的可能。心理学家皮亚杰把玩耍称为"创造想象的源泉"。教学目标单一化，学生的理性认知随文化水平提高可能升高，但情感体验不一定与之同步发展，特别是由于以逻辑——理智思维加工方式为尺度的现行教育评价和选拔制度，使相当多的学生的自尊心严重受挫。他们不仅对学习有自卑、焦虑情绪，面对挫折、失败时心理承受能力低，兴趣狭窄、情绪不稳定，而且由此导致自信心、成就感以及对集体、对他人的责任感下降。当代心理学家和伦理学家从不同的研究角度共同认为，自尊感与责任感是迁移能力最强的人类情感，并且认定它们之间有密切的相关性，即自尊心的丧失是社会责任意识淡薄最大的情感因素。

第二，教学的程序化。在中学教学中，许多人热衷于程序化，课堂教学如此，教学管理也如此。大小计划十分严密，步调一致，学生的一切行动必须按计划进行，学生简直成了机器，这极不利于学生创造人格的养成。教育家布卢姆在和创造性较强的作曲家、数学家的谈话中发现，在那些人和专业有关的早期行为中，大部分行为都不是计划好了的，而是"玩耍"的。教学应该规范，但不能刻板；教学应该有序，但不能机械。有人说：当一个人必须处在前进步伐一致的班级中时，那正是学校作用的失败。罗素说："富有才华的个人发展需要有一个对他们来说几乎没有任何强求一致的青年时代。"这一现象值得我们深思。

第三，动机取向外部化。创造性理论认为，内部动机有利于创造性，外部动机有害于创造性。高考升学，参加竞争的人数之多，录取比例之小，社会、家长、教师期待之热切，导致学生学习动机趋于外部化，为升学而读书，为求职而读书，为家长而读书，为老师而读书。沉浸于学习本身的动机在衰减，对学习的好奇心、兴趣在衰减。每次考试失败都使众多学生的自尊心、自信心受到打击和摧残。以学习为乐，觉得学习既是一种挑战又是一种满足的学生越来越少，这对学生创造意识产生了较大的消极影响。爱因斯坦少年时代曾经就读于德国一所组织严密的学校，在那里，考试期间的压力是如此沉重地压迫着他，以致一度使他失去了对科学的兴趣。由此我们可以看到，过多、过滥的考试，过于沉重的压力和负担，将严重破坏学生的创造意识。学校教育的宗旨在于从教育意义上帮助孩子培养一种热爱学习的动机——重视和追求阅读、写作、思考、计算、解决问题之类的动机，当孩子的学习动机得到了精心培养而成为一种个性品质时，他未来的人生旅程中将会充满创造、发明、贡献。

第四，测试标准化。测试标准化导致学生的认识绝对化。标准化考试只重视结果，而不重视思维过程，这显然对学生思维的发展不利。标准化考试强调精准，排斥模糊，长期的训练使学生养成这样一种习惯：无论碰到什么问题，只求明确具体的答案。对事物的认识趋于绝对化，非此即彼，非彼即此。这种排斥模糊的思维方式，对创造思维的培养是起破坏作用的。因为发散思维、创造性思维说到底是一种高级的模糊整合能力，当个体进入了发散思维、创造性思维的发达阶段，个体的直觉、灵感、顿悟等发散型认识模式，实际上是对形式化确定思维的一种积极扬弃，是一种较高水平的综合思维，是一种高级的模糊化思维，对创造起着重要作用。例如，科学家通过模糊思维重视瞬间直觉和记忆中的知识，能使思路触类旁通，使科学探索在"山重水复疑无路"之际，又得独创之新天地。从模糊性和精确性的辩证关系来讲，作为矛盾对立的双方，模糊性是绝对的、普遍的；而精准性是相对的，是模糊性特例，模糊性和精准性只存在于相互依存的关系之中，在一定条件下彼此转化。所以，在一切认识上只求精准、排斥模糊，是片面的、不科学的，这违反了认识规律，有碍于思维能力的发展。美国斯坦福大学教授埃斯纳（Eisner）在其 1986 年出版的《教育视野》中指出："美国许多学校都把注意力放在可操作的标准化测试上，放在因此达到分类目标的要求上。除此之外，他们还把对学生的期待标准化。这种做法的程序本身常常对教与学做出写实化的反映。正是这种事先安排好的程序，虽然其目的是提高学习成绩，却使许多老师忽视了其不愿再去鼓励学生去探寻自己成功的独特道路。同时，为了完成成绩责任制而产生的学校气氛，常常对那些学生创造性发展最重要的过程起阻碍作用。"（参见王长纯《当代西方教育艺术论初探》，载《外国教育研究》1992 年第 4 期）埃斯纳先生的这番经验之谈值得我们借鉴。

基于上述几个方面的问题，加上课程内容的统一化、教学过程的严谨化、课程秩序的强制性，几乎没有创造性地处理、加工信息的余地。中学生的创造意识和创造能力，不同程度地受到抑制和破坏。由于无知和惯性的影响，许多人甚至成了发展潜能退化过程不可逆性的牺牲品，这正是我们缺少创造型人才的根本原因。而那些升入大学的学生，他们的创造力在大学里是不是能够得到很好的开发呢？

二、大学阶段

大学阶段的教学目的主要是继承。这里所说的目的，不是写在教学计划和教科书上的目的，而是通过一系列教育行动所体现出来的教学目的。继承前人的知识是必须的，但以此为满足，只停留在继承上，就没有发展、没有创造。

第一，灌输式的教学方法。大学教学方法主要是灌输，这在文科教学中更为突出，教师念讲义，学生记讲义，考试考讲义。学生得到了系统的知识，却没有掌握科学的思维方法。而且师生之间距离较大，学生很少参与教师的研究，教师思考、研究的示范作用不能影响于学生。事实上，优秀教师的思考方式和工作方式对学生创造能起积极作用。纯粹再现型的考试方法削弱了学生的学习兴趣。赵鑫珊先生在谈到读书的五种动力时说道："应付学校考试而读书恐怕是读书人的悲哀。当你把书打开，你好像是同你的冤家对头相对而坐，真是大倒胃口，这实在是无聊又无奈的事情。"爱因斯坦认为，教师不应当是一部图书馆的目录，照着本本刻板地讲课。爱因斯坦在某大学任教期间，头一堂课就预先声明，他不追求论述的优美和体系的完整，只希望把物理学的思想精神和方法教给学生；他允许、鼓励学生打断教授讲课，当场提出问题。他就是要启发学生丰富的想象、敏锐的直觉和大胆的创造精神（参见《爱因斯坦的教育思想》，载《科技导报》1992 年第 8 期）。爱因斯坦应该成为我们大学教师学习的榜样。

第二，封闭式的教学特征。其一，系科之间相互隔离。系科、学科之间界限分明，不是互相交融，而是壁垒森严，教师很少跨系科交流，学生不能跨系科听课，教师的知识结构专而又专，学生的知识库存纯而又纯，这极不利于学生迸发出创造的火花。其二，学生与社会隔离。虽然近年来大学生的社会实践有所改观，但仍是机会少、时间短、效果不佳。学生对社会现实既缺乏微观的、具体切实的体验，又缺乏宏观的、整体的把握，不能深入了解国情、民情，学生的学习基本封闭在大学课堂里，从理论到理论，脱离实际。教学方法多用演绎式，忽视了归纳式的教学方法，即从现象的、实际的东西到理论的方法，这后一种方法接近实际，容易触发创造的灵感。其三，学生与科学研究隔离。大学生参与正规系统的科学研究本是一件很有益的事情，既有助于培养学生的创造意识和科研能力，又有利于科学研究本身。青年学生基本上没有保守思想，他们精力旺盛，想象丰富，让他们投身科研，无疑给科学研究注入了活力。一些著名大学大都把创造活动引入教学过程，美国麻省理工学院在教学计划中明文规定大学生从低年级起就要参加科学研究，纽约州立大学的科研班中三、四年级的学生占多数。苏联每年有 100 万大学生参加科研，并纳入国家科研规划。而在我们的一些大学里，虽然也有完成毕业论文的任务，但培养学生的科学能力并没有具体、科学、系统地落到实处，学生基本上与正规科研无缘，无论从哪个方面说，这都是极大的损失。

第三，"词典型"的人才培养模式。长期以来，我们的大学教育重视再现型评价，对知识评价过高，势必对创造能力评价过低，从而忽略和阻滞了创造能力的发展。学生通过三四年的大学学习，只是掌握了较为系统的本学科知识。长期以来，他们习惯于接受组织好的知识，对已建立的规则过分依赖，从而导致对模式的机械模仿，循规蹈矩，亦步亦趋，创造意识消磨殆尽，结果培养了大量的"词典型"人才。这种"词典型"人才，有扎实的理论基本功，却缺乏实验动手能力；头脑里有系统的知识树，却缺乏创新意识；有"知之为知之，不知为不知"的求学态度，却缺少科学创新必备的怀疑和求异精神；他们能够对现有的事物进行常规的解释，却难以建立新的秩序。有人说得好，如果一个人缺乏创造力，那么他在学术和职业方面的潜能就得不到发挥，甚至变得没有意义。从这个意义上说，我们的大学给了学生学术知识，然而给的只是知识的外壳而不是知识的精神，给了学生美丽的羽毛却没有给学生插上想象的翅膀，学生只能在原有的轨迹上行走而不能飞向更高的天空。

托兰斯和哈尔曼对西方国家一些学校做了深入的调查研究后发现，现在学校存在着许多阻碍创造力发展的因素。在此转录于下，作为镜子，对照一下自身情况，看看有没有类似的问题，这不无益处。

（1）过分追求成功，导致学生注意力偏移到实现个人的意图上来，从而使学生的创造冲动化为乌有。学生只顾体现个人价值和提高威望，很少接触所要真正学习的东西。

（2）以同龄人的行为做楷模，其后果是不仅修正自己的行为，而且还得小心翼翼地控制自己，使自己跟别人保持一致，不能表现"出众"，也不要发展什么个性。

（3）禁止提问阻塞了学生的创造活动。教师把学习目标看得过重，认为学生的提问是干扰因素。

（4）游戏的方法往往使教师和教育家不可容忍。

（5）经常有人对创造行为抱有偏见，把它看成是一种偏见，把它看成是一种非常态，并常常进行讥讽。

（6）强大的随俗压力使创造活动不得发挥。

（7）严格的时间压力把思维活动局限在规定的时间内，使学生不得不死记硬背。

（8）权威式教育体制以畏惧心理作为一种教育方式，阻碍了创造性思维活动的展开。因为这种教育靠指示、规定和命令来使学生服帖。学生则抱着接受的态度，只顾接受别人的解决方法，却从不自己考虑解决的途径。

我们的教育观念要转变。教学目的应该是继承和创造并重，这必须体现在每一个教学环节当中。布道式的教学形式要减少，学生自学为主、老师个别辅导的形式要加强，考试的方式要改革，鼓励创造，对有独到见解、言之成理的答案应给高分。要让学生有机会参与正规的科研活动，培养他们的科研能力，让他们享受到创造的喜悦和欢乐，从而形成这样一种新的教学程序：视听—质疑—分析—评判—取舍—创造发展。事实上，有一些大学生不是按部就班、亦步亦趋，而是独立自主、自己钻研，其结果往往是学有所成、论有独创。

警惕教育的负向功能

　　作为学校教师，或者是学生家长，我们承担着教育学生的重要职责，我们都希望我们的教育对学生起着积极而正面的作用，但现实情况并不都是如此。作为教育工作者，我们的言行举止一不小心也会起着负面作用，或许我们的出发点是好的，但教育也会产生负向功能，甚至产生很不好的影响，这应该引起我们足够的警惕。

　　案例一：据报载，某一线城市的市中心有一所名校，很多家长都削尖了脑袋想让孩子进去，在这所学校就读的学生其家庭背景非富即贵。学生学习成绩一直很优秀，兴趣爱好发展也非常全面，家长颇为自豪。教育部要来该市检查义务教育均衡化，按照常规要到学校检查，检查过程中可能会问到学生相关问题。于是校方高度重视，为了防止学校招生问题露馅儿，班主任用一节语文课让学生背答案。老师模仿检查组问："你家住在哪？"老师提供的标准答案是："我住在学校的附近，平时走几步路就可以到学校了。"老师模仿检查组问："作业多不多？科学实验课有没有安排啊？平时课程会不会占用体育和音乐课的时间呢？"老师提供的标准答案是："作业一点儿都不多，45分钟就能做完；我们平时都经常使用实验器材，很喜欢科学实验；体育课和音乐课也是我们喜欢的课程，没有被占用……"真实的情况是：学生平时的作业一个半小时都做不完，实验室只有无线电兴趣班的学生才能使用，最喜欢的体育课和音乐课隔三岔五被讨厌的数学课占用……同学不想听，老师硬是将问题和答案重复数次，直到确认每个学生都会按照标准答案回答为止。后来所谓的检查组并没有来。

这件事对孩子产生了极其恶劣的影响，这等于是公然教学生撒谎，对学生的心理造成了极大的伤害，暴露这件事的当事人就是这所学校的学生，他向家长讲述了事情的大概，十分困惑地问自己的妈妈："老师干嘛要教我们说谎？"作为从教 40 多年教龄的老师，我真的感到难受！我们一直以来都是教学生诚实守信，为此费尽心力，多少次班会，多少次队会，多少次团会，多少次校会，多少次家长会，多少次谈话，多少次教育，我们的教师一遍遍地教育学生诚实做人，但在这样一次撒谎面前统统烟消云散，老师一贯以来所树立的正面形象彻底坍塌，学校的正面形象彻底坍塌。作为校长，我当然知道这所小学显然是为了检查顺利通过，是为了学校名誉，甚至可以说是为了城市形象。但这些检查、这些名誉、这些形象真的如此重要吗？与孩子幼小的心灵相比，通过弄虚作假而获得的检查通过有什么意义？建立在虚假基础上的名誉有什么意义？这虚假的形象又有什么意义？真的应了我们常常引用的一句话，"因为走得太远，忘记了为什么出发"，我们忘记了作为教育工作者从教的初衷，我们不自觉地摒弃了我们原本具有的良善的道德观和价值观。从价值观的角度讲，我们现在变得太功利，功利到只要分数，只要奖牌，只要上级认可，只要通过评审，其他一切可以不顾，科学诚信可以不讲，伦理道德可以不顾，孩子的心理健康可以不问，严重背离教育的本意，那这样的教育还是教育吗？十分功利的价值观将导致我们的思维方式偏狭，抓住一点不及其余，眼中只有功利，心中只有功利，眼中没有世界，心中没有他人。有道是"追鹿的猎人是看不到山的，捕鱼的渔夫是看不到海的"。这样的思维方式使得我们的视角有盲区，有一大片盲区，这一大片的盲区必然带来一大片恶劣的后果，长此以往，学校的德育工作几无意义，必然导致学生缺乏诚信，导致社会加速度地走向坑蒙拐骗。柏拉图认为，运用谎言和欺骗是统治者的职责，其最终结果是导致统治者撒谎成性。

案例二：据报载，北京小学新生调查显示有 89.5% 的孩子想当干部。对于为何想当干部，孩子们回答："班干部就是管人的，谁不听话就管谁呗！""小朋友都听他的，也愿意跟他玩儿。""当班干部能去老师办公室呢！"

看了这个报道，心情还是很沉重的，我们社会的官本位已经深深地印刻在孩子们心中，这当然有社会的原因，今天的社会热衷于做官，博士毕业生去考公务员已经成为时尚。我们的教育似乎也有不可推卸的责任——自小学开始就有班干部，当班干部就意味着有管人的权力，权力背后就有利益、虚荣，于是权力就开始腐蚀着孩子幼小的心灵。学校如何解决这个问题，教师如何避免这种现象？是取消班干部制度，还是让所有的孩子都承担一定的责任、担任一定的职务？值得讨论，值得尝试变革。

一种做法、一个事物往往有两极走向，其正极是你的期望走向，其负极不是你的期望走向，甚或是你的期望反向。有些事情、有些做法一旦出现就是朝着你希望的方向发展，没有多少负作用；有些事情虽然是朝着你希望的方向发展，但同时也有很大的负作用，要耗费很大的代价；有些则完全走向你希望的反面。美国著名社会学家默顿（Merton）明确提出了关于功能的两对重要概念，一对是正向功能与负向功能，另一对是显性功能与隐性功能。所谓正向功能即指贡献性功能，负向功能则是那些损害性功能。所谓显性功能是指有目的、有计划地实现了的功能，或曰客观结果与主观愿望相一致的功能；隐性功能则指那些未经事先筹划而出现的功能，或曰主观愿望之外的功能。默顿的这个理论对我们教育界很有意义。日本教育社会学家柴野昌山以默顿的上述两对概念为基轴，把教育功能分为四大类：正向显性功能、正向隐性功能、负向隐性功能、负向显性功能（参见吴康宁《教育的负向功能刍议》，载《教育研究》1992 年第 6 期）。教育的负向功能同正向功能一样，乃是教育作为社会子系统而存在的一种普遍现象，尽管在许多情况下，教育的负向功能常常具有隐蔽性与延时性的特征。作为教育工作者，一方面对教育出现负向功能不足为怪，另一方面要加强科学的预见性，努力强化正向功能。

因此，我们在决定某件事情、采用某种策略、选择某种方法、使用某种手段之前，一定要深思熟虑，针对事物的两级走向，采用双向思维，在设想它的正极走向的同时，也要思考它的负极走向，特别是教育。教育的对象是人，一旦做法不当，受害的、受损失的是人，是我们的孩子，有些负面影响甚至是不可弥补、无法挽回的。所以，作为教育工作者，做决策之前一定要慎而又慎。

学校绩效管理的问题所在

当下学校管理存在三个主要问题。第一是封闭性。学校管理封闭在校园之内，组织的边际十分狭小，学校管理缺少一种开放机制；按照现代组织学的观点，学校管理的结构应是开放的；学校组织的边际不断扩大，狭隘封闭的学校藩篱需要打破；"破墙办学"不仅仅是推倒物理意义上的围墙，还要推倒办学者心理上和学校管理制度上的围墙，建立一种开放办学的有效机制。第二是单主体。学校管理只看重校长与主要行政人员的作用，忽视或无视学生、教师、家长的主体作用，造成"目中无人"。要建立一种有效机制，将教师、学生、家长和社区成员纳入学校管理的大框架之中。第三是单向度。许多校长过度依赖自上而下的科层式或层级管理，它能体现校长的意志和权威，但教师们往往处于听命执行的被动状态，缺乏创造和创新的热情、动力和思路。如此管理当然导致学校管理的低效能。

造成上述问题的主要原因在于追求效率。单一、片面地追求效率是应试教育背景下的学校管理诉求，对分数的追逐使绩效评价成为一种必然的选择。分数是可以量化的，升学率是可以量化的，那么水到渠成的结论就是教师的工作是可以量化评价的。为保证质量和效率，竞争和淘汰成为必不可少的措施，过度竞争导致教师间不择手段的竞争，彼此缺乏基本的信任与真诚的交流学习，有的甚至互相拆台。在绩效管理模式中，教师把被管理者作为通向成功的工具，去填充安排好的位置，完成既定的工作，满足组织的需要。于是，教师就失去了个性、失去了伙伴，被异化为一种履行义务的工具。分数、升学率、名次和证书成为管理的主要手段，一切与此无关的课外活动理所当然被排除在课程之外。把学生看作教育的产品，教师的劳动就是生产这些产品。学生不是产品，不是等待加工的器件，它是活生生的人，是有个性的人，每个学生是有差异的。教师对待不同学生所付出的劳动是不一样的，教师的工作有别于企业中的员工，教师劳动过程具有复杂性，不可能简单量化；教师劳动的效果具有滞后性，不能即时量化；教师劳动具有创造性，不可能整齐划一，量化比较。这种单纯效率观的学校管理思想与新的课程改革完全是相悖的。

　　这种单纯效率观的学校管理模式是以工作为中心的学校管理，认为学校是一个理性的组织，强调学校组织的权威性、等级性以及各种行为的规范性；主张用行政手段推动工作，采用自上而下的管理方式；强调实现组织目标是至高无上的，学校中所有的人、所有的事都是为目标服务的。在这种管理理论的指导下，校长要搞好管理，必须建立和完善相应的规章制度，用制度管人，而不是用人管人。整个过程必须偏重于检查、评估和量化管理。这种管理模式既有它的可取之处，也有它的问题，它的最大问题就是将教师看作被管理的对象，忽视了教师在学校教育过程中的主体地位、主体作用。当以工作为中心的学校管理不断推广深化的同时，人们的怀疑、问题也在逐步增加。依靠以工作为中心的管理是管不出优秀教师的，更管不出一个真正对学生产生巨大的乃至终身影响的教师，依靠制度约束的教师，充其量只能成为一个合格的教师。过于细致严格的管理也许能给学校带来"太平"，但教师的自由、学生的个性被完全剥夺了，师生的生命活力、创造精神也就没了，创造力和激情最怕监工式管理，单纯的精细化管理因为缺乏文化滋润最终必然会陷入困境。教育工作区别于工业生产模式的最大特点，就是其过程是清晰性与模糊性的辩证统一，即有时是清晰的，有时是模糊的，有的是可以清晰量化的，有的是无法清晰量化的。其中教师个体的创造性显得尤为重要，这是无法用制度法规严格控制和准确考量的，所以学校制度建设的根本目标不是管制，而是让教师如鱼得水；是信任，而不是放任。在以信任的态度分权、赋权给教师的过程中，同时以契约精神明晰责任，以公正透明的约束制衡机制加以规范，现代学校制度建设才能得以实现。

学校教育过程中的所谓"民主"管理

现代学校毫无例外地都会实施所谓的民主管理,主要体现在办学理念上,一切以人为本,以学生发展为本;体现在学校管理结构上,几乎所有的公立学校都实现了教职工代表大会制度,举凡涉及教师切身利益的大事都要通过教代会;体现在对服务对象权利的尊重上,一般学校都会成立学生会、家长委员会,让学生和家长适度参与学校的管理、评价,比如评价教师、评价学校,听取学生意见、家长意见,改进学校的教育教学,改进学校的管理。但是民主的管理方式不是简单的少数服从多数,少数人的权利也需要尊重,多数人的意见也未必都是正确的,一旦脱离轨道,也会出现多数人的"暴政",托克维尔将这种以多数人名义行使的无限权力称为"多数人的暴政";民主的管理制度不是简单地体现在形式上,民主也不是任由掌握一定权力的人为实现自己的目的而自由摆布的工具。与宏观的理念、精致的管理结构、亮眼的管理形式相比,其实我们学校当局者更应该关心正义、伦理、道德、善良之光是否能够普遍洒在每一个学生身上、每一个教师身上。我们以两个故事为例。

故事之一:豪豪是某市第十二中学初一(1)班的学生,某日,该班生物老师马某某发起了一场"民主投票",内容是让同学们选:(1)让马老师教课,就要让本班调皮学生豪豪走;(2)让豪豪留在本班,马老师就走。如果选豪豪留班的票多,老师就不教了;如果选老师继续教的票多,那豪豪就自动退学。投票结果是八名学生选了豪豪留,剩下的全投了教师继续教,豪豪只好退学。

故事之二：某市某初级中学，该校初一学生小雷与其他班的一个女同学打架。在决定如何处理的问题上，班主任采取了"民主投票"的方式。表决结果是，26个同学选择让小雷回家接受教育一周，12个同学选择再给她一次机会。根据多数学生的意见，班主任让小雷母亲把她领走。小雷一时想不开，于第二天在学校附近黄河渠边的青石板上留下三句遗言，投渠自尽。

两个故事相似，概括地说就是两位教师都是使用了"民主"的方式把学生从学校赶走。很显然，这两位教师都是有一定文化素质的人，知道少数服从多数这一所谓的民主原则，并且毫不客气地用在学生身上，借助所谓的"民意"达成自己的目的，并把自己的干系脱得一干二净，似乎自己可以不负任何责任。面对这样两件事，我真的感到十分愤怒。

老师们不知道从什么地方学会了这样运用"民主"的方式管理学生，不知道从什么时候开始把"民主"直接理解为"少数服从多数"。但是他们唯独不知道民主还有一个不可或缺的根本要义就是保护每个人的合法权益。在尊重大多数人意愿的同时，也要极力保护个人或少数群体的利益。民主不等于票决，民主不等于少数服从多数，从根本上说民主就是保障公民的基本权益，民主就是要保证社会的公平、公正。很显然民主是个好东西，但理解不当，使用不当，也就会成为坏东西。

上述两个故事里的教师都是只知其一不知其二，把民主的核心要义丢在一边，以为通过学生投票就履行了民主程序，就自然获得程序正义这一前提条件。殊不知，这抛弃了民主本义的票决恰恰不是民主，而是伪民主，是反民主。其危害轻则剥夺学生的就学权，重则能置人于死地。就故事之一来说，在校园里教师和学生从理论上说是平等的主体，但客观上教师处于教育者的地位，明显是强者，学生是被教育者，显然是弱者，起点不公平，无需选举，谁输谁赢，早已注定。教师让学生在教师与学生之间做出二选一的选择，其用意昭然若揭！教育学生原本就是教师的天职，放弃天职，假学生之手驱赶学生，于生而言极不厚道，于己而言极不善良。再说故事之二，作为班主任，面对学生打架，理应弄清原因，还原过程，分清责任，基于学校相关纪律、相关守则，做出处理意见，该批评则严肃批评，该处分则严肃处分。同时，要做好当事人的教育工作和心理疏导工作，即使处分他们也要做到让当事人心服口服，因为我们毕竟面对的是学生，他们还是孩子，还是未成年人，绝不能用简单粗暴的方式来解决复杂的问题。班主任在绝大多数学生心中是处于强势地位，多数学生通过察言观色都能了解到班主任的主观意愿，投其所好，势所必然，所以最后让小雷同学走也是必然的。

上述两个案例的主角——教师，都有一个主观意愿就是想通过学生投票把自己的责任轻轻地推卸掉，这样就好像与己无关，但这其实就是掩耳盗铃。学生是未成年人，他们没有能力承担如此重大的责任，最后承担责任的只能是教师自己，跑也跑不掉。教师在事发之时就应该想想：我们有权力把孩子赶走吗？我们这样做是否侵犯了孩子的正当权益？我们这样做是否违纪甚至违法了？

第三辑
教师发展批评

对高等师范院校中文专业教育的反思

作为一名合格的语文教师，其素质应包括：第一，有较深厚的语言、文学知识功底，掌握较广博的相关学科知识，具备较强的各类文体的文学鉴赏能力和写作能力。第二，有较强的语文教学能力。第三，具备较高的思想教育水平、较强的组织管理能力。第四，具备从事语文教学、教育的研究能力。这四个方面我们简称为知识系列、教学系列、教育系列、研究系列。与之呼应，高等师范院校中文系培养学生也应该从这四个方面进行。

一、知识系列

高等师范院校以往在知识教学中明显存在许多问题。其一，教学目的、核心目标不明确，各门课只有量的不同，没有质的主次区别。以古代文学为例，从授课时数看，课时最多，但这并不等于古代文学最为重要，传授这些知识的核心目标在哪里不甚明确。其二，知识的"点"不够深入，无论是语言课，还是文学课，各科教学都停留在一般性的介绍上，没有深入下去。其三，知识的"面"不够广，中学教学中需要的一些重要知识都被忽略，如文艺鉴赏理论、比较文学、文艺心理学、文体知识等没有专门开课。一些特殊知识、技能也被忽略，如书法、朗诵、讲演、美术等均未引起足够的重视。其四，知识老化。许多教师手头就是一本"经"，年复一年地向学生"念"，没有接受新的知识、新的方法、新的理论、新的思想，以不变应万变，满足于几十年"一贯制"。其五，传授知识的方法陈旧。老师念讲义，学生记讲义，课后学生背讲义，最后老师考讲义。这种方法已成了大学中文系教学的永恒模式。

针对上述问题，我认为首先必须解决知识教学的目的问题，目的有两个，一是增加语言、文学及相关学科的知识，二是提高文学鉴赏能力和写作能力。前者是扩大师范生的知识储备，后者是解决师范生根本的能力问题，后者是核心，前者是为后者服务的。其次，师范学院培养的主要是师资，作为老师来讲，既要专，又要博。中文专业的毕业生必须达到一定高度的学术水平，努力成为这方面的"专家""学者"，如果教师与中学生处于同一层次的水平，就无法高屋建瓴地指导学生。同时师范生还必须具备较广博的思想知识、历史知识、艺术知识、教育基础知识，尤其要鼓励他们吸收与时代发展息息相关的新知识。这些知识的传授不必长篇大论，只求基本了解其大概、掌握其精神即可。

据此，中文系应开设语言知识、文学知识、思想知识、历史知识、教育理论知识、艺术知识、特殊知识七类课程。（1）语言知识包括汉语和外语，中文系的外语教学应增加一项内容，就是将外语与汉语进行比较教学，比较它们的共同点和不同点，找出其中的内在规律。采取这种教授法，对师范生以后从事语言教学将有很大益处，对中学生掌握语言知识有很大帮助。语言知识的教学除了语言学概论、现代汉语、古代汉语的教学外，还应重视汉语史的知识，事实上不但讲古汉语要有汉语史知识，教授现代汉语也要有汉语史知识。中学语文课本选录了许多现代作品，同时现代作品中，五四运动前后的一些语言用法与20世纪三四十年代的一些语言用法不同，中华人民共和国成立前的一些语言用法与成立后的一些语言用法也有不同，今天文坛上又出现一些新的语言现象，也应列入教学内容以资比较。（2）文学知识包括各种文体的一般知识与鉴赏、写作知识，以及古今中外的文学史知识。这些知识的教学要以培养能力为核心，突出培养师范院校学生的文学鉴赏和写作能力，这部分的教学是重点，而且教学方法亟待改进。（3）思想知识。在中学学习的基础上，在高等院校应该进一步学习哲学原理，这种学习尤其要与当前社会现实紧密联系，从而避免理论学习的"虚"与"空"。为了深入学习，应该讲授中国哲学史、西方哲学史，讲一点当代西方哲学。事实上，许多学生都饶有兴趣地读一些西方哲学名著，与其让他们自发、盲目地读，不如由教师指导有目的性、批判性地阅读。（4）历史知识。除了中国史的教学之外，很多青年人都喜欢横向比较。因此，不妨讲一点世界史，使之在更广阔、纵深的背景下进行比较；学一点世界史也有助于提高对外国文学的鉴赏力。（5）教育基础知识。除教育学、心理学、语文教育学之外，还应介绍一些语文教学心理学、社会心理学学科的相关知识，介绍一点教育传播学知识。（6）艺术知识。这里特指除文学以外的其他艺术鉴赏知识，诸如摄影、绘画、音乐、雕塑等其他艺术门类，实践证明掌握一定的艺术知识，具备一定的艺术鉴赏能力，既能开阔视野、陶冶情操，也有助于文学鉴赏水平的提高。（7）特殊知识技能，比如书法、朗诵、演讲等，这些都是师范生应该具备的。现在很多人笔下的字很难看、难认，很多人的语言难听、难懂。要改变这种状况只能从中小学抓起，这就要先训练教师，即训练师范生。须知一个语文教师的教坛生涯可能影响数千人。这一点无论如何不能含糊，应该明确规范：师范生没有拿到书法、朗诵的学分不能视之为合格毕业生。

拓展学习领域，挖掘学习深度，势必延长学习时间，然而客观上时间又极其有限，这就迫使我们要改进教学方法。教师少念讲义多指导，学生精记笔记，多读、多问、勤思考。很多课程都可以采用教师粗线条教授，如传授方法、学习要点、发放讲义、介绍参考书、指导学生阅读、组织学生讨论、经常性答疑，这有助于教师自身水平的提高。对于新知识，新学科多开选修课，多搞讲座，讲座可由教师讲，也可由研究生来讲，甚至可以由学有所长的本科生讲，这有利于他们演讲水平、讲课能力的提高。考试方法也应改进，改变那种单一的背讲义的方式，可采用演讲式、论文式、辩论式、答疑式等考试方法。演讲式：规定内容，规定时间，把所学的知识向老师和同学们讲述，允许发挥，鼓励提出不同意见和见解。论文式：规定大致范围，自由选题，写出论文。辩论式：布置论题，预先给予时间准备，准备好了以后让双方展开辩论。答疑式：规定某章某节，预先准备，然后回答老师、同学们的提问。上述几种方法可改变中文系过去那种死读书、读死书的风气，这种考试有助于学生学术水平的提高，也有助于师范生讲课水平的提高，同时教师也可以从学生们的智慧里吸收许多养料；而且考试时间灵活，无需集中在一个时间，还可减轻师生负担。

二、教学系列与教育系列

现在师范院校与其他普通院校相比，没有显示它应有的个性，不少师范毕业生分到中学，不能很快适应教师生活，不能很快进入教师角色。究其原因，最重要的是师范院校在培养学生教学方面非常薄弱。表现在以下几方面：第一，师资力量薄弱。除教育系之外，其他科系的教育学、心理学、教学法的师资整体水平与专业课师资水平相比要低很多，这里有客观历史的原因。一个原因是从事教育理论教学的老师本来就少，优秀的教师又都集中到教育系去为教育专业的学生上课。另外一个原因是很多教师的教学不注重实用，不联系瞬息万变的现实，不研究今天中学生的特性，讲课从书本到书本，致使一些理论显得空洞乏味、苍白无力，许多师范生上了一年的教育理论课，不知道违反校纪的学生在什么情况下该受什么等级的处分。第二，领导不够重视。长期以来，衡量师范学院的办学成就与衡量综合性大学的标准差不多，突出学术、科研成果。有些人认为教育学、心理学是副科，甚至认为学不学这些课都无所谓，不学教育学照样能教书，这在很大程度上影响了师生的主观态度，导致大家都不重视这些课程。可想而知，这样的情况下，如何能学好教育理论？事实上，并非因为这两门课没有作用，而是我们的领导不重视它们的作用，我们的教师没有充分挖掘出它们的作用，我们的学生也就忽视了它们的作用。一旦当了几年中学教师，感到教育理论的重要时已经悔之晚矣。第三，实习期短，实习效果不佳。高等师范院校学生实习期一般都在四个星期左右，只能浅尝辄止地了解一点教书生活，且教学实习的内容笼统单一，一般都是讲三四篇课文就算完事，教学的其他环节基本被忽略，比如考试，怎样设置精确的双向细目表，怎样出好一份试卷，如何达到有效区分度、信度等。至于教育实习，即班主任实习，在多数情况下属于走过场，大都是以旁观者的身份看看而已，并未承担实际责任。组织能力、管理水平、谈话艺术、思想工作能力一般得不到什么提高，因为没有多少实践，缺乏实际锻炼。正是由于上述原因，不少师范生对教师职业缺乏角色准备，不但在理论修养上，而且在实际能力上都不适应教师的工作，不能胜任教师的重担。

针对这些问题，笔者认为应该首先调动起学生学习教育理论的兴趣。（1）要求教师讲好课，要加强课程的实用性，理论不能空泛；要务实，紧密结合实际，不能枯燥；要有艺术性，给人以美的享受，吸引学生注意，同时也为他们今后的教学做出榜样。（2）与实习结合起来。教育理论可以在实习前讲授，也可在实习后教授，或实习前后各上一部分。我们很多师范毕业生当了一两年教师后，都深切体会到教育学、心理学、教学法的重要性，实践能使学生提高认识，提高兴趣，实践之后再来上教育理论课，效果定佳。（3）教学内容不能过于陈旧，尽可能向学生介绍一些专题研究的新成果。（4）教学形式也应该改进，可组织学生上一些专题课和专题讨论课。苏联在对未来教师进行职业训练时，很重视专题课和专题讨论课，利用这种教学形式有助于巩固、加深和扩大师范生的知识，帮助他们了解研究的新成果。（5）让师范生参与教育方面的研究工作，这也能提高他们的学习兴趣，有助于发展他们的思维能力和创造积极性。

其次，在学习和生活中努力培养学生的组织管理能力、开展思想政治工作的能力。师范生的特殊性决定了他们每个人都必须具备这种能力。因此，建议废除师范院校学生干部的"终身制"，改为"轮流执政"，每个师范生都要当当"学生官"，从小到大，逐步适应，渐渐提高他的组织管理水平，定期考核他们的能力，评比他们的"政绩"，作为一项学分，载入档案，不合格的延长"官龄"，直到合格为止。学生会、班委会、团支部，一人一职，各司其职，轮流"执政"，各显神通。如"官职"不够分配，还可到附近中学的学生会、团委会挂职工作。

再次，延长实习期。要使师范生真正具有教育、教学能力，成为一名合格的教师，最有效的方法就是实习，时间应从现在的四周延长到一个学期或更长时间，内容要充实。让师范生真正走到教师的队列中去，以主人翁的身份承担起教育的重担，任课并担任班主任。这样有职、有责、有权，他们的教学水平、管理能力将真正得到锻炼和提高。同时，能使师范生熟悉教学的全过程，课时计划的安排，课堂实施教学，课余辅导、答问，课后的复习总结及命题检测，一整套流水线全部掌握。这种实习使师范生能够真正尝到教师生活的酸甜苦辣，亲身体验教师的辛劳、教师的光荣、教师的幸福和欢乐，为将来从教打下良好的基础。

三、研究系列

研究能力是一种较高层次的能力。师范院校中文系的毕业生在毕业前都要交一篇论文。然而这方面也有不少问题：（1）选题失之偏颇，大多是在中文专业的知识领域里选题立论，忽视教育方面的问题。事实上，师范生在未来的教学中，重要的是参与教学、教育方面的研究，它更有利于自己的成长。（2）培养学生的研究能力缺乏系统性，这项工作基本上处于"无政府状态"。四年布置一两篇论文，根据选题，指定一个老师指导，如此而已，没有科学的、系统的方法介绍，没有一定的量化训练措施，没有由浅入深的训练过程。因此，一般学生除了写出一篇论文之外，科研能力并无多大提高。

要解决以上问题，我以为有两点需注意：（1）师范院校中文系学生起码应该写出两篇论文，一是中文专业的论文，二是教育方面的论文，以求师范性与学术性相统一。（2）研究能力的培养作为一项专门工作独立计划、独立安排，应该贯穿于整个大学阶段。第一至第三学年主要是知识教学期，也应是研究的准备期，这三年应系统地介绍研究方法，如文献的查阅与来源，变量的识别与标记，变量的操作和控制技术，还有历史法、测量法、观察记录法、问卷法、面谈法、个案研究法、统计分析法、数据处理的方法等；教会学生如何选题，如何确立论据的角度，如何积累材料、提炼材料，如何撰写。指导教师应该不时地选择一些优秀论文、优秀科研成果给学生分析解剖，鼓励学生借鉴学习，练笔写小论文，做读书笔记，逐步试写大论文。第四年的实习期也应是师范生从事教育教学研究的研究期，教师先要把学生引导到科研的前沿阵地，让他们把握每个有关项目的最新动态；然后以实习学校为研究基地，联系实际，进行科研活动；最后是论文的形成时期，把科研成果写成文章，通过答辩。

综上所述，我认为师范院校在知识、教学、教育、研究几个方面都应设有相应的详细的指数，学生达到了各项指数的要求，才能毕业，对其中达不到要求的应予以留级补课，直到全部合格方能毕业离校；对于一些补课仍不合格者应降级使用，如本科降为专科，不再分配到学校任教，严格把好质量关。高等师范院校强调质量意识关系重大，因为他们直接关系到为中学输送一批又一批的合格教师问题。师范院校是中小学教师之源，师范院校的教学质量提高了，中小学教师的水平当然也提高了，中小学教师的教学能力提高了，才能培养出一批批合格的建设人才，这之间的链条关系，环环相扣，而源头正是师范院校。

南辕北辙：教育家渐行渐远

改革开放以来，伴随着经济建设、社会发展的步伐，教育也在发展进步，从教育理念到学校建设，从课程改革到课堂变革，教育产生了巨大的变化。

教育享受了经济发展的红利，进入了一个"不差钱"的时代。富裕起来的中国人，无论是政府官员，还是普通百姓，都愿意把钱花在办学上，把钱投在子女的教育上。大部分学校告别了寒酸简陋的时代，盖起了高楼，拓展了校园，有了塑胶跑道和比较现代的实验室。即使是乡村学校，也有了很大的改观，"再苦不能苦孩子，再穷不能穷教育"，在这样的思想支配下，乡村学校也成了当地最好的建筑之一。

教育享受了社会开放的红利，进入了一个告别封闭、走向开放的时代。请进来，大学教授们把发达国家的教育思想、教育理论请到中国来，把大学教授请到中小学来，培训校长，培训教师。走出去，走出校门，到县城去，到省城去，到沿海发达地区去，学习新思想，学习新经验；走出去，走出国门，到英国去，到德国去，到欧美发达国家去，学习新理念，学习新思路；我们的中小学校长、老师大大开阔了自己的眼界。

毋庸讳言，教育在享受经济发展成果的同时，也染上了经济所固有的不顾一切、不择手段、唯利是图的病症。一度甚嚣尘上的教育产业化虽然被强行压制，但教育界诸多顽症都或多或少地与急功近利的价值取向有着直接或间接的关系，更有许多问题产生的根本原因就是唯利是图的拜金主义。

毋庸讳言，教育在享受社会开放成果的同时，也沾上了社会浮夸、躁动不安、虚假繁荣等多种病症。今天的中国教育已经身处一个理念爆炸的时代，几乎所有的校长、绝大多数老师都能说出许多新的理念，都能喊出一两句代表性的口号，但应试教育等教育异化现象并没有消除，反而愈演愈烈。课程改革无以深入，停留在形式变革上，停留在表面文章上，停留在热闹的口号中，教育的表面化、形式化、浅层化造就了教育的虚假繁荣。

这是一个缺少教育家的时代。

这是一个急需教育家的时代。

这是一个应该而且能够产生教育家的时代。

但是，当下促产教育家的方式却是南辕北辙的。

教育家应该产生于相对自由、宽松的文化土壤里。1924年，鲁迅在北京师范大学附属中学做"未有天才之前"的演讲时说道："天才并不是自生自长在深林荒野里的怪物，是由可使天才生长的民众产生"，"在要求天才的产生之前，应该先要求可以使天才生长的民众"。鲁迅看出了天才赖以产生的"土壤""气候"的重要作用。教育应该允许教育工作者有一定的自主办学权力，可以按照自己对教育的正确理解、价值判断、哲学思考，来进行独立自主的自由办学。没有强大的外部力量强制性地压迫你按照一种模式办学，没有一种无形的枷锁粗暴地限制学校，没有一种或者来自社会或者来自教育内部的力量强力阻挠教师自由地按照教育的基本规律教学。

但是眼下我们恰好缺乏这样的土壤。其一，我们的社会文化环境里弥漫的是急功近利的价值思想。升学第一，分数第一，分数是教育的GDP，GDP是官员的分数。这强大的文化气场压抑着校长，压抑着教师，没有升学率就没有学校基本的生存条件。其二，政府的强势介入也是导致校长无法自主办学的又一重要原因。今天学校在享受政府所提供的政策和经费支持的同时，必须接受政府事无巨细的领导和管理。统一的标准、体制机制、规程、要求以及评估考核，一所学校要接受来自政府或政府派出机构的考核、检查、督导、评比、评审、审计。从教学到德育，从安全到卫生，从实验室到食堂，从消防到垃圾，从音乐到美术，从教师专业发展到课程领导力，从校本教研到校本课程，任何一项工作都要接受官方的督查，校长还哪里有什么自主办学的自由权力？其三，有些教育的专业机构借助政府力量强力推进一种所谓的教学经验，有些校长为了树立政绩强行推行统一的教学模式，用一种十分机械的标准衡量、约束教师的教学行为，教师哪里有个性教学的自由空间？这样下去教育家又如何产生？

教育家的产生往往是因人而异的，个性色彩很浓。校长在自己的学校，利用自己的办学条件，创造性地解决自己学校的办学问题，推动学校的发展；教师在自己的课堂，针对自己的学生，创造性地引导学生、教育学生，让学生自由愉快地成长。对于教师来说，发现儿童就是发现自己，在学校发展、学生成长的过程中，校长、教师自身也发展成长了，最终他们当中成就巨大的佼佼者水到渠成地成为社会公认的教育家。

但是我们眼下却用工业化的模式来培养造就教育家，以工厂生产标准器件的方式来批量生产教育家，经济上的唯GDP主义"生产—消费"逻辑不可避免地被复制和移栽到教育家的生成逻辑之中，这种"工业化"模式背后的依据正是一种如同商品在流水线上批量化生产加工的逻辑。从我们经常听到的"打造"一词即可看出，像打造一个物件一样打造教育家，教育家是可以人工或机器打造的吗？我们各个师范大学、各级培训机构，响应政府的号召，举办教育家高级研修班，举办教育家论坛，实行未来教育家成长计划，实施教育家培养工程，对此我有两问。一问教育家是培训师培训出来的，还是通过长时间的教育实践产生出来的。今天大量的培训导致我们有些校长、教师成了受训专业户，校长当中有的连续几年每年都有三个月以上的培训，最多的甚至一年不在学校；教师当中有人每个星期有三个下午都在外面接受培训。这样下去，我们是否想过：如此培训是不是表明我们需要不在学校的教育家？不在课堂的教育家？二问教育家是在论坛中论出来的，还是在办学实践、教学实践中历练摔打出来的。今天出现大量的各种各样的教育家高峰论坛、尖峰论坛，我们不少校长、教师整天热衷于参加论坛、发表高见，进而养成了满嘴跑理念、时时喊口号的教育生活习惯、生态特征，不再深入课堂，不再深入学生，不再研究真问题，而只研究时尚的教育理念、时髦的教育口号，我们是否想过：我们需要的是不是口号教育家、理念教育家？

教育是农业，需要精耕细作，需要日积月累；教育家的诞生一定是在终点遥远的马拉松长跑过程之中，需要持之以恒，需要坚持不懈；教育家的诞生是自然而然的，是水到渠成的；教育家的成长是倾听花开的声音，需要慢慢地等待。教育是阳光的事业，普照大地，并不在乎任何的回报。钱理群先生说得好，教育的急功近利、粗糙、急迫背后，仍然是教育本质的失落：人们不愿承认，教育是一个"慢活""细活"，是生命的潜移默化的过程，所谓"润物细无声"，教育的变化是极其缓慢、细微的，它需要生命的沉潜，需要"深耕细作式的关注与规范"。

但我们眼下却用商业化的模式培养、包装教育家，这种模式是以投入试图赚取回报为主要特征，以追逐实际功利为主要目的。通过政府的大量投入以求教育家的批量产生，我们看到教育界使用的"投入""产出"概念，所反映出的正是这种模式的典型话语表征。商业化的培养模式特别注重包装和炒作，像娱乐圈包装歌星、影星一样，包装名牌教师、校长；像炒作歌星、影星一样，炒作名牌教师校长；为明星教师提供舞台，上观摩课、示范课、公开课；为名牌校长造势，开某某校长教育思想研讨会、办学经验交流会；为名师提供阵地，发表论文，出版著作；为名牌校长做宣传，购买报纸版面加以介绍，购买期刊专栏加以宣传。教师只要有名就是名师，校长只要有名就是名校长，名师、名校长进一步包装、炒作就是教育家，这就是我们的工作思路，这就是我们荒诞的逻辑。这样做的结果是什么？我们的一些大牌教师基本不在自己的班级上课，而跑到各种各样的舞台上去上课，在聚光灯下上课。这样的课是公开课，更是表演课；这样的课是示范课，更是作秀课；这样的课很漂亮，但却是没有灵魂着落的课！我们的一些大牌校长基本不在自己的学校待着，而是到处传经送宝、参观考察，在报告厅演讲，在大会堂演讲，在体育馆演讲，他们的眼里只有芸芸众生，却唯独没有学生！他们的耳朵只享受听众一次次的掌声，却唯独听不到孩子们朗朗的读书声和沙沙的书写声！而那些千篇一律、剪刀加糨糊似的论文、著作，那些除了自己看、其他人基本不看的报纸宣传、期刊专栏，最大的功能就是制造华而不实的泡沫，聊以自慰的虚假繁荣！因为在这些文字当中并不缺乏理念，但唯独缺乏自己的思想，真正教育家的思想绝不是把别人现成的理论、现成的口号、现成的概念搬过来就用，那充其量只是鹦鹉学舌。教育家的思想应该是对当下教育所面临的种种问题的深入的思考和批判，在批判的基础上建构属于自己的教育价值观、教育哲学观，并在自己的一亩三分地上孜孜以求、实践探索。

对照一下老一辈优秀教师即可知道，过去老一辈优秀教师的厚重感，不仅仅在于他们对学科教学的喜爱，更在于他们作为教师的职责本分。他们的心是安静的，目光是向着孩子的，目标是单纯的，知道要做好教师就得最大限度地做好自己的工作。早出晚归，挑灯夜读，是绝大多数教师的生活常态，他们内心深处始终保持着对教育的虔诚，从没有玩教育、玩课堂的心思。那时候，他们的真性情、真价值只见于课堂之中，只见于三尺讲台之中，还没有所谓的发表论文之说，更没有在各种媒体上自我炒作的动作。可是今天，我们的名师越来越像政府不断关心的对象、媒体的宠儿、跑场子的明星了，他们之所以出名，是因为他们在研讨会上露脸的机会多，在报刊上的出镜率高，而不是因为他们的课堂让孩子多么喜欢、所教出的孩子有多么好。

对照一下美国杰出教师雷夫·艾斯奎斯也可知道，作为一名教师他倾其所有精力、美德、创造力，为学生做出了令人震撼与惊叹的工作——他在同一所学校的同一间教室，年复一年地教同一个年龄段的学生长达20多年，获得的荣誉不计其数，给他提供捐助的人也不计其数。他的事迹轰动整个美国，而且还被拍成纪录片，他的著作《第56号教室的奇迹》成为美国最热门的教育畅销书之一，但他仍然坚守在他的56号教室，以他的坚守证明着一个人能够在最小的空间里创造出最大的奇迹……56号教室是雷夫永远的课堂，是雷夫永远的精神家园，是雷夫安放自己灵魂的殿堂，是雷夫和他的学生共同营造的精神家园。

教育家身上不应该有匠气，不应该整天蝇营狗苟地计较于分数，计较于升学率高出几个百分点、重点大学多了几个人，这些充其量也就是匠人而已！

教育家身上不应该有明星气，不应该以"作秀"为基本状态，即使表演得再老练，说到底就是一个"秀"字而已！从事教师职业的人不能太在乎有名，而应多倾听孩子的声音，时时回想自己当初为什么被教育所吸引，最终想追求的境界是什么。

教育家身上应该有几分傻气，不唯利是图，不热衷时髦，而是执着地在自己的园地静静地耕耘，痴迷于教学始终不变，痴心于教育永远不改。

教育家身上应该有几分豪气，关心眼下的现实，关心人类的命运，关心教育的整体现状，有一种强烈的责任担当，这样潇洒，这样豁达，这样大气。

教育家身上应该有哲学家的气质，教育家的事业应该是教育哲学的事业，教育哲学的事业应该是思想的事业。教育哲学思想和思维不是一回事，我们有些校长、教师的思维也许真的很发达，这种思维是用在如何应对上级要求、应对高考分数提高、应对各级各类的评比考核上，但思想却极为匮乏。面对教育日益深重的危机，人们还是在用一些早已证明问题重重的教条来应对和回答，用空洞无物的时髦话语来回答，却很少有深入的思想。

不知为何，教育不缺乏知识，教育界却缺乏常识！我们许多人不知不觉地把常识丢弃一边，而丢弃的结果是南辕北辙：教育家渐行渐远。

傅国涌曾经说，这是一个消费主义的时代。大师也是一种消费，一种文化消费。越是一个糟糕的时代，越会有一些人要把自己打造成大师，在这样的时代谈文化太奢侈了。这个时代哪有什么大师？大师其实要在文化上有根底，是具有理想主义精神气质的人，就是陈寅恪所讲的"独立之精神，自由之思想"的那种人，没有这样做底色的人能成大师吗？不管在艺术领域还是在文学领域，或在学术领域，没有自由和独立做底色，自称大师，说出来谁信呢？（参见《消费主义时代：繁华中的危机——答〈文化产业〉记者瑞丰》，载《教育文摘周报》2012 年 4 月 25 日第 7 版）教育界所谓的教育家亦是如同其他行业所谓的大师一样，没有了理想主义的精神气质，怎么能成就所谓的教育家呢？

海德格尔说："在技术化的千篇一律的世界文明的时代中，是否和如何还能有家园？"仿照这句话，我这样说：在功利化的千篇一律的教育浪潮之中，是否还有教育的精神家园，如何才能拥有精神家园？

补记

此文写完之后即发给《中国教育报·现代校长周刊》时任主编时晓玲，她给我的回复如下：一气读完的，只有两个字：过瘾。是该清醒的时候了，可是我们很多人却在揣着明白装糊涂。但接下去呢？醒着的人该怎么办？从来认为你是与众不同的，果然是。如果皇帝的新装被说破了，接下去好像还得做点啥。提出来，与程老师商量，周末快乐。

后来时晓玲又发来如下电邮：

一口气读完"渐行渐远"，有一种畅快淋漓的感觉。没错，这就是程红兵。没错，程红兵还是原来那个样：说话实在、直白、犀利，入骨三分，甚至没想到给自己留后路。

这是他的一贯作风，比如，当年他与魏的交锋。也因此，他在受到一些质疑甚至误解的同时，却因为说出了不少人一直憋在心里要说而没有说出的大实话，得到了更多人的格外尊重和佩服。很凑巧，昨天和红兵通话商讨采访事宜的当儿，就有朋友把他的《书生校长》放到了我的办公桌上。算是天意吧，这样的际遇巧合多了，我常常会调侃一下自己的某种通灵之气。其中读到李镇西给他写的一篇文章，忍俊不禁，不由得一个人偷着乐了好一会儿。

赤子之心程红兵，这是我给他的定义。

因为工作的关系，与程红兵有过为数不多的几次交道，但在众多采访过的人当中，我是从一开始就把他归为朋友一类的。因为看他一脸憨厚的书生像，想来尽管聪慧无比，也是不至把我带到沟里去的。因为本人就是一个喜欢实话实说，经常因为工作不小心得罪人的人。

新课程改革与教师专业化发展

中华人民共和国成立以来，改革力度最大、范围最广、最艰巨、最复杂的新课程改革已经轰轰烈烈地进行了一段时间，这场课程改革到目前为止已经取得了令人瞩目的成绩。

普及了新的课程理念。以人为本、以学生发展为本的理念，成为广大教师耳熟能详的一句话，以德育为核心，以创新精神、实践能力培养为重点的素质教育思想进一步深入人心。新的课程观念已经在广大教师中基本形成，课程不再是学科教材的代名词，课程是学校组织的一系列教育教学活动，是学生和教师共同建构的，是学生的体验，教师与学生既是课程计划的执行者、实施者，也是课程开发者、建设者，师生都是课程主体；知识与技能、过程与方法、情感态度与价值观三维课堂教学目标已经成为广大教师的基本共识。

建立了新的课程体系。国家课程、地方课程、学校课程三级课程管理体系已经基本建立，上海市的基础型课程、拓展型课程、研究型课程三个方面的课程系统已经建立，以领域、学科、模块为基本层级的课程结构已经形成，新的课程标准已经颁布，按照新理念、新课标所编制的新教材已经全面使用。

实施了新的课程改革。建构主义、多元智能等先进的课程理论、教育教学理论引导着广大教师的课程改革，从关注教师的教，走向关注学生的学；从接受型学习方式，走向接受型学习、研究型学习、合作式学习、体验式学习多种学习方式并存；从关注结果的评价方式，走向关注过程的评价方式；从一张考卷定终生，走向中考、高考的多元化改革，成长记录手册、多省市单独命卷、推优、自主招生、名额均分等多项改革举措相继出台。从小学到高中全方位的课程改革已经全面启动，不断推向深入，不可逆转。

拓展了新的师训渠道。教师与新课程一起成长，已经成为普遍的目标指向。建立学习型组织，建立校本研训机制，个人反思、同伴互助、专家引领三维立体的师训模式已经初步形成。从政府部门、教研部门到学校，从领导、专家到教师，或非常重视，或积极努力，或直接参与。教师培训已经成为当前学校工作不可或缺的重要一环。

由于新课程改革的难度、广度、复杂度是前所未有的，我们同样看到新课程改革存在许多问题。

第一，虽然普及了新的课程理念，但是并没有改变教师的教学习惯。

新的课程理念已经为广大教师所接受，但是在具体的教育教学行为中却常有偏差，并没有真正养成与新课程理念相一致的教育教学习惯，多数情况下仍然沿用过去已经习惯了的教学做法。因此，也可以说新的课程理念没有真正转化为教师的教育教学行为，思想是新的，但常态的教学行为仍然是陈旧的、传统的，是与新课程理念不相一致的，说得重一点是教师人格被人为地分裂为两个部分。从这个意义上说，教师们接受的只是新课程的口号，而非渗透在教育行为、教育细节中的新思想。

第二，虽然建立了新的课程体系，但是并没有建成完善的实践系统。

新课程的理论体系已经建成，但是在实践操作层面还远没有形成体系，国家课程一统天下的局面仍然是现实存在的，最有活力、最有价值、最需要建构的学校课程仍然举步维艰。在一些学校或许有星星点点的一些校本课程，但有点无线、有线无面，更谈不上构建符合时代要求的、科学的、切合学校实际的、适合学生发展需要的学校课程系统。沿用重视"双基"的观念，基础型课程仍然是独霸中小学教坛，拓展型课程、研究型课程处于点缀状态，课程的选择性、综合性仍然远远没有达到要求，无法令人满意。新课标下的新教材出了诸多版本，但教材的创新性、科学性、准确性仍有待加强，尤其是在适合教师教学、学生学习的操作层面上更需要加大力度进一步打磨，可以说许多教材仍然停留在有限范围内的实验状态。

第三，虽然实施了新的课程改革，但是并没有培育主体的课程文化。

课程改革使许多教师在技术层面上做了一些有益的尝试，在方法层面上做了有益的探索，在模式层面上做了有益的改进，但多数情况下仅此而已。一些学校的新课程改革有形无神，有形式无灵魂，有模仿无创造，有口号无个性，有技术无文化，不能建设符合自己学校学生实际的个性化课程。学校缺乏个性的原因，主要是课程的个性化、校本化程度过低。现在许多学校是一味地追风逐浪，流行什么就追逐什么，没有自己的价值取向，没有自己独立的教育哲学思想，这样的课程改革没有魂，不能培育出主体意识的课程文化。

第四，虽然拓展了新的师训渠道，但是并没有成为教师的内在需求。

教师培训搞得如火如荼，渠道拓宽，培训囊括了教育理念、教育思想、教育伦理、教学资源、课程教材、教育方法、教育模式、教育技术、教育评价等方面，但唯独忽略了教师个体的内在动力，这是当下中小学教师培训共同遭遇的问题。教师培训是政府行为，是领导需要，是有识之士的见解，但没有成为教师们普遍的内在需求，接受培训是任务，是不得已而为之的事情。这样当然影响了教师个体的文化素养，影响了学校团队的文化精神，影响了教师个体的发展，弱化了学校的核心发展力。

上述问题的核心其实是文化问题。只有口号，没有正确的行为；只有形式，没有内涵；只有点缀，没有习惯，其实都可以归结到文化上来。以学习方式而论，新课程所倡导的自主、合作、探究学习方式都是人在社会中生存的固有、内在的需要。自主是人的独立性和能动性的体现，合作是对个人有限性的弥补及基于人在社会中生存的需要，而探究则是人的本能。只有对此做出深刻的文化把握，才能说真正理解了新课程倡导的学习方式，才不会在不需要合作的时候让学生合作，在学生能够自主的时候不让学生自主，在学生有探究欲望的时候直接告诉结论。自主、合作、探究等学习方式的前提是教师尊重学生作为独立的生命个体的人的存在。没有这个观念前提，所有开展的自主、合作、探究学习就只能是"有形无神"的模仿。

又如新课程倡导多鼓励学生，这是从给学生宽容和安全的心理氛围的角度提出的，其本质也是来自对人的个性的尊重，对多样化的宽容。现实学校教学中"表扬"滥用，恰恰是以另一种形式忽视学生的个性，从而违背了新课程的本意。由此可见，新课程理念有着深厚的哲学基础和文化前提。这种哲学基础和文化前提，在我们过去的生活中都不曾凸显，因而对教师来说是外在的、陌生的，难以真正理解和内化，更难以真实地改变教学行为。所以说作为文化深厚的固着物和存在形式之一，观念表现为每一个人的行为方式。观念的形成不是一日之功，观念的转变也不能立竿见影。

教师内在动力的缺失其实是教师文化素养不高的表现，没有自己的价值思想、没有自己的教育哲学观念更是文化思想缺失的根本表征……几乎所有的问题都能够在教师个人的观念文化中找到渊源。

所谓学校文化包括教师文化、课程文化、学生文化等，其核心思想是关于教育的价值取向、教育的哲学思想，它体现在教师的言语当中、行为当中、思维方式当中，体现在教育的所有环节当中，体现在教育的一切细节当中。

在实践过程中我们坚持两个"同步进行"：课程改革与教师专业化发展的同步进行，课程改革与课程文化建设的同步进行。

课程改革与教师专业化发展同步进行，课程改革与教师专业化发展、教师文化提升相互依赖、相互促进，可以说本质上是同一件事。课程改革依赖于教师专业化发展、教师文化素养水平，课程改革又促进教师专业化发展、教师文化提升，教师专业化发展的目的是促进课程改革，提高教育教学质量，教师专业化发展又离不开课程改革。

课程改革与课程文化建设同步进行，课程文化的再造不能离开课程改革，否则课程文化等于空中楼阁，虚无缥缈；课程改革不能离开课程文化再造，否则课程改革无法深入，流于形式。

我们通过课程改革和建平学校课程建设，唤醒了广大教师的主体发展意识，真正认识到专业发展不是一项外在的任务或者工作，而是一种职业生存方式与生活习惯，是一种自觉、自为、自立的文化行为。建平学校的教师们在课程改革与建设中构建了八大课程领域多达 110 多个课程模块，生成了具有开放、选择、综合特性的课程文化。课改中生成了建平教师专业化发展的途径，教研、课改、师训相互结合，三位一体。课改中生成了建平教师团队组织文化，生成了独具魅力的建平文化，形成了具有建平特色的学校教师文化、学校组织文化。

在 10 次被评为上海市文明单位的基础上，经过全体建平人的努力，建平中学于 2005 年、2009 年两次被中央精神文明建设指导委员会命名为全国精神文明建设先进单位。

总结我们的实践，我们建平中学是将课程改革与文化再造、教师专业化发展与教师文化提升，作为学校核心发展力的两大要素来看待的。我认为学校核心发展力的要素首先是人，学校发展需要具有理想的高素质的文化人，既包括教师个体，也包括学校团队，即教师个体的文化素养，学校团队的文化精神。其次是课程，以学校的目标实现途径看，学校是通过课程来实现自我价值的，所以课程里面凝聚了学校主体的文化素养和文化精神，课程品质直接反映了学校的核心发展力。同样，要提升教师个体的文化素养，学校团队的文化精神，课程改革当然是必经之路。

基于内部反思的课程改革与教师培养

现行的教师培训方式有问题，而深圳明德实验学校是一所年轻的学校，由一支平均年龄不到 30 岁的年轻的教师队伍所构成，教师急需培训，那明德到底如何培训？

深圳明德实验学校是深圳市福田区政府和腾讯慈善基金会合作办学的新生事物，公立学校委托管理，试图在公立学校和民办学校之间走出一条新的路子，实行董事会领导下的校长负责制，合作双方确立的共同目标之一就是学校要培养创新人才。

很显然这个目标是应时而生，适应时代的要求培养创新人才，作为校长就必须思考我们用什么课程来培养创新人才，用什么方法来培养创新人才，谁来培养创新人才。这些问题不解决，培养创新人才是根本无法实现的。因此，首先必须批判性地反思过往及当下学校教育出现的有碍于创新人才培养的问题及其弊端。

反思至少有两种途径，一种是外部反思，一种是内部反思。

所谓外部反思，往往是简单地学习欧美发达国家的教育，全盘否定或基本否定自己的教育，改革的做法就是基本照搬欧美的办学模式、课程教材、组织方式、教学方式。君不见，很多学校办起了国际部，基本就是这种模式。外部反思的要害在于：它是完全非批判的，它从来不去追问一件事情或一个原理的前提是什么、界限在哪里，它从来不去思考一种做法或一种经验是否存在问题，其生存土壤、文化根脉是什么，它从来不深入到事物的内容本身当中。比如走班制，为什么要实行走班制？重要的前提是学生学科学习差异较大，所以走班，所谓因材施教是也；如果学生差异不大，是否还需要走班就需要讨论了；如果是要尊重和培养学生的兴趣，是要让学生规划自己的人生，可以在选修课上走班。外部反思知道的是一般原则、基本套路，具体实施就是习惯于拿来主义，把西方的那一套原则、套路、模板拿过来套在我们的教育中，不客气地说它就是形式主义或教条主义，它是去除土壤、抛弃背景的一种简单做法。外部反思在今天中国的基础教育界还是比较时尚的，可以产生炫人耳目的效应，但却完全遗忘我们教育本身的实体性内容以及教育所植根的文化土壤。

所谓内部反思，就是针对自身的实际情况进行追根溯源式的反思。它并不拒绝外部理念、模式、经验的学习，但一定追问一件事情或一个原理的前提是什么，它的界限在哪里，它一定是以自身实际情况实事求是的分析为主，特别要基于教育的土壤文化，着眼于自身的实际情况进行反思。基于内部反思，我认为当下基础教育在课程、课堂、教师、思维方式等方面都存在许多问题。

当下课程的问题——一个课程标准统领下的标准课程。我们虽然有许多版本的教材，人教版、苏教版、上教版、北师大版等，但是目标指向是一致的，都是试图覆盖广大的中小学生，尽可能多地占有市场。思维模式是基本一致的，按照课程标准的要求，其内容是大同小异的，编辑体例也是大同小异的，甚至于思考练习的模式也是基本一样的，都摆脱不了追求高考、中考的现实需求。这样的课程教材缺乏弹性，没有张力，甚至可以说基本上是僵硬的。创新人才的培养必须有自己的课程，这是和大多数人不一样的课程，个性化的课程。这样的课程富于弹性，更加自由，可以是国内的某一本教材，也可以是国际课程教材；可以是大学先修课程，也可以就是大学课程；可以是一部专著，也可以是一本选集。根据学生发展需要，可以自由选择，更应该由教师自己创造课程以贴合个性化学习。

当下教学是以一种模式框所有的教师——传授加训练。知识的灌输加题海战术是今天学校教师最常用的手法，甚至在一些教师身上是唯一的方法，因此教室自然而然成为人才培养的最主要甚至是唯一的场所。这样既无法真正落实减负，更不能培养出创新人才。人才不是用机械的方式像工厂加工产品一样制造出来，人才的培养少不了要传授知识，也少不了训练。人才需要文化浸润，人才需要方法启迪，人才需要思维碰撞，人才需要真实情景，也就是说要把人才放置到真实的研究情景中去实际参与实验、参与研究，在实验中有所发现、有所创造。创新人才的培养不能仅仅在教室里灌输知识，训练做题解题能力。

当下课堂是以一种思维套所有的孩子——求同思维。今天的作业、考试题大多都有一个统一的所谓标准答案，甚至于开放性试题也有答题的模板。今天许多的课堂教学过程就是老师带着学生寻找标准答案的过程，课堂的结局就是学生最终对上老师的答案，优秀的学生就是对上老师标准答案概率最高的学生。老师的权威性就是他永远是真理的化身，他代表着标准答案，这个答案就是老师手中的"金钥匙"，学生只要通过反复的无数次的操练就能拥有这个"金钥匙"，就能打开大学的大门，就能走上阳光大道。殊不知，这样一种单一的解题训练，满足了功利性的需求，却最终扼杀了孩子们的创造性思维。因为单一的求同思维使得孩子们思维僵化。科学创新既需要求同思维，还需要求异思维；既需要收敛思维，还需要发散思维；既需要纵向思维，还需要横向思维；既需要超前思维，还需要后馈思维。而且所谓的标准答案其实未必是正确的，人类科学前行的历史已经证明，一些问题有一个唯一的答案，一些问题其实并不只有一个答案；一些问题的答案今天看是正确的，若干年之后也许就是错误的；一些问题的答案今天看可能是错误的，若干年之后也许就是正确的。长时间地用僵化、单一的求同思维方式训练学生，学生就最终还你一个亦步亦趋的人格特质，他们不再有自己的想法，不再有自己的创意，他们所拥有的都是别人给他的正确答案，他们永远不会有自己的答案。在学校里由老师们用标准答案统一学生的大脑，有一天他们离开学校，走向单位，被所在单位的领导不断地统一思想，最后结果，就是大家都没有思想，或者说大家只有一个思想。因此，没有创造就是十分无奈而又十分自然的事情了。

当下教育是各自封闭的——铁路警察各管一段。小学老师永远教小学，中学老师永远教中学，大学老师永远教大学，这固然有其所谓专业化的好处，也就是术业有专攻。但它的问题也是非常突出的，即教师的人才队伍基本是封闭的，封闭就容易僵化。知识的僵化，能力的僵化，眼界的狭隘，在封闭的环境中容易产生。相反，大凡优秀的教师都是因为其所处的环境相对宽阔，他所接触的人不同于本行的人，或者是他自身的努力使他跳出了自己的职业圈子，得以长足的发展。跳出圈子，就是跳出思维框框；人的突破，关键就是思维模式的突破。为什么我们不能有意识地打破教师队伍的人事圈子？为什么不能把专业的研究人员引入中学、小学？为什么不能让律师来承担学校的法律课教学？为什么不能让工程师来中小学担任物理教师？为什么不能让生物制药的专业研究人员担任化学、生物教师？为什么不能让文学编辑甚至作家来担任语文教师？一旦打破这个行业圈子，教师队伍就活了，杂交才能优生，同质化一定导致生物种群弱化。

如何解决问题？我以为关键在人、在教师，教师队伍是改变问题的核心要素。教师队伍有三个关键因素：

一、什么身份——自由教师

明德实验学校自由选聘教师，不需要经过教育局、人事局统一招考，教师队伍实行契约制管理。所谓契约制，就是学校和教师签订合同，教师没有事业单位编制，而是实行人事代理制、合同聘用制，享有深圳市统一养老保险制度，形成学校各类人员的合理流动和正常退出机制，实现从终身制到契约制的转变。

它的好处主要有几个方面。

第一，用人单位有用人权。学校是用人单位，但选择什么人来担任教师，长期以来都是教育局、人事局说了算，学校想进的人进不了，学校不想进的人反而进来了；进来之后，学校又无权解聘教师，结果导致用人主体没有用人权，工作效率很成问题。实行契约制之后，学校作为用人主体，选需要之人，聘可用之人，保证学校自由选择一批热爱教育事业、有所作为的教师进校。

第二，学校构建激励机制。因为实行的是契约制，教师队伍流动起来，学校教师队伍不再是一潭死水，打碎编制，换来自由，双向选择。学校允许教师改变初衷，允许教师跳槽；学校既可以聘任自己心仪的教师，也可以解聘问题教师。优秀教师进得来，不合格教师出得去。教师队伍保持适当压力，对提升队伍积极进取的精神很有好处。

学校制定激励教师的薪资方案，教师工资水平平均高出同类学校同类教师20%～30%，根据职称、工作量、绩效来分配，采用学校自定的考核模式，多劳多得。引进学生、家长、专家参与评价的全面评价机制，而不是单一的分数评价；优绩优酬，没有了"在编"和"不在编"的概念，只要工作干得好，待遇就能上去，主要管理干部实行"年薪制"。

二、从哪里来——来自各行各业

学校有了用人权之后，教师的来源就开放了，完全可以做到唯德是举，唯才是用。明德学校实现了三个打破。

打破师范院校限制，我们的教师招聘来源既有师范类大学，也有非师范类大学，既有综合性大学，也有理工科大学。我们既招聘了华南师范大学、陕西师范大学、东北师范大学、北京师范大学、华东师范大学、江西师范大学、湖南师范大学、长沙师范学院的毕业生，也招聘北京大学、武汉大学、中山大学、暨南大学的毕业生，既招收香港中文大学、香港浸会大学的毕业生，也招收宾夕法尼亚大学、墨尔本皇家理工大学、英国利物浦大学的毕业生。

打破资历称号限制，我们招聘教师并不看重资历或者是荣誉称号。资历可能带来的是经验，但经验同时是一柄双刃剑，既有了解学校、了解教学、了解教材的优势，也具有因循守旧、固步自封、自以为是的可能，甚至拒绝变革；荣誉称号同样具有双向效应，一些荣誉称号代表的是过去，是曾经取得的成绩。时过境迁，他年资渐长，不思再进取，不思再奋斗，他的创造精神也许会不足，他的生长性相对较弱，更有甚者，有些称号的获得并不一定就是因卓有成效的课改而获得，而是因应试教育而取得。因此，我们不看重光环，而更看重他的未来发展。事实上，我们招聘教师曾经拒绝过包括特级教师称号获得者在内的一些资深教师，相反我们却招聘了三分之二的应届本科生、硕士生担任教师，平均年龄28岁，他们身上既少经验，也少包袱；虽缺资历，却不缺学力。实践证明，一年下来，有的教师已经成长为很有思想、教学优质、深受学生爱戴的教师。

打破行业限制。教育界常常是比较封闭的，表现在教师队伍的封闭上更加严重，如非中小学教师行业的人无法到中小学任教。相反，我们在国外看到的却不是这样的情况，他们的教师队伍没有行业封闭一说，而是各行各业的人只要有教师资格证，有学校需要的课程教学能力，就可以聘为教师。明德实验学校聘用的教师有来自重点大学的专业人员，如聘用上海大学科学研究机构的副研究员，这是我们中小学十分缺乏的科研人才，他能够实际带教学生进行真实、前沿的科学研究；有来自专业协会的专业人员，如我们聘用深圳市航模协会、车模协会的相关专业人士担任我们拓展课程的教师，聘用国际象棋大师、深圳棋院副院长刘适兰及其团队作为我们的课程教师；我们还聘用学校课程所需的行业专业人员，如聘用国安队退役足球队员担任我们足球俱乐部的教练，聘用省级电视台节目主持人来学校开设"节目主持人"的专项选修课程。

作为教师而言，当然首要的是师德品质、敬业爱岗，在这个前提下，我们还需着重于培养教师清晰的思维能力，即想得清楚，教得清晰；还需着重于培养教师自觉学习的习惯，不是固步自封，自以为是；还需着重于提升教师不断改进的意识，自觉改进，自觉创造。

三、怎么培养——行动培养

教师培养重要的是现代教育理念的形成，这个既需要学校文化的长期浸润，更需要在学校教育行动中形成、养育，这就是行动培养。人的思想理念是在行动中建构的，人的思维方式也是在行动中改变的。教师的行动有两个重要的渠道，一是课程，二是课堂。培养教师就以这两个渠道为突破口，让教师不但参与课改，而且成为课改的主体，让教师不但研究课堂，而且成为新课堂的创造者。

明德学校正在从学科课程重构、学科重组、课堂重建三个方面进行全面的课程改革与课堂变革，与此同时，明德教师的培养也同步进行。

第一，学科课程重构，让教师真正成为课程主体。一直以来都是专家编写教材，教师带着学生学习教材，这几乎成了中小学天经地义的惯例，这正说明教师成了课程被动的使用者，无法体现教师作为课程主体的意义。明德实施学科课程重构，以国家课程为基础，以国际课程为参照，引进、借鉴、整合、融合国际课程的优秀元素。第一阶段：以人民教育出版社出版的教材为主，参照各地出版的课程教材。这样的过程就是让教师自主选择教材内容，而不是被动地被一种教材牵着走。不是被动地教一种教材，而是用多种教材来教学生。第二阶段：我们将以中国出版的教材为主，参照优秀国际课程教材，如 IB 课程、AP 课程等，更进一步开阔教师的国际教育视野，在更大空间范围内选择教材，选择的过程就是教师作为课程主体研究课程的过程，这是教师创建自己课程的前提。第三阶段：将中西课程融会贯通，让教师学会创造明德自己的学术教材，教师作为课程主体的意义将得到充分显示，教师的课程建构能力将得到充分锻炼。

第二，学科重组，让教师建立以生为本的课程意识。理论界一直在争论儿童中心、学科中心，毋庸置疑，学科教学固然有其不可替代的意义，但是不能因此忽略学生主体的意义。任何学科教学都应该是以学生为主体的，都是为了教学生，而不是为了教知识，为了让学生掌握解决问题的实际能力，成为一个有用的社会人。教师跨学科教学，就能带动学生进行跨界思维，面向社会现实的真问题。明德部分课程内容进行跨学科多维组合，架设学科通道，打通学科壁垒，就是着眼于让教师建立以生为本的课程意识，从而让学生学会解决社会生活中的实际问题。其方式有专题重组、戏剧重组。首先是专题重组。文科类的有以中国历史为主轴，将语文、中国地理、政治融会贯通。以世界历史为主轴，将英语、世界地理、政治融会贯通。理科类的可以生命、环保、新能源、航空航天为主题，把生物、化学、物理、数学、计算机相关课程组合在一起教学。我们的教师已经进行了有益尝试，如将语文课的《木兰诗》与历史课的"府兵制"整合在一起，将语文课的《石壕吏》与历史课的"安史之乱"整合在一起。再次是戏剧重组。小学可以开设儿童舞台剧，中学可以成立莎士比亚剧社，这个课程将语文、英语、音乐、舞蹈、历史、思想品德等课程组合在一起，营造具有文化意蕴的教学场域。

第三，课堂重建，让教师成为新课堂的创造者。课改以来，很多学校就进入改课状态，但是很多课改的成功经验基本停留在形式化的程序课堂模式的建构上。更可怕的是，由于媒体大力宣传甚至炒作，由于相关教育管理机构的指令要求，这些成功经验似乎成了放之四海而皆准的标准，基层学校不加分析、不加对照，奉行拿来主义，整齐划一地照搬，这几乎成了当下基础教育的一种潮流。这些模式建构不能说没有作用，但是最大的问题就是教师成了被动的模仿者，而不是根据本校、本班、本人的学情、教情、校情主动地去创造。学校是千差万别的，学生更是千差万别的，我们更需要的是教师根据自己教与学的实际情况进行创造性的课堂建构。

我们明德教师的课堂重构，既有形式上的变化，也有更高层次的课堂重建，即着重于课堂里的思维流量的重构，把课堂的主要目的定位在学生思维能力的发展，设计丰富的、适切的、具有挑战性的、促进深度参与的高阶思维活动任务来构建课堂，从而促进学生思维能力的提升。有的教师创建多维视角的课堂，也就是教师在教学中不是给学生一个现成的答案，而是启发学生从多个维度看问题，从多种角度看同一事件，激活学生的思维，学生就不再是被动地接受，而是主动地思考、选择。让学生知道相同，知道相反，知道差异变化，多角度看问题，才能让学生的思维真正活跃起来。有的教师创建充满矛盾冲突的课堂，也就是说课堂不是片面传输，而是充满思维矛盾，让学生在矛盾冲突中加深对问题的认识，有冲突的课堂才有深度。两种矛盾对立的观点同时交给学生，就会激活学生的思维，让他们比较，让他们充分讨论，引导学生掌握自我导向学习、问题导向学习、深度学习及反思性学习，激发学生深入探究。有的教师创建批判思维的课堂，学生是学习的主体，他们在课堂里不是简单地了解、认同和吸收课本上的知识和老师的讲解，而是要勇于质疑，从不同的角度、层次上来审视教材内容，与课本对话，与教师对话，摆脱原有的思维定势，或者是在批判基础上的认识、吸收，或者是另辟蹊径，发现新的问题，进而形成对教学内容的新认识。打开课堂，给孩子们一个宽广的思维空间；打开学校，给孩子们一个无限的想象世界。鼓励孩子勇敢地尝试、勇敢地实践、勇敢地探索；鼓励孩子们勇敢地质疑、勇敢地挑战，质疑课本，质疑专著，质疑教师，质疑名家。教师以宽容的心态面对学生，倾听学生的见解，哪怕是错误的，也要让他把错误的思维过程陈述清楚。教师就是要以包容的心态接纳异己的思路，发现其是或者非，予以评说。

教师一定是在教育行走的过程中成长起来的，课程改革、课堂变革一定是与教师成长相伴相随的。

理想为何消逝

　　校长、教师应该有理想，他们是追梦的人，他们应该始终保有自己对未来的憧憬、对美好明天的希望，这是校长、教师具有不竭动力的源泉之所在。

　　但是毋庸讳言，在一部分教师、校长身上，教育的理想正在消逝，渐行渐远，因为走得太远，忘记了为什么出发。缺少了一种原本应该具有的激情，缺少了一种面对未来应该具有的浪漫情怀。教育成为一个聊以谋生的行当，很功利、很现实。校长的办学、教师的教学都是一种职业化的行为，按部就班，做一天和尚撞一天钟，应付成了常态，敷衍成了习惯，消极成了自然。

　　是什么原因消解了校长、教师的积极性？是什么因素淡化了校长、教师心中原有的理想？我以为有三方面原因。

　　第一，现实社会价值取向对教育文化的冲击可能是一个重要的因素。有人说，整个世界的人文心灵都在退缩，这是一个全世界共通的问题。今天社会普遍存在着金钱至上的价值观，这直接影响着教育界的教师，很少有老师像雷夫一样单纯，纯粹出于为享受教书本身的乐趣而教书，甚至于"没有报酬也难以抑制上台演出的渴望"。更有甚者，一些学校、一些教师与学生家长存在买卖关系：你的孩子分数不够，通过交钱即可进入好的学校，这是学校与家长发生的买卖关系；你的孩子有需求，只要你付钱，我就为你的孩子补课，这是教师与家长、学生发生的买卖关系，而且大家都知道家教已经是十分普遍的一种情况。这样一种物质金钱关系消解了教师身上原本具有的教育理想，师生变成了一种赤裸裸的买卖关系，这其实是受当下社会"一切向钱看"观念的影响，教育界的价值观折射了社会文化的价值观。

第二，当下的学校生态值得我们关注。记得《中国青年报》曾经有意识地进行过一些名校的今昔对比，提到浙江学者傅国涌对上虞白马湖畔的春晖中学思慕已久。20 世纪 20 年代初，夏丏尊、朱自清、丰子恺、朱光潜等人曾在那里任教，留下了中国近代教育史上的一段风云故事。对做过一段乡村中学教师的傅国涌来说，那是他心向往之的地方。2005 年夏天，他终于来到这所"梦中出现过"的学校。刚刚放了暑假，校园里空荡荡的，招贴栏上墨迹犹新的是高考成绩光荣榜，文理科分数排列俨然。傅国涌猛然感到，这里已不是当年那个洋溢着创造乐趣、以求知为最终目标的春晖，而是全封闭教学、以考分决高下的春晖。他清楚，"当然这不是春晖的悲哀，普天之下莫不如此，春晖不能幸免"。他来这里只能凭吊历史："古人说物是人非，如今恐怕是物也非、人也非了。"这里我们不是想批评春晖中学，而是想指出一个普遍的现实状况：功利化的应试教育越来越严重了。功利化的应试教育导致无序竞争，无序竞争导致教育没有人文意味，导致情感缺失。长期以来的功利化应试教育，使教师们、校长们疲于应付中考升学率、高考升学率，学校和学校之间，教师和教师之间，存在激烈的但却毫无意义的竞争，导致教育成为一种竞赛。竞争本身消解了教育的人文意味，把人际关系变成没有情感的竞争关系，有些教师由于多次的竞争失败，导致意兴皆无，对所谓的考试失败已经没有任何感觉了，进而对教育本身也毫无感觉了。有些教师虽然获得所谓的考试成功，但那种只抓一点不及其余的教学，把教学的意趣冲击得无影无踪，最终导致教育本身也让人觉得索然寡味了。更有甚者，一些学校从招生开始竞争，或无中生有恶意攻击对方学校，或为抢生源花费大额开销，简直令人大跌眼镜。这其实就是因为过度竞争，其结果是精神层面世俗化，思想层次往下降低。傅国涌说："一个老师、一所中学如果不能给予学生在人格、精神上的影响，就不可能是好老师、好中学，无论其创造多高的升学率。"

第三，教育的模式化、教学的机械操练导致学校教学的创造性缺失。教育的模式化、教学的机械化，是高效率和标准化的教育取向所导致的，它是现代工业社会的特有产物。当社会物质生产因采用科学管理方式——流水线式而获得最大的效益时，这种科学管理的经验开始渗透到学校教育中，学校教育也被看作批量生产出符合社会需要的"好孩子"的"车间"，从此，原有的开放的、不确定的、多样化的教育让位于固定的、独立的、封闭的教育模式、教学机械操练。一个世纪以来，这种传统的工业社会的价值取向、思维方式和管理体系一直影响着全球的教育。在一些教师、校长看来，以升学为主要追求的教育、教学方式已经不需要创造，只需要操练即可，反复练习、反复考试、反复排队，这是我们一些校长、教师的制胜法宝。教师不断地出题，学生不断地做题；教师不断地出卷，学生不断地考试。这种机械训练的方式最终导致学生厌学，不少学生毕业以后马上把书本撕碎，即可作为例证；同样，这种训练、做题、考试的教学模式也会导致教师厌教，许多教师反映，当了若干年教师之后，才发现和原来当教师之前对教师的认识截然不同。当一种职业没有了创造性之后，教师教学原本该有的乐趣就不复存在了。

魏书生说得好，人和工作之间有五种境界：无心无意、三心二意、半心半意、一心一意、舍身忘我。当你进入舍身忘我的境界时，做这份平凡的工作时才感到"一花一世界，一叶一菩提"。

教育界的"圈子文化"

腾讯公司开发的微信很受欢迎，其中所设置的朋友圈，几乎举国上下男女老少都喜欢用，究其原因，我不知道这是否暗合人是喜欢交际的动物这一基本特性。大千世界，芸芸众生，物以类聚，人以群分，圈子文化自然产生。

教育界也是社会的一个重要方面，大凡社会上有的文化现象，教育界也同样会有。或因为工作关系，同事日久，配合默契；或因为社会交往，时有联络，情投意合；或因为志趣相同，性格对路，话语投机。久而久之，三五成群，结成朋友，这本无可厚非。因为这些朋友圈的形成是正常的，常常都是慢慢形成的，都是日久生情、水到渠成的，常常都是有许多的共同点、相似处，因而是自然而然形成的，并非刻意，也并无组织，并不追名逐利，而只是一种相互的精神愉悦、精神温暖。而且也不排除异己，不为了某种利益无端攻击他人；也不会为了圈内的利益，相互无原则地吹捧、无原则地利益输送，不搞党同伐异；即使是圈里的朋友，相互之间也是一种正常的人际交往，有问题要指出、要批评，有正义要伸张，有好事也要表扬、要宣传，这种圈子里的人是有基本标准、基本原则的，正如"吾爱吾师，吾更爱真理"所言，真理就是基本标准，真理面前人人平等就是相处的基本原则。

但是，现在有些地方的教育界出现了一些并非正面的圈子文化。这些圈子的成因就不是正常的，一些教育圈子常常一开始就是奔着名利而去的，更像是一个一味追名逐利的小团伙。由一个绝对领袖的"群主"或若干个次一等级的"管理者"牵头，组成一个利益共同体，相互关照彼此的利益。"群主"权力在手时，圈子里的人对之恭恭敬敬。一般来说，"群主"总是由有一定能力、有较高水平的人担当，但是他选择那些进入圈子里的人的共性是听话，对"群主"唯唯诺诺，侍奉到家，常常并无多少能力，并无多高水平，缺乏个性，不敢有些许反对意见，更不敢顶撞"群主"。平时吃吃喝喝，玩玩乐乐，时有来往；大会小会，上下呼应，唱和频仍；如遇提拔校长、副校长，"群主"优先考虑圈子里的人，甚至于只考虑圈子里的人，不问管理能力如何，不问人品如何；如果是职称评审，"群主"亦重点关照圈子里的人，甚至只关照圈子里的人，不问条件是否达到，水平是否具备；如果是荣誉称号，"群主"主要推荐圈子里的人，甚至只推荐圈子里的人，不问业绩是否突出，影响是否广泛。只要是自己圈子里的人，说你好，你就是好，不好也好；只要不是自己圈子里的人，说你不好，你就是不好，好也不好。甚至于为了捧上自己圈子里的人不惜打击圈外的人，抓住一点不及其余，夸大其词，无限上纲上线。

如此不按标准，只讲圈子；不讲水平，只讲关系；不讲品质，只讲利益。导致一些地方、一些单位里的干部提拔、职称晋升、荣誉称号评审，劣币驱逐良币的现象时有发生，甚或常常发生。这样下来，不在圈子里的人才脱颖而出的机会就变得十分难得。长此以往，无论教育管理者、高级职称受聘者、荣誉称号获得者一代不如一代的现象自然产生。但圈子里的人是不会考虑这些事情的，他们只关心自己的利益，始作俑者是"群主"，他们都是有"眼光"的人，他们提拔、关照自己的圈内人，目的仍然是为了自己的利益，而且是为了自己长久的利益。可想而知，将来时移世易，"群主"退休或大权不再，但权力仍然在自己提拔的圈子里的人手中，这些被提拔的圈内人自知权力之所自，当然要关照好曾经提拔自己的"群主"，利益回报是自然的事了。

更加可怕的是，这种现象的出现将极大地巩固并推波助澜这类逐利圈子的文化空间，教育界的公信力将极大地受损，且长此以往将导致教育界的公信力为零，甚至为负数。这样的教育生态文化将潜移默化地影响正在成长的青年教师、青年管理者，他们不再相信教育理念、人文精神、国家事业，不再相信正直善良、努力工作、创造优绩，不再相信教育人应有的价值取向以及向善向上的力量，反而相信圈子的力量，相信"群主"的力量，把教育事业搞成获利职业，甚至把崇高的教书育人变成了商业，四处找圈，到处钻营，只相信跟对"群主"，拜对码头，进入圈子，就能获得利益。如此一来，这样的教育文化，就无基本的公平、公正可言，这些地方的学校就很难产生良善而有公理的文化。

教育界客观上有许多原因会促成圈子的产生，比如因为同事产生圈子，因为师生产生圈子，因为同学产生圈子，因为同一个学科产生圈子，因为同是一个名师基地、名师工作室的学员产生圈子，等等，机会很多。如此我们更应该弘扬正气，自觉养成一种崇尚真理、维护公理、力求公正、追求公平的文化自觉。

教育局长的专业化

我曾经对教育局长的专业化提出过不同的看法，因为都是教育出身的人担任教育局长，那势必导致教育局长的同质化，因为教育出身的人都带有鲜明的教育工作者的特点，他们当过教师，因此知道教学；他们当过校长，因此他们知道学校管理；但是他们身上常常带有书生气，气魄不够，不如营长、团长；力度不够，不如镇长、县长；关系不铁，不如政府办公室主任，也缺乏行政运作能力，缺乏运作各种政府内外资源为教育服务的能力。于是让教育以外的人来担任教育局长，或许能够带来新的气息、新的视角、新的资源、新的力量。

但是，当大多数教育局长都是由外行人来担任，这就是一个问题了；当一个教育局的领导班子大多数成员都没有做过教育，这就是一个问题了。因为不懂教育，教育局长就很有可能想当然地处理教育的问题，以他们擅长的方式来管理学校，来抓教育。

第一，以抓运动的方式抓课程改革。这在其他领域里也许有一定的用处，他们喜欢发发文件，发发号令，一个市、区、县统一行动，整齐划一。流行洋思模式，就统统都学洋思模式；流行东庐模式，就统统都学东庐模式；流行杜郎口模式，就统统都学杜郎口模式；流行翻转课堂，就统统都搞翻转课堂。总之，抓学校课程改革，好比抓运动，齐步走，一刀切，是其主要行为方式。人是有个性的，教师也是有个性的，教师的教学也是有个性的。每一所学校的情况都是不同的，有不同的教学条件，有不同的教师，有不同的学生，有不同的培养目标，用一种教材包打天下的做法已经无法满足学校个性化的需求，无法满足学生个性化的需求。国家的第八次课程改革，在教什么的问题上赋予学校更多的自主权，学校可以从实际出发，在尊重国家课程、地方课程的前提下，开发学校课程，教师获得更大的自主权。

第二，用抓企业的方式抓教育。其中最典型的就是绩效管理，即将绩效等同于升学率、等同于分数，这样的教育局长最热衷于给学校排队，按照分数、升学率排队，用抓 GDP 的方式抓升学率，将升学指标层层下放，作为学校刚性工作任务，对升学率较差的学校校长给予大会小会的批评。更有甚者，有的地方的教育局长召开校长会竟然以升学率排座位，坐在最后、最边上的座位就是升学率最低的学校校长，以此羞辱校长并警示其他学校。为了提升区域升学率，区域教研机构就成了组织考试的专职机构，一次次模拟考试，一次次组织排队。有这样的教育局长，必然导致整个区域的学校不得安宁，校长势必以此方法考核评价教师，考试地狱就成了十分正常的教学常态，师生负担苦不堪言。

第三，用抓机关干部的方式来管理校长、教师。一个典型特征就是校长必须绝对服从命令，教师必须绝对听从指挥，教育局指向哪里就必须做到哪里，校长、教师不能有自己的想法，更不能有自己的个性。根本原因就是就没有把学校当作一个文化主体，不知道学校是一个自主、自为、自律、自立的文化主体，基本上把学校当作下属单位，把校长、教师当作工具使用，以自己的长官意志代替学校的意志，主导学校发展的一切工作。如此管理，学校从根本上丧失了主体地位，校长、教师也不可能有主体权利，完全处于被动状态。学校从副校长选配到教师招聘，从财务预算到教师奖励，一概由政府说了算，学校几乎没有任何权力。如此下来，学校无法做出任何有效的管理，一切听凭局长主导。而事实上，一个教育局长或者几个教育局长又不可能了解十几所、几十所学校的实际情况，无法对学校里的具体问题做出准确而具体且符合学校实际的判断，于是误人误事在所难免。

教育是个专业，专业的问题应该由专业的人员来领导，这应该是一个基本前提。我并不排除可以用一些非专业的人员，但前提是他要虚心学习，学习教育，了解课程改革的基本要义，认识学校教育的独特特征，他必须放下领导的架子，走进学校，走进课堂，走近校长，走近教师，走近学生，倾听他们的意见，倾听他们的呼声，成为一个懂教育的教育领导人。

教育家的话语方式：自说自话

温家宝同志多次提到教育家办学，他曾指出，我国需要大批教育家，要宣传有贡献的教育家。温家宝强调：要提倡教育家办学，鼓励更多的优秀青年终身做教育工作者。我理解温家宝所倡导的是按照教育规律办学，提倡以教育家的精神办学，期望出现更多的教育家来办学。

教育家的成长是由一个合格的教师和校长成长为名师、名校长，在此基础上形成自己独特的教育思想，引领地区与时代的教育发展，成为众望所归的教育家。形成自己独特的教育思想是成为教育家的关键所在，而独特思想的标志就是有自己独特的话语方式。语言是思想的直接外化，一个人的话语方式直接反映出他的思维方式，独特的教育思想一定具有独特的话语方式，那就是自己说自己的话，即"自说自话"。

一、当下"万人同语"话语方式的表现

当下，学校教师、校长在话语方式上出了问题，他们的话语内容、话语方式表现出明显的趋同性，出现"贴标签、换概念"的现象。校长们、教师们在追风逐浪，流行什么追什么，时髦什么赶什么。研究性学习、体验式学习、小组合作学习、校本课程、校本培训、学习型组织、现代学校制度、多元智能理论，我们不停地更换概念，基础教育界几乎是"万人同语"话教育，流行什么概念，就群起而说之。更有甚者不读原著，不问含义，不加区

分，张冠李戴，偷换概念，为时髦而时髦，错误地运用别人的理论。例如，一段时间以来我们经常听到这样的声音——"我的课堂我做主"，不加区分地让所有孩子对所有内容都"自主学习"，这背后是"建构主义"理论在支撑，但建构主义理论是指整个人类建构知识，而不是指单个儿童在建构知识，这种现象是值得我们反思的。我们当然知道国外有许多思想理论是先进的，但我们不能简单拿来就用，更不能盲目夸大其作用，不能抓住一点不及其余，对教育应该做一些形而上的思考和追问。

这几年，基础教育界一波又一波的概念潮流不断涌现。面对时尚，我们应该做出正确的选择；面对时髦，我们首先应该问一问它的含义是什么，它是正确的吗，它适合我们吗。我们必须保持足够清醒的头脑，对其进行理性的判断。著名学者王元化说，潮流不都是趋向光明和进步的（参见王元化《说"激进"·韩非用人观》，载《财经》2007年第5期）。我们应该慎对潮流，读懂潮流，追问潮流，反问潮流。时尚教育口号不等于教育真理，我们现在有不少教育专家所倡导的教育时尚潮流，有一些是正确的，且符合中国教育的国情；有一些虽然正确，但未必适合中国国情；有一些还只是处于实验阶段，并未取得实质性的成果；有一些连基本的科学性都尚未证实，匆匆忙忙拿来效仿，这显然是不对的。对于时尚潮流，我们应该怀有充分的思想准备，应该认识到潮流性的东西未必全是正确的，未必全是科学的，而且我们完全还可以再追问一下：所谓潮流真的是世界潮流吗？还是一个国家或几个国家的理论主张、行为实践？教育不应该封闭、不应该排外，但教育同样不是一种时尚，做教育的不能赶时髦，教育改革和发展应该适应本国国情。"中国式文化创新"不仅需要我们对西方各种人文观念进行"中国改造"，同时也需要对中国传统人文观念进行"原创性改造"。

学校所追逐的时尚之"风"从何而来？时髦之"浪"从何而来？很显然，"风浪"来自于教育理论家们，现在中国的教育理论又主要来自于许多西方发达国家的教育理论著作。学者刘尧认为，中国的教育理论研究有一种"从属理论"现象，表现为在研究内容上，主要是翻译、介绍、诠释国外研究成果；在研究成果上，少有原创性的发现和理论，缺乏开创性的研究领域和问题，且多为跟随、模仿、验证等重复劳动；在研究话语体系上，呈现出一种比较艰涩的、痕迹明显的翻译语言特征（参见刘尧《我国教育科学研究问题反思》，载《中国教育报》2009 年 5 月 26 日第 4 版）。

欧美发达国家的教育几乎主导了国内基础教育的思想理论基础，中小学校长、教师们头脑中跑的都是欧美教育思想的马车，基于西方个体本位论的后现代教学观成了主打教学理论。

二、"万人同语" 背后的深层原因

深究我们的灵魂深处，可以看出有一种自卑感，因为我们的经济发展水平还不够高，还不够现代化，我们在方方面面都缺乏足够的自信，于是我们有了一个现代化的诉求，有一种强烈的赶超愿望，我们希望与世界发达国家接轨，希望尽快赶上世界发达国家，实现现代化。各个领域的知识分子都在忙于从国外特别是西方发达国家引进许多理论书籍，用曹锦清的《黄河边的中国：一个学者对乡村社会的观察与思考》（上海文艺出版社 2004 年出版）一书中的一个术语来说就是"译语"。对于此种现象，曹锦清写道："在'译语'中，不仅有着令人兴奋的成套价值目标，也为我们提供各种认识工具。然而，源于西方社会的价值目标能否作为我们民族的'应该'而铸入到中国社会现实中去？光停留在'应该如何的多嘴多舌之中'（黑格尔语），不如去研究'应该'何以悬浮于嘴上而难以进入实践的社会方面根源，源于西方社会的认识工具一旦移译到中国，也往往失其所指而单纯成为'应该'。无所指而强为之指，或削足适履，或指鹿为马。""当今中国似乎有三套语言：一是传媒官话，空洞无物。二是校园讲义，没有根基。这套从西方传入的学术语言，在中国这块土地上找不到它们的所指，成为漂浮在知识分子表层思维与语言中的浮萍。三是民间语言，尤其是酒席语言，反映出变动着的社会事实与社会情绪，语言活泼而富有生气。"因此作者指出："必须走出'译语'，从另一端去观察中国社会。""我们应该把注意的重心从'应该'转移到'是怎样的'及'可能如何'方面来，并重新确立我们的'应该'——确立我们民族的主体意识与主体目标。这是关涉我们民族前途与命运的大问题。""我们在'形式制度'内引入了不少'现代'形式……在我看来，已进入我们乡村地方政治的诸多'外来术语'，只不过是飘浮在广大深厚的传统文化与行为方式之上的点滴浮油而已。急于把中国拖入现代化的知识分子忙于'观念更新'与'制度建设'，往往把'形式制度'与'现代术语'视为生活本身，结果既误别人，也复自误。""社会心理文化"是"现代制度"有效运行的前提。"但当我们说'现代化'时，已在心目中确定了一个'应该'。这个'应该'中包含的情绪与要求，虽是我们民族的渴望，但其目标，却是从现代化国家及其理论中提取出来的。一个民族可以且应该向另一个更为发达的民族学习，这是没有疑问的，但盲目从洋，其弊不在于媚外之嫌，而在于忘却民族的自我。单纯的模仿而激发出来的需要，往往并非一个民族最真实的需要，而且是注定实现不了的需要。我们在谈论'应该'时，更多的要认清我们民族的自我，认清占民族多数成员的最紧迫的要求及这些要求在最近将来实现的可能性，我们应该从这一角度来看待'具有中国特色的现代化'。"

曹锦清先生的话非常透彻，入木三分。教育界也是如此，我们对自身的教育缺乏足够的信心，我们的教育不够现代化，于是我们有了一个教育现代化的诉求，我们希望与世界发达国家的教育接轨，希望尽快赶上世界发达国家，实现教育的现代化。在这样一种失去从容的心态下，我们往往不能正确认识世界各国教育的真实情况，而是把几个经济发达国家的教育做法看作教育现代化的象征，将之树为追赶的标杆，称作"世界潮流"。我们不断地期盼与国际接轨，进而使自己尽快"普世化"，并没有把中国特色、把我们的话语权利认真当一回事，如此下去，我们究竟还要不要我们教育发展的自主性和独立性？

教育领域里所讲的"普世化"进程，很大程度上是从以美国、日本、英国为代表的国家的经验中总结提炼出来的，而那个经验过程不只是高度的组织化和远离自然的过程，同时也包括地方的文化特性。但是在一系列的进程中，西方的经验被社会科学概念化、普世化了，它们因此竟变得如此顺畅，如此平和，如此理性，如此正确。以至于多少年来，几乎每一次遇到这种"普世化"理论与经验相矛盾的时候，我们都没有想到理论可能也会有错，都是认定我们这儿的经验出了问题，都是要不断改变我们的现实来适应"普世化"的理论，我们总是想不起来"理论是灰色的，而生命之树常青"这样的老话来。更何况，对于中国具有悠久文化历史长廊和博大人文地理空间的多元社会来说，自己几千年的教育经验就一定是狭隘的，而别人的局部教育经验就必定是普世化的吗？这在情理上、法理上说得过去吗？

认真看来，"普世化"进程导致民族失语不仅仅体现在教育领域，许多领域都有这种现象，经济社会领域里的"普世化"进程（工业化、城市化、私有化），形成了整个社会的文化氛围，对教育界影响很大。实事求是地说，这样一个阶段是必经之路，学者赵毅衡先生说："就一个世纪的中西文化交流而言，基本态势是：西方文化人来中国，是当老师；中国文化人去西方，是当学生。一百年来，这个格局基本上没有改变。"（参见赵毅衡《双单向道：对二十世纪中西文化交流的几点观察》，载《书城》2002年第1期）我们当然不会忽视这个过程的积极意义。西方发达国家的教育思想冲击了我们的陈旧观念，开阔了我们的眼界视域，使我们在长期的摸索中豁然开朗，看到了一片全新的天地，于是我们开始模仿别样做法。

三、"万人同语"带来的问题与恶果

我们同样也应该看到诸多问题。急于把中国基础教育拖入现代化的理论家们忙于"观念更新"与"体系再造"，往往把"理论体系"与"现代术语"视为生活本身，这种用时髦的理论打扮的口号具有伪装性、欺骗性，结果既误了自己，更误了同样急切的中小学教师，误了基础教育。在这样的背景之下，中学界出现一些莫名其妙的提法，却没有人思考，没有人批评，失去了基本的判断力。例如，2008年3月19日《新民晚报》刊登一篇荒诞的文章《"高精尖"学生能否用"模具"批量产出》，这篇谈论如何培养英才少年的文章，纯粹是把人当成物来看待，观点十分错误，居然作为新观点予以介绍。

潮起潮落，大浪淘沙。殊不知，在潮起潮落的过程中淹没了校长的个性，淹没了学校的个性。如果 50 年后的校长要查看今天校长的办学思想，会吃惊地发现：他们怎么说的都是一样的话啊？

其实任何一所学校都是具体的、独特的、不可替代的，它所具有的复杂性是其他学校的经验所不能完全涵盖的，也是理论所不能充分验证、诠释的。追风逐浪、大浪淘沙的过程淘尽了校长的思想，淘尽了教师的原创能力，使我们的教育界患了可怕的"失语症"，我们的校长、教师不会说话了，不会说自己的话了，用他人的思考来代替我们自己的思考，用他人的理论来作为我们自己的理论，用他人的实践来代替我们自己的实践，甚或用他人的实践来规定我们的实践，以至于在自己的领域里失去了话语能力，进而失去了话语权。

话语的雷同，反映出语言的贫乏，校长、教师失去了话语能力之后将会是一种怎样可怕的后果！校长、教师的失语将导致学生的失语，进而导致我们整个民族患上"失语症"。一所小学接受上级检查，一个五年级的学生代表这样发言："各位领导：我们的学校以德育为灵魂，以教育为中心，全面贯彻党的教育方针，实施新课程改革，培育 21 世纪中国特色的社会主义现代化人才，全力打造 ×× 市窗口性、示范性学校……"这哪是一个孩子的话语？这完全是校长的官话、套话。

《解放日报》2005 年 7 月 30 日报道，由国内 15 所名校中文系联合发起的"第二届全国语文之星夏令营"落下帷幕。在为期五天的活动中，来自全国各地的 200 多名高中语文爱好者，接受了 15 所名校的文学院院长或中文系主任的"零距离"考核。考核的结果令教授们失望，学生用语的高度一致性，缺少个性化的语言，几乎成了目前中学生作文的一个通病。"痛，并快乐着""将……进行到底""一道亮丽的风景线"等语言的泛滥，无异于一种"新八股"。有着几千年活力的汉语言，为何在现代化的今天变得如此干瘪无味、面目可憎？作为教育工作者，作为校长、教师，难道不应从中激发自己的反思吗？

我们知道全球化是由超级大国和西方强国所主导的，是以实力来分配利益和话语权的。目前，具有国际影响力的主流媒体和互联网80%以上在使用同一种语言，在传播着同一种文化价值观，英语在世界传播体系中占据着强势地位，给其他语言文化留下的话语空间十分有限，一些弱势语言文化面临着"失语"的危险。各个民族、地域的语言文化都是自己一方水土独特的创造，都是对人类多元文化的一己贡献。一个民族如果失去了自己的语言，就失去了自己的文化，就失去了个性特征乃至一种精神，从人类文化整体上说，也就失去了其中一个独特的文化个性。

话语能力实际上又是一个民族创造力的直接外化，语言的贫乏反映出思维的狭隘，反映出创造力的弱化。

四、教育家"自说自话"话语方式的实现

何兆武教授在清华大学的讲演中提到："是不是全球化将来就意味着全球的大一统？从联系的密切来说，这是必然的。但全球化并不意味着'雷同'，我们所谓的一致是指 unity，而不是 uniformity。Unity 是多中有一、一中有多，是 unity of variety（多样性）and variety in unity。Uniformity 指大家都一样。世界的方向是走向全球化，但是是一中有多的。'只有民族的才是世界的。'"（参见何兆武《中西文化与全球化》，载《文汇报》2005年1月30日第8版）现在是学校教育发展模式多样化，教育界的有识之士都在倡导学校要走自主发展的道路，这取决于校长、教师有没有个性化的教育思想，有没有自己的话语方式，教育的现代化应该体现为我们自身主体的个性化。爱默生提醒美国学子，希望他们今后不要成为美国的"德国学者""英国学者"或"法国学者"，而是要成为立足于美国生活的"美国学者"，认为"美国人倾听欧洲的时间太长了，以至于美国人往往被看成是缺乏自信的、只会模仿的、俯首帖耳的人"。当前中国教育界也需要有人提醒我们的教师、校长不要成为中国的"美国老师""英国校长""德国老师""法国校长"，不要把自己变成复印机、扫描机，不要让自己的思维只留下一个复印扫描的功

能。言必称希腊，而不知中国、不懂中国学校当下的情况，不能用自己的话语阐述自己的教育思想，那是不可能真正成为教育家的。

早在 20 世纪早期，我国著名教育家陶行知先生十分反对"洋八股"思想，反对以西方的教育传统为根基来分析和解决中国的教育问题。因为在这样一个过程中，"往往是在学习和研究西方社会科学理论时，先产生一些问题，形成理论预设，然后再到经验中寻找相关材料来验证这些问题"（参见贺雪峰《回归中国经验研究——论中国本土化社会科学的构建》，载《探索与争鸣》2006 年第 11 期）。在这种情况下，本土经验不可能充分而真切地展现出来，中国教育实践的价值仅仅局限于支持西方的教育理论前提假设，连证伪西方理论的可能性都没有，更不可能反思自身以获得发展，说严重了就是将中国教育经验出卖给西方理论传统。所以，我们只有按照中国自身的教育发展逻辑并运用本土的话语来表达中国的教育才能使中国的本土经验彰显出来，从而显现出本土教育传统的问题和需要，体现中国教育家的价值。否则，我们所看到的永远只是西方话语下的问题和需要，不是我们自身的真实需要。

按照历史发展进程的眼光看，中国校长、中国教师要成为教育家，在西方的教育理论、课程理论面前应该有三种选择：第一是照着说，第二是接着说，第三是自己说。这里是借用哲学家冯友兰的提法，冯先生认为哲学史家是"照着讲"，比如柏拉图怎么讲，孔子怎么讲，哲学史家把他们介绍给大家。而哲学家就不能满足"照着讲"，他要"接着讲"，即根据时代的需要，有所发展和创新。比如柏拉图讲到哪里，孔子讲到哪里，哲学家要接下去讲。我们这里所谓"照着说"，就是照着西方的课程理论、教育理论说，别人怎么说，我们怎么说，在引进西方教育理论、课程理论的初始阶段当然应该这样，可以称之为搬用阶段。所谓"接着说"，就是按照西方的理论接着往下说，可以说是西方理论的延伸阶段，这是第二步。所谓"自己说"，当然就是第三阶段，总结自己的实践，提炼自己的思想，形成自己的理论。既然校长、教师们已经意识到了，那么我们当然要行使自己表达的权利，自说自话，应该按我们的方式表达我们自己的教育传统和需要，表达我们的理解和思想。这种权利如果被抹杀了，那么也就不存在自己说了。因为话语的表达和被倾听是对话和交流的前提，而只有对话和交流才是教育者"自己说"的正常状态。教育者"自己说"应当是一种平等的交流关系，而这种平等就是话语权的平等。郭华认为：对话需要资本，需要自信、自尊，需要相互间的尊重。如果我们的研究只是在用他们的理论解释我们的实践，用他们的话语（而非中国话语、中国气派）重复他们的研究，即使有所谓的对话，也类似于课堂上教师提问而学生复述一般；这样的对话只能是单向的传播，只能是不对等、不对称的交往，而非平等互惠的对话（参见蒋建华《中国教育研究需要中国气派》，载《中国教育报》2004 年 5 月 15 日第 3 版）。而没有平等的对话就没有真正意义上的教育家。

如果在对话的过程中丧失了话语权，那么就意味着自己传统的地位和权力的丧失，进而会掩盖民族传统的存在，最终丧失民族传统自身。如果没有民族传统的话语权，那么我们的教育也就失去了根基。我们反对西方教育话语的霸权，争取我们的话语权，正是要打破话语霸权的封闭，在教育本土化的过程中推进话语权的重构，使我们的教育话语获得开放性，以更好地面对中国教育的实际。

中国近现代最基本的国情之一就是西化和本土化的长期并存以及两者的相互作用，缺少其中任何一个，都会脱离实际。面对历史实际，我们更需要探讨的是两者的并存和互动，最为关键的是首先要超越非此即彼的二元对立语境，从两者共存的现实出发寻找出路。如果我们主要使用西方的理论来认识我们的社会，用西方的教育理论来解释并指导我们的国民教育，完全抹杀近一个世纪以来中西并存下所形成的新"传统"，结果把丰富多彩的教育实际变成为不合适的理论框架的例子，那么我们便永远也不能解释，为什么竟然会有那么多看上去似乎是彼此对立、实际上却并存和相互拉扯着的悖论现象。总之，一个民族可以且应该向另一个更为发达的民族学习，这是没有疑问的，但盲目崇洋、忘却民族的自我则是十分有害的。这需要有一个本土化的过程，我们在本土化的过程中，在吸收外来传统的同时，也要注重保持自我，因为在全球化的过程中显然存在着西方文化传统的侵入，一旦我们取消本土的自我反思能力，以西方的需要为需要，以西方的反思为反思，长期压制本土的真实需要的表达，就会导致在文化、心理、思想、精神诸方面成为西方的附庸。

我们的校长、教师应该深思：怎样由"跟风说话"逐步走向说自己的话；怎样由西语霸权逐步走向建立自己的话语系统、民族的话语系统？任何一个教育家都是在一定的文化中成长起来的，同时中国教育家的教育探索就应该充分地体现中国风格、中国气派、中国情怀。因此，我认为应该从寻根开始，有人说一个国家的 GDP 到了人均约 2000 美元的时候，就会使人焕发出一种回归自己传统的欲望。塞缪尔·亨廷顿（Samuel Huntington）说，冷战后的国际竞争未必集中于经济领域，而首先将是"文明间的冲突"。他认为经济指向的是"你靠什么维持生命"，而文明指向的是"你是谁"。后者将是事关一个民族、一种文明能否立足当今世界的生死攸关的大事，因而远比"经济"来得深刻。每个国家都有自己的文化根基，真正好的教育是扎根在自己的文化根基上的。

假如把中华民族比作一棵参天大树的话，我们应该寻找树根，即民族文化之根，要关注中华文化。欧洲 18 世纪伟大的启蒙思想家伏尔泰在《风俗志》中就写道："让我们首先注意一个民族，她在我们还没有发明文字时，就已拥有一部以固定的语言连续记载的历史了。""欧洲王公及商人们发现东方，追求的只是财富，而哲学家在东方发现了一个新的精神和物质的世界。"中国文化的优良传统是中华民族的巨大财富和资源。在中国走向现代化、走向世界的过程中，我们不能一味地关注西方、崇尚西方，而忽略了本国文化优良传统的发掘与弘扬。我们应当在深入研究中华文化中，增强民族的自信心、自尊心。

假如把一所学校比作一株小草的话，我们应该寻找草根，寻找学校文化之根，每一所学校都有自己的历史，但不少学校不珍惜自己的历史，去搬用别人的文化。有的学校有悠久的历史和优秀的文化沉淀，但疏于总结、提炼和升华，去聘请从事企业形象识别的文化公司帮助本校设计文化形象识别系统，或者生搬其他学校的文化建设成果，导致了"文化移植"现象的产生。

在寻根的基础上，还必须觅泉，觅现实生活之泉，觅教育、教学实践之泉——因为这是师生生命之泉。教师、校长不仅处于极为有利的研究位置，而且还拥有最佳的研究机会。教师、校长有能力对自己的教育行动加以反思、研究与改进，由教师、校长来研究改进自己的专业工作乃是最直接、最适宜的方式。外来的研究者对实际情境的了解往往不那么深入，因此提出来的研究建议往往无法切入。教师、校长最主要的活动场所是学校、课堂，从实验研究的角度看，学校、课堂是最佳的教育研究的实验室，教师、校长可以通过一个科学研究过程来系统地解决学校、课堂中遇到的问题。从自然观察的角度看，任何外来研究者都会改变学校、课堂的自然状态，如要想既达到目的，又不改变原有的气氛与状态，就只有依靠教师、校长。教师、校长是最理想的观察者，因为教师、校长本来就置身于学校教学中，他是掌握观察方法、了解观察意图而又不改变原来学校情境的最佳人选。英国教育家贝克汉姆认为，教师拥有研究机会，如果他们能够抓住这个机会，不仅能有力、迅速地推进教学技术，而且将使教师工作获得生命力与尊严。我们要使自己站在教学研究的最前沿，努力去研究探索，成为一个名副其实的研究者、教育家。

我们必须高度重视我们自己的教育教学实践，重视我们的课改实践，从实践中去分析、提炼、概括、抽象。我们常常津津乐道：人是思想的苇草，人是思想的冒险家，我思故我在，以我的思考、我的思想来证明我的存在。我们常常说：校长是思想的播火者，是播洒阳光的人，罗曼·罗兰说过："要播洒阳光到别人心中，总是自己心中有阳光。"思想从何而来呢？思想从思想中来。思想的主要来源之一就是来自自身的不懈思考。校长、教师要学会思考，既要居高临下，又要脚踏实地。我们脚下的土地，就是我们现在所从事的教学，这是工作、创造的根本所在，别忘了我们的初衷。尼采曾经自豪地说："为什么我比别人知道得多？为什么我是这样聪明？因为我从未思考那些不是真问题的问题。"这无疑给了我们许多启发。

如果国家课程改革是自上而下的课程改革模式，那么就是理论家们主导一切，使得校长、教师没有多少机会说话。自上而下的改革模式往往要求实践者能够按照决策者、设计者所制定的纲领、计划不折不扣地实施。教师如果仅仅是专家们培训的对象，是课程改革的执行者，那么在课程改革决策者和设计者面前必然处于弱势，难以发出自己的声音，理论和实践严重失衡，导致课程改革的过程中出现了许多问题。我们教师也应该具有批判精神，敢于否定自己，敢于否定过去已经习惯了的东西，敢于否定权威的理论，这样才可能有所发展，才能形成自己的话语方式。我曾经参加纪念两院院士王选的座谈会，会上有王选的友人提到王选曾经很有感慨地说道：世上有些事情非常可悲和可笑，当他 26 岁处在研究的最前沿、处于第一个创造高峰时没有人承认，真正是权威的时候不被承认，反而说他在玩弄骗人的数学游戏；当他已经脱离第一线，55 岁创造高峰已经过去了，不干什么事情了，已经堕落到了靠卖狗皮膏药为生的时候却说他是权威，从 1992 年开始连续三年每年获得一个院士头衔。他一再告诫青年：千万别把院士看成当前的学术权威。教育家不应再迷信权威和书本，应该坚信，一切现存的文明都是对人类过去经验的总结，他要做的是如何站在过去人的肩上向新的高度攀登。教育家不应再迷信自己，不应再把自己的职业角色神化，要敢于批判自己，甚至敢于否定自己。事物在发展，时代在前进，教师、校长不可能穷尽过去和未来，他要做的就是在不断地批判自己中创新。

马克思在论及职业选择时，曾写过一段令人难忘的名言："能给人以尊严的只有这样的职业，在从事这种职业时，我们不是作为奴隶般的工具，而是在自己的领域内独立地进行创造。"他接着还指出，对于具有创造性质的职业，"甚至最优秀的人物也会怀着崇高的自豪感去从事它。最合乎这些要求的职业，并不一定是最高的职业，但总是最可取的职业"。在我们这支教师、校长队伍中的大多数人，恐怕还远未达到"在自己的领域内独立地进行创造"的水平，所以，重温和思考马克思的这段话，对于正在努力成为教育家的教师、校长而言是很有意义的，将激励我们全面认识教师职业的价值，尤其是发现这一职业对于教育家而言的内在生命价值是十分重要的。首先马克思强调"独立地进行创造"的职业能给人尊严，教育家的本质特征也在于创造，创造是人的生命的本质和高级需要的满足和体现，独立地创造，独立地思维，体现为个性化的话语方式。没有人可以不通过个体的经验、独立的体悟、个性的表达，就完成将外在的知识、文化以及其他人的创造转化为自身的发展与成长。所以说，"独立地创造"是生命之树常青之源泉，绝不是诗意的赞美，而是对生命本质的观照。同时，人的生命力也只有在创造活动中才能焕发，才能为社会做出具有不可替代性价值的贡献。教师、校长只有以创造性的劳动去实现自己的生命价值，在创造性的劳动中，享受因过程本身带来的自身生命力焕发的欢乐，最终才能成长为教育家。

研究教育，还是研究教育学

　　"教育"与"教育学"有一字之差，虽有相关之处，但差别是明显的，前者更多的是指教育行为，后者更多的是指关于教育的学问、学术。

　　我们的大学教授、专业研究员们原本更多的是研究关于教育的学问、学术，因此是研究教育学，从文本到文本，从课题到课题，从论文到著作，做学问天经地义、无可厚非！但随着时间的推移，教授们当中也有一些人对这种纯粹书斋式的研究开始厌倦，纷纷走进中小学校，或培训教师、培训校长，或走进学校研究课改、指导课改，或走进课堂观察课堂、指导教师，更有智者，亲自下水，到中小学担任校长、教师，领导学校，开设课程，切切实实地给学生上课，这无疑丰富了教授们自身对一线教育教学的体验，加深了对学校教育、课堂教学的理解，反过来也促进了他们自己的专业研究。

　　我们的中小学教师原本就是教育教学的实践者，在实践中总结经验、反思得失，学习他人的经验，研究自己的教育教学行为，以求改进教育教学，更好地服务于学生健康发展。但不知从何时起，我们开始倡导教师的专业发展，起初这种提法也很高尚，也赢得了广大教育工作者的充分认同，似乎一夜之间我们找到了教师发展的方向，那就是由非专业走向专业，由非学术走向学术。一谈专业发展，立刻就觉得过去教师的教育教学都是不专业的，都是经验型的，其标志就是缺乏基本理论，因此教师专业发展必须由经验走向理论、走向学术，久而久之走向由研究教育变成研究教育学。

　　如此一个现实逻辑推衍，把一个看似非常好的命题基本颠覆，好比一个偶像一下子坍塌了。现实中我们都看到了具体问题，在教师专业发展的口号引领下，教师需要培训，教师必须恶补教育理论、心理学理论、学科教育学理论。而执行培训的基本上都是不在中小学任教的大学教师，基本上都是从理论到理论，用一位名校长的话来说就是"不会上课（中小学的课）的人给会上课的老师做培训，培训出来的结果是把会上课的老师变成不会上课的老师"，这句话固然有些极端，但也多多少少反映出一些问题。教师的职称晋升，教师的荣誉表彰，一般都要求有课题研究、有论文发表，而且还不能只有一篇！甚至有的还需要有专著。一个一线教师整天忙于教学教育，到底有多少时间来做课题？事实上，我们经常看到一些课堂教学并不受学生欢迎或不十分受学生欢迎的老师做了不少课题，我们经常看到一些教学效率不高的教师发表了不少所谓的论文，因为要把一堂课上好，是需要花费很多时间备课的；要把一个学期乃至三年、五年的课上好，是需要教师费尽心力的。现在的课题研究十分强调专业性、学术性，一个教师有多少时间去上"中国知网"？他有多少精力去做资料综述？他有多少时间去做规范性的学术论文？他有多少时间去写专著？很显然，人的时间是恒定的，这边研究理论的时间多了，那边备课时间必然就少了，给学生答疑解惑的时间必然就少了，这是毫无疑义的。我不是盲目反对教师做课题，不是盲目反对教师写专业论文、出版个人专著，而是反对那种把教学本职工作应付了事而去做什么课题，反对一线教师去写那种从文本到文本的专业研究论文，反对不切合实际、不解决教育教学实际的课题研究。因为我们看到太多的课题研究就只做两项主要工作，一是开题，二是结题。只要一结题，这项研究也就结束了，也就束之高阁了，再也不会派上什么用场了。我们看到了太多的论文只要发表就算大功告成，波澜不惊，没有人反对，也没有人赞同。我们看到太多的专著是用专项经费资助出版的，或是公费出版，或是自费出版，自从出版那天起，就寿终正寝，除了自己看其他人根本不看。我们真的应该问一问：全国每年有成千上万个教育课题结题，有多少课题产生了很有意义的影响？每年有数十万的教育教学研究论文发表，有多少论文发挥了积极的作用？每年有成百上千本教育著作出版，有多少是能给人以启发借鉴的？

30 年的教育教学实践体验使我清醒地认识到，大学教授与中小学教师原本没有什么高低贵贱之分，只是职业不同，工作的方式不同而已。一个大学教授是不能没有学术研究的，一个中小学教师是不能不把课上好的，不能不把学生带好的，至于学术研究并非对他们的必然要求。轰动美国也轰动中国的美国优秀教师雷夫，我们并没有看到他做了多少课题研究，发表了多少论文，出版了多少专著。雷夫之所以优秀，更多的是体现在他对学生无微不至的关心、帮助上，更多的是体现在他一个个的教育行为、教学细节上。其实，许多欧美国家的优秀教师都是如此，而且我认为中国的优秀教师也本应该如此。大学教授的专业成效主要体现在学术研究上，中小学教师的专业成效主要体现在学生的成长上。

所以，我主张一线中小学教师别忙着去研究教育学，而应该去研究教育。否则，我们真的是一不小心种了别人的地，却荒了自家的田。

挤掉课题研究的泡沫

近读某教育报纸，其中刊登《全国教育科学"十一五"规划教育部重点课题"普通高中学生社团建设若干问题研究"成果公报》一文，先看标题挺有兴趣，想想这是堂堂教育部的重点课题，而且最后是通过了全国教育科学规划领导小组办公室组织的结题鉴定，我想这个课题对于学生社团一定是做出了颇有创意的研究，研究的成果一定是很有价值的，得出的结论一定也是科学而有意义的，所提供的解决问题的方法一定是独到的且具有实践指导作用的，甚至还有一定的推广意义。然而看完全文之后大失所望。

文章包括两部分内容：其一是问题和困难，其二是解决问题的对策。

问题和困难包括四类：第一类，制度层面的，既包括整体的教育制度，也包括学校层面的管理体制；第二类，学生自身方面的，包括学生自身素质、态度以及社团负责人的素质；第三类，指导教师方面的，主要是指导教师的态度与能力；第四类，器物方面的，主要是开展社团活动需要的物质条件，如场地、时间、经费。

上述所谓的研究成果，完全是人所共知的，是基本常识。任何问题都可以归结为制度、人的素质、物质条件，而学校中的人主要就是教师和学生，而人的素质无非就是态度和能力，这种放之四海而皆准的问题分析，说了跟没说完全一样。一线教师、校长不用研究也完全知道这样的结论。

我们看不到这个课题是基于一个学校的社团研究，还是几个学校的社团研究；是基于一种类型学校的社团研究，还是几种类型学校的社团研究；是基于一个地方的社团研究，还是几个地方的社团研究。研究持续了多长时间，观察取证了什么材料，有没有实验对比，如果进行了对比，是什么样的对比，对比的数据如何，有无长时间的、多种活动形式的数据统计，有无问卷调查，有无个案访谈，有无"田野"记录……这些问题一概不知。

作为读者而言，我们需要知道的是课题研究者的前提假设，以及这个前提假设的依据是什么，我们需要知道这个结论是如何产生的，它的科学性如何体现，它是否有些许的可靠性，它的研究过程科学吗，足以支撑它的结论吗，等等。

我们看不到更具体的问题分析，看不到有一定深度的原因探究，而这需要研究者深入而广泛的调查，需要一定的数据、调研支撑，需要对问题的本质进行科学而细致的分析。比如，应该进一步研究分析为什么在同样的制度下有的学校社团做得好，有的学校做得不好，做得好的是哪种学校，做得不好的是哪种学校；在同样的物质条件下为什么有的社团做得好，有的做得不好，何种社团做得好，何种社团做得不好；为什么学生素质相同，有的做得好，有的做得不好，这与什么有关系；同样的教师指导，为什么有的社团成功，有的社团失败，这有什么原因；有哪些特例、反例，哪些是无序的，哪些是有序的。成果公告笼而统之的归因，没有探究出问题的实质，于是自然不能解决问题。

我们再看研究者解决问题的对策。

对策一：转变观念，以积极的心态对待学生社团及社团活动。这个标题下的内容是教育行政部门转变观念，接下来是学校转变观念、教师转变观念、学生转变观念。

对策二：深化改革，为学生社团本意的回归创造良好的制度环境。这个标题下的内容是深化教育制度改革、学校管理体制改革、课堂教学模式改革。

对策三：发展学生社团，学校责无旁贷。这个标题下的内容是：第一，开动脑筋，创造条件，保证学生社团有活动场所，使学生有地方活动。第二，开动脑筋，创造条件，保证学生社团活动的时间，使学生有时间活动。

第三，解放思想，多渠道筹集学生社团活动的必要经费。第四，学校应该根据时代的进步情况准备一些学生社团活动需要的物质条件。

上述对策，依然是笼而统之，让人啼笑皆非。你说转变观念，问题的关键在哪里？首先你要搞清楚以下问题：人们为什么不转变观念？转变观念说了多少年了，人们为什么依然如故？促进学校、教师、学生转变观念的最大障碍是什么？最有效的方法是什么？这种方法可靠吗，有实证吗？"制度建设"的说法已经重复过多少次了，没有哪一位政府官员、学者、校长不讲制度，没有哪一所学校没有制度，但为什么依然不能解决问题？如何建构一个有效的制度？如何让人们执行科学的制度？谁都知道"发展学生社团，学校责无旁贷"，但关键是学校如何有效地履职履责，履什么责；如果给时间、场地、物质就是履责了，那为什么不少学校给了时间、给了场地、给了条件，学生社团仍然做不好。由此，我们自然怀疑整个课题研究的真实性、可行性、合理性，因为它缺少对实践多种可能性的具体分析，也就是说我们不知道它在实践上真实程度如何，在什么情况下才会真的这样；我们不知道它是否可行，可行与不可行的条件和根据怎么样。说到底，它是用人所共知的套话代替真实的研究，用空洞的教条概括复杂的教育现象。这个原本实践意义很强的课题却根本无法起到所应达到的实践指导作用。

就所刊发的内容来看，这个课题的研究几乎是没有研究，既没有说清楚关于这个课题别人研究到什么程度，也没有说清楚自己的研究有何实质性的进展；既没有说清楚"是什么与不是什么""在什么条件下、在多大程度上是与不是""针对什么或相对什么而言"，也没有说清楚所谓对策的预期结果是什么、潜在意义在哪里、它的实施意味着什么、它有什么后果、会带来什么连锁反应；既没有做出有价值的原因分析，也没有提供有价值的问题解决方法。这样的课题研究完全是伪研究，通篇看来与一篇笼而统之的领导讲话报告别无二致。想想看，这是教育部的重点课题，怎么会不贻笑大方呢？我们无法接受的是，这种不动脑筋的、无需研究而得出的研究结论，竟然能堂而皇之地通过结题鉴定。

我一直不提这个课题的研究者姓名，也不提发表这篇文章的报纸名字，因为我既不是针对这个课题研究者，不是针对这家教育报纸，不是针对这个课题，而是针对整个教育科研的普遍现象，一句话——对事不对人。因为如果只有一个课题这样"研究"，很好解决。可怕的是有不少这样的教育部重点课题、教育部规划课题，更有许多省级教育部门的重点课题、规划课题，市级、县级教育课题，都是无研究内容的课题，堂而皇之地申报，无所事事地研究，像模像样地结题，冠冕堂皇地发表。其结果是骗人骗己，浪费了有限的教育经费，浪费了许多人力、物力，浪费了当事人的时间，说了一堆正确的废话，制造了许多一本正经的垃圾，糟蹋了纳税人的钱，污染了整个教育界的学风。如果所有的教育工作者都不能或不愿以一种冷峻的目光审视已有的教育课题研究，正视教育课题研究中存在的这样或那样的弊端，并加以分析、评判、甄别、批判，那么教育界的学风败坏将是必然的了。

我们不能怀疑课题申报过程中是否有学术腐败问题，大凡没有直接证据的怀疑都是轻率的、不负责任的，但是我们是否可以因此判断：这样的伪课题研究，申报过程、研究过程、结题过程缺失了严格而到位的审查。圈内的人大都知道，课题结题大多是十分草率的。实事求是地说，今天的课题研究本身就有许多问题。首先是课题太多，课题太多就导致课题太滥，无价值的研究充斥其中。其次是课题管理太松，缺乏有效的监督、规范和引导，我们不能推断各级教育科研管理部门不作为，甚或是渎职，因为我们知道承担课题管理的人员十分有限，根本无暇顾及。再次是整个教育界缺乏自我批判精神，我绝非危言耸听，当下教育界相对封闭，缺乏深度反思、自我批判，这样的研究生态已经持续了比较长的时间了，自说自话，莺歌燕舞，最终导致教育的保守、停滞。正如霍葆奎教授所言："只有一种观点的学术，是窒息了的学术；没有争论的学术，是死亡了的学术。"

因此必须正视这个问题，现在到了该洗一洗课题研究的时候了，把伪课题洗掉，把课题研究的泡沫挤掉，把不端正的学术之风洗掉，还教育研究一个风清气正的文化生态。

语言格式化即思维格式化

　　俄国作家契诃夫的短篇小说《套中人》一度作为高中语文课文，小说主人翁别里科夫拥有许多的套子，他将自己的物品都放在套子里面，他就生活在套子里面。每每上到这篇课文，同学们简直不敢相信世界上怎么还会有这样的奇人、怪人。

　　但是放眼看去，生活中的套中人却比比皆是，一不小心我们自己也拥有许多套子，而且钻进套子还不自觉，最显见的就是话语方式的套话连篇。规划有格式、计划有格式、总结有格式、经验介绍有格式、文件有格式、请示有格式、报告有格式，所有的公文都有格式；课题开题报告有格式、科研论文有格式、教师教学反思有格式、教育叙事有格式、教师教案也有格式，美其名曰"专业表达"。甚至于我们在文中的遣词造句也有格式，也有套路。校长讲的话，往往趋向公文化，也就是跟着上级说，上级怎么说，我就怎么说，不论管辖范围，不论宏观、中观还是微观，一个学校讲的话，跟教育部讲的话差不多。普通中小学教师讲的话，往往趋向专家化，跟着专家走，专家怎么说，我也怎么说。专家从概念到概念，普通中小学教师也是从概念到概念；专家从理论到理论，普通中小学教师也是从理论到理论；专家空对空，中小学老师也有许多空对空。君不见中小学教师论文中由"性""化""校本"之类的词素组成的词语非常普遍，这就是一个明显例证。美国著名教育家弗兰克斯纳说得好："大学不是一个温度计，不必对社会每一流行的风尚都做出反应。"我们不必追逐风尚，不必追逐时髦，同样也不必盲目追逐专家，亦步亦趋最后的结果就是鹦鹉学舌，毫无意义。

这种话语方式从表面上看是规范表达，但究其实质是语言格式化。语言是思维的直接外化，语言格式化就是思维的格式化，思维格式化，人就成了套中人。直接后果就是导致让问题虚化为概念，让生活抽象成理论，上下皆空，普遍皆虚，空对空，唯独不考虑具体学校、具体教师、具体学生的具体问题，不考虑如何去解决一个个现实的问题。更严重的后果是说话人变成套中人，不会正常表达，不会自然表达，不会生活表达，话语方式就是人的方式。

语言表达是人类最常用、最常态的表达方式，语言表达最主要的目的就是让人听懂、理解，所谓有效表达就是有效的表情达意，你的话能让听者迅速明白、理解、把握你的意思。所谓套话并不是让人听不懂，而是让人听不进去，听不进去的原因是一部分人反复说，重复多次就成了套话，一部分人就要反复听，但是听了多次就会抵触，就会反感，尤其是空话反复说，让人更加反感。所以在一些学校常常见到的校长在讲话、老师在睡觉的现象就是消极抗拒的一种表现，从语用学的角度讲，就是语用力量磨损的表现，因此无法做到有效表达。

所谓高效表达就是高效的表情达意，你的话语不但让听者明白、理解、把握，而且能调动听者的感情，让听者认同并接受，并进而产生强烈的情感共鸣。这里有一个重要的前提就是思维不能格式化，话语方式是思考和阐述问题的方式，因为语言是思维的直接现实，是思想的外衣。我们用什么样的方式来思考，也就决定了用什么样的话语方式来阐述。人的思维要避免格式化，要创造性地思维，就要直面现场。教育工作者就应该直面教育的现场，针对性地解决现场的问题，所以你的讲话不是空话、套话，而是始于问题、基于问题、着眼于解决问题的实在的话，在这个基础上，讲究语言表达的情感性，追求语言的个性化，实现高效的表达效果。

同样是校长报告，同样是教师论文，在论说的同时要有情感，在论理的同时要有理趣，在严谨论证的同时也可以有文学意味，在分析现实问题的同时也可以有未来浪漫梦想的展望。

同样是介绍新的教育思想，不必是布道式的，不要把听众当成箩筐，什么都往里面装；而应该是共同探讨式的，让大家一起来学习，一起来追问，将被动接受变为主动探究。

同样是介绍新的教育经验，不必是宣讲式的，不要把听众想象成一片白纸，随便你涂抹；而应该是交流式、对话式、聊天式的，轻松、自然，允许补充，允许商榷，允许质疑。

同样是总结，不要流水账式地罗列一年到头的几件事、几十件事，把芝麻大的事情说个没完，琐琐碎碎，一地鸡毛；而应该有所选择、有所归并、有所分析：一年里最得意的事情是什么？为什么？一年里最开心的工作是什么？因为什么开心？一年里最懊悔的事情是什么？悔在哪里？……

按照人的自然状态说话或许会有错误，按照机器人说话的方式或许没有错误，但人要真正成为人，就必须说人话，就必须自然说话，就必须自由说话，否则人就不成其为人，就成了机器人。

把教育打开

我曾经撰文说语言的格式化就是思维的格式化，只有打破格式化的思维才能有所创新、有所突破。那么如何打破格式化的思维呢？破除格式化的思维需要开放。

上海是一个国际化程度很高的城市，社会各界理应对教育是开放的，但是认真地问一句：我们开放吗？社会的各种机构、各个单位所拥有的有益教育资源是对学校开放的吗？如果是开放的，到底是理论意义上的开放，还是实践意义上的开放？如果是实践意义上的开放，到底是被动消极的开放，还是积极主动的开放？

海派的文化是开放的文化，上海的教育理应是开放的，但是认真地问一句：我们开放吗？我们的学校办学是开放的吗？如果是开放的，是真实的开放，还是虚假的开放？如果是真实的开放，是全方位的开放，还是点缀式的开放？我们到底有多少学校办学基本上是封闭在校园里、教室里的？

上海的课改已经进行多年了，上海的学校课堂理应是开放的，但是认真地问一句：我们开放吗？我们的课堂是开放的课堂吗？如果我们有一些开放的课堂，那么还有多少课堂仍然是仅仅局限于教科书，还有多少课堂是仅仅局限于练习册、习题集？还有多少课堂是封闭的或者是基本封闭的？还有多少老师的思维是封闭的或者是基本封闭的？

开放，就是把门打开，就是把课堂打开，就是把有形的和无形的围墙打开，就是把学校打开，就是把教育打开。

什么是好课？我以为把课堂打开的课就是好课，起码是好课的主要标准。过去我们说教科书是学生的世界，今天我们说世界是学生的教科书。教师要在课堂教学中善于开发各种教学资源为实现教学目标服务，才能实现为学生成长服务。我有一个想法：有多大的眼界决定了人有多大的作为，教师的眼界不但决定了教师有多大的作为，而且决定了学生今天以及未来有多大的作为。

什么是好的学校办学？把学校打开的办学就是好的办学，起码是好的办学的一条重要标准。有形的围墙固然有管理方便的功效，把肮脏龌龊的事情挡在校外，把尔虞我诈的事情挡在校外，把黑暗阴郁的事情挡在校外，把学校办成相对纯净的校园。但与此同时，这样办学也把社会挡在学校之外，把学校与社会隔离，最终让学校成为社会的孤岛，最终让我们的学生成为两耳不闻窗外事的学生，成为脆弱的不堪一击的学生，成为不能直面现实的学生。

把学校打开，就是要把各种有利于学生成长的元素引进校园，成为学生成长的精神养料。引进各种类型的教育人，引进大学的学科专家权威，改变那种关门课改自说自话、闭门造车、夜郎自大的现象，让学术权威参与课改、指导课改，没有学术权威的方向校正，课改很有可能就是自娱自乐的群众运动，破坏的意义大于建设的意义；引进工程师、高级技师、高级厨师，既可以培养学生，也可以培训教师，造就一支双师型的职业教师队伍，改变我们职业学校理论强实践弱、会开口不动手的现状；引进家长参与学校管理、学校教育教学，把原本属于服务对象的家长，变成学校教育教学和课程管理的主体之一。引进世界各地的网络资源，请外语优秀的学生、教师加以翻译，翻译哈佛、MLT 等名校的网络课程，翻译斯坦福大学教授巴斯蒂安·史朗创建的免费网络大学课程（Udacity），翻译萨尔曼·可汗创建的可汗学院翻转课堂，翻译与学生学习关联度比较大的国内、国外大中小学名校网络资源，将它们拿过来进行重组，方便本校学生的学习，而且翻译的过程就是师生学习的过程，使课程资源进一步丰富扩大优化。

把学校打开，就是让学生走出学校，到农村去，到工厂去，到部队去，到机关去，到公司去，到银行去，到市场去，到证券交易所去，到各类社会机构去，也就是把课堂搬到这些地方去。打破有形无形的围墙，走进真实的社会生态、人生情境，红与黑，灰与白，黄与绿，让学生了解社会万象，理解人生百态。了解社会对人才的真实需求，反观自己的知识结构，反观自己的情感态度，反观自己的人格修养，知道明天会去做什么，知道今天到底应该干什么。

什么是好的教育？把社会资源打开的教育才是好的教育。社会是一部书，要打开了给学生看，同时也应该欢迎学生自己去打开看。如果我们以各种各样冠冕堂皇的理由把学生拒之门外，那意味着我们拒绝教育的责任担当，拒绝学生就意味着拒绝未来。社会各界应该积极主动参与学校教育，把自己的资源变为学校的资源，变为教育教学的资源，还可以成为学校评价的主体，站在社会的立场上评价学校办学，评价学校的育人机制、课程教学。

只有心灵的开放，才有思想的开放，才有视野的开阔；只有开放的思维，才有开放的教育、开放的办学、开放的课堂，最终促进教育有所创新、有所发展。

学校教研之怪现状

有一位连续阅读中国教育期刊长达 20 年的外国学者曾发出过这样的感叹："在我看来，就方法而言，绝大多数中国教育研究采取的都是一种由上到下的理论视野，而且常常是在研究者与管理者之间的内部交流中进行。""多数论文所表达的内容都是作者根据一些相关的理论资料和政策文献得出的主观意见，最后的结论往往也在意料之中，不外是告诉你中国教育应该怎么样，而不是描述中国教育的真实状况。"

我以为这些话真的是一针见血，20 年的教育教学研究，当然有许多值得大书特书的研究成果，这些研究成果确实总结了教育教学实践探索的宝贵经验，发现了不少教育教学规律，对教育实践给予了很有价值的引领和指导。但毋庸讳言，我们的教育研究的确也存在不少问题，也有许多值得反思的地方。本文主要是想描述教育研究中的负面现状问题，这不禁让我想起《二十年目睹之怪现状》，仿照这个标题，我将本文取名为"学校教研之怪现状"。

学校作为基层教育单位，其教育研究本应该着眼于学校自身发展过程中的问题，研究教师教学过程中存在的问题，研究学生品德教育的问题，这原本就是天经地义的，但现实情况并不尽然。许多人热衷于研究领导意向，他的研究题目来自上级领导，上级领导说"创新是一个民族进步的灵魂"，便大谈"素质教育要以创新能力的培养为重点"；上级领导说"要加强中小学生思想政治工作"，便大谈"改进德育的必要性"；上级领导说"教育富民，教育惠民"，便大谈"教育对经济的促进作用"……诸如此类，不一而足。而且论述的语言也都官僚化，正确的废话多，漂亮的空话多，严谨的套话多，有时还会说些违心的假话。

每个学校都不是独立的存在，与时俱进，紧跟时代发展的步伐，这是不容置疑的。但每个学校毕竟都有自己的独特性，每个学校都处于自己发展的特殊阶段，都有自己的特殊问题，盲目地追赶时尚，这不是学校教育研究的取向。现实中许多教育工作者都热衷于赶时髦的研究，最近流行"多元智能"，于是研究的命题就是"多元智能在学科教学中的运用"；最近流行"大数据"，于是研究的命题就是"大数据推进学校教育的深度变革"；最近流行"未来学校"，于是研究的命题就是"基于未来学校的教学设计"。流行未必不好，但脱离了自己学校的实际一味追求流行，那就真的不好。作为基层学校，我们应该确立教研与学校教育教学紧密关联的基本思想，问题即课题，工作即研究，对策即方法，成绩即成果。

学校在自身发展的过程中都应该学习先进经验，学习课改的先进经验，学习教学的先进经验，学习管理的先进经验，但所有的学习都应该基于自身的实际，针对自身的问题，所有的学习都不应该是完全照搬人家的一套。然而在现实中，我们确有不少学校的学习不是立足于自身实际的学习。媒体宣传什么学校，就学习什么学校；学习什么学校，就照搬什么学校的做法；学习别人的先进经验，应该取人之长，补己之短，而不是狗熊掰棒子，掰一个丢一个。不是以自己学校为基点，必然导致学一段丢一段，最后结果毫无成效。基层学校的研究课题应该具有针对性、实用性，也就是要解决我们自己的问题，而且应该相对专注，只有长期关注着某一个领域的研究，坚持一个正确的方向，持续不断地研究下去，才能解决实际问题，才能形成自己的研究方向和独特风格，才能取得卓有成效的研究成果。

学校教研的过程中原本应该是基于实际谈问题，基于现状谈发展，找到学校的痛点，找到自己教育教学的痛点。研究应该眼睛向下，面向具体的实际问题；目光向前，面向未来发展。实事求是，切合实际。学校教育研究不排除使用相关的术语，但不能忽视使用学校生活中生动活泼鲜活的语言，以客观反映生活实际。但现实情况是不少研究喜欢搞语辞大联欢，说到底是玩概念游戏，很多研究喜欢数字游戏："四有""五心""六行"，两条腿走路，"五个一"工程，语言格式化，其实反映的是思维格式化。许多研究热衷于概念更换式的创新，不能说概念变化完全没有意义，此概念与彼概念还是有差异的，不同的时代换成不同的叫法也不是不可以，但问题的关键是我们把主要精力放在这样的变化上，而且乐此不疲，进而美其名曰创新，这就是问题了。问题的关键就在于这种研究只追求概念变化，不讲究实际变化，好比是只喜欢涂脂抹粉，但并未改变基本容颜。

图书在版编目（CIP）数据

直面教育现场：书生校长的教育反思／程红兵著．— 2 版．
— 上海：华东师范大学出版社，2023
ISBN 978-7-5760-4185-9

I.①直 …　II.①程 …　III.①教育事业 – 研究 – 中国　IV.① G52

中国国家版本馆 CIP 数据核字（2023）第 185863 号

大夏书系｜教育新思考

直面教育现场——书生校长的教育反思（第二版）

著　　者　　程红兵
策划编辑　　李永梅
责任编辑　　韩贝多
责任校对　　杨　坤
装帧设计　　奇文云海·设计顾问

出版发行　　华东师范大学出版社
社　　址　　上海市中山北路 3663 号　邮编　200062
网　　址　　www.ecnupress.com.cn
电　　话　　021-60821666　行政传真　021-62572105
客服电话　　021-62865537
邮购电话　　021-62869887
地　　址　　上海市中山北路 3663 号华东师范大学校内先锋路口
网　　店　　http://hdsdcbs.tmall.com/

印 刷 者　　北京季蜂印刷有限公司
开　　本　　700×1000　16 开
印　　张　　16.5
字　　数　　206 千字
版　　次　　2023 年 11 月第二版
印　　次　　2023 年 11 月第一次
印　　数　　6 100
书　　号　　ISBN 978-7-5760-4185-9
定　　价　　62.00 元

出 版 人　　王　焰
（ 如发现本版图书有印订质量问题，请寄回本社市场部调换或电话021-62865537联系 ）